U0275062

逻辑思维训练
500 题

逻辑思维篇　　于雷◎编著

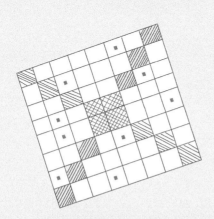

清华大学出版社
北 京

内 容 简 介

本书甄选 500 道兼具知识性和趣味性的逻辑思维训练题目,对逻辑思维能力进行全面的训练,并在不同的解题类别中根据难易程度巧妙搭配题目。书中的思维题目极富思维训练的张力,能吸引读者专注地投入到解题过程中去,同时附有构思巧妙的答案解析,让读者在恍然大悟的同时又能得到一定的启迪。

本书语言通俗易懂,形式巧妙新颖,内容妙趣横生,将可读性、趣味性、启发性、哲理性等融为一体,可让读者在轻松有趣的游戏中迅速提高自己的逻辑思维能力、学习能力,从而在日常学习中更加游刃有余。

本书的适读人群包括:①广大青少年,尤其是对数理化缺乏兴趣的读者;②想要改变思维方式,提高逻辑思维能力的年轻人;③其他对逻辑学感兴趣,渴望给头脑充电的读者。

图书在版编目(CIP)数据

逻辑思维训练 500 题. 逻辑思维篇/于雷编著. —北京:清华大学出版社,2024.1(2024.9重印)
ISBN 978-7-302-65030-0

Ⅰ. ①逻… Ⅱ. ①于… Ⅲ. ①逻辑思维—思维训练 Ⅳ. ①B80

中国国家版本馆 CIP 数据核字(2024)第 000766 号

责任编辑:张 瑜
装帧设计:杨玉兰
责任校对:李玉茹
责任印制:丛怀宇
出版发行:清华大学出版社
     网   址:https://www.tup.com.cn, https://www.wqxuetang.com
     地   址:北京清华大学学研大厦 A 座   邮   编:100084
     社 总 机:010-83470000   邮   购:010-62786544
     投稿与读者服务:010-62776969, c-service@tup.tsinghua.edu.cn
     质量反馈:010-62772015, zhiliang@tup.tsinghua.edu.cn
印 装 者:天津鑫丰华印务有限公司
经   销:全国新华书店
开   本:170mm×240mm   印 张:22   字   数:416 千字
版   次:2024 年 2 月第 1 版   印 次:2024 年 9 月第 2 次印刷
定   价:82.00 元

产品编号:102559-01

前言

　　逻辑是思维的规律，它可以帮助人们正确地认识客观事物。《辞海》中对逻辑的解释是：研究思维形式及其规律的科学；研究概念、判断和推理及其相互联系的规律、规则的科学。我们常听到身边有人这样说：你这话不合逻辑。这里的逻辑指的是他的话违背常理，即违背思维逻辑的规律，也可以指话语前后矛盾或似是而非。这也是我们要研究的逻辑思维的一部分。

　　正如爱因斯坦所说，思维能力比知识更重要。无论你想要学习哪一门学科、哪一个专业，要想学得好、学得快，都需要具有较强的逻辑思维能力。现代社会所需要的人才，其基本条件之一就是具有独立思考的能力和勇于创新的精神，因为这样的能力往往与工作中的应变能力与创新能力息息相关。

　　因此，当今社会，逻辑思维能力越来越被人看重。不仅考 MBA 有逻辑题，公务员考试加试有逻辑测试题，就连高考也越来越关注逻辑思维能力。

　　逻辑思维是一种确定的、前后一贯的、有条有理、有根有据的思维。从小培养初步逻辑思维能力是素质教育的重要内容，但是当前，逻辑思维能力培养是教育的一个薄弱环节。很多人在解决这类问题时，不知从何入手，思考问题没有方向性，没有准确性，更没有灵活性。其原因主要是没有掌握方法，缺乏正确的判断和合乎逻辑的思考。

　　还有一些人，或许天生对数学逻辑的理解力就不敏锐，因此，在学习的启蒙阶段，非常容易在数学逻辑思维的学习上受到挫折，而心生挫败感，拒绝再去学习。

　　其实，要培养逻辑思维能力并不难，因为在生活中处处充满着意想不到的"教材"！本书就精选了生活中的一些小情景、小故事，并把它们简化提炼成一个个小问题，引导我们去思考，培养我们的想象力和逻辑思维能力。这些带有问题和详细解答分析的小故事，短小精悍、轻松幽默，让我们在轻松愉悦的阅读体验中改善我们的思考方式和逻辑思维，从而受益终身。

编　者

目录

第七章　策略思维 119

第八章　抽象思维 155

第一章

归纳思维

1. 相差的银子

一个财主死了，留下了 100 两银子的遗产。他有 10 个儿子，遗嘱要求从小到大，每两人相差的银子数量都一样，而且又要给第八个儿子分到 6 两银子。

10 个儿子你看看我，我看看你，都不知道该怎么分。

你能帮他们分清这笔遗产吗？每两个人相差的银子是多少？

2. 回到起点

在哥尼斯堡的一个公园里，有七座桥将普雷格尔河中的两个岛与河岸连接起来（如下图）。

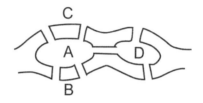

图中 A、D 是两座小岛，B、C 是河流的两岸。

请问：是否有可能从这四块陆地中的任意一块出发，恰好通过每座桥一次，再回到起点？

3. 高铁到站时间

张教授乘坐高铁去北京参加一个学术会议。

在路上，他怕耽误了开会时间，就问车上的乘务员："高铁什么时候到达北京站？"

"明天早晨。"乘务员答道。

"具体早晨几点？"

乘务员看张教授一副学者派头，有意试试他，于是开玩笑地回答说："看您是位教授，我给您出个题目吧！我们准时到达北京时，车站的时钟显示的时间将很特别——时针和分针都将指在分针的刻度线上，分针和时针的间隔是 13 分或者 26 分。现在您能算出我们具体几点到北京吗？"

张教授想了一会儿，又问道："我们是北京时间 4 点前还是 4 点后到呢？"

乘务员笑了一下："我如果告诉您这个，您当然就知道了。"

张教授笑道："你不说我也知道了，这下我就可以放心了，不会耽误开会。"

请问：这列高铁到底几点几分到达北京站？

4. 怎样戒烟

小明的爸爸吸烟多年，肺出了毛病。他想戒烟却戒不掉。

小明对爸爸说："我有一个好办法，保证能让您戒掉烟。

一包烟有 20 根，请您点燃第一根香烟，抽完后，1 秒后点第二根香烟。抽完第二根后，过 2 秒再点第三根。抽完第三根后，等 4 秒后再点第四根。之后等 8 秒，如此下去，每次等待的时间加倍就行。只要爸爸遵守规则，我保证，抽不完两包烟，您就能戒掉烟。"

请问：你知道这是为什么吗？

5. 七珠项链

小明有 7 颗珠子，其中 5 颗是相同的红色珠子，2 颗是相同的绿色珠子，他想给女朋友小丽做成一个七珠项链。

请问：可以做出几种不同搭配的项链？

6. 神奇的数字方阵

我们知道黄蓉曾经解出一个数字方阵，即用 9 个自然数排成一个其纵向、横向、斜向相加之和均为 15 的方阵(如下图)。

2	9	4
7	5	3
6	1	8

现在，你能找出 9 个不同的自然数，排成一个其纵向、横向、斜向相加之和均为 18 的方阵吗？

7. 苹果变成金字塔

一天，妈妈买回来一袋苹果。小明用这些苹果摆成金字塔形状，即最上面一层有 1 个苹果，第二层有 3 个苹果，依此类推，第三层需要 6 个苹果。小明摆了一个五层的金字塔，正好用完了所有的苹果。

请问：你知道妈妈一共买了多少个苹果吗？

8. 五个砝码

有一件不可分割的物体，已知重量为 1～120 克的整数克。用一个只能称出平衡与轻重的天平和五个砝码准确称出该物体的重量。请问：这些砝码的重量分别是多少克，你才能确保做到这一点(除提供的天平和砝码之外，不能用其他的辅助工具)?

9. 冰雹数列

首先，我们随便想一个自然数，然后按照如下规则变换。

(1) 如果它是奇数，则把它乘以 3 再加上 1。

(2) 如果它是偶数，则把它除以 2。

(3) 对每一个新产生的数继续运用这个规则。

这样下来，我们就会得到一个数列，经过若干次变换之后，它们会产生一个有趣的规律，你知道会发生什么情况吗？

让我们从 1 开始试试看，经过几次变化后，将得到：1、4、2、1、4、2、1、4、2……

我们再来看看 2，你将得到：2、1、4、2、1、4、2、1、4……

接下来是数字 3，你将得到：3、10、5、16、8、4、2、1、4、2、1、4、2……

很快你就会发现上述数列最终都会以 1、4、2 的规律循环下去。

但是我们想知道，是不是从任何一个数开始都会有这种性质？

你可以用 7 试试。

10. 数字魔术

有如下图所示的五张表，你在心里想一个数，这个数不能超过 31。请你指出，你想的这个数都在哪几张表中出现。当你指出后，我就能知道你想的数是多少。

请问：这五张表是怎么制作出来的呢？

1	9	17	25
3	11	19	27
5	13	21	29
7	15	23	31

A

2	10	18	26
3	11	19	27
6	14	22	30
7	15	23	31

B

4	12	20	28
5	13	21	29
6	14	22	30
7	15	23	31

C

8	12	24	28
9	13	25	29
10	14	26	30
11	15	27	31

D

16	20	24	28
17	21	25	29
18	22	26	30
19	23	27	31

E

11．运动会开幕式

今天是星期二，运动会开幕式的倒计时牌上显示是 200 天。

请问：运动会开幕式那天是星期几？

12．运动员编号

1～50 号运动员按顺序排成一排。教练下令："单数运动员出列！"剩下的运动员重新排队编号。教练又下令："单数运动员出列！"如此下去，最后只剩下 1 个人，他原来是几号运动员？

如果教练下的命令是"双数运动员出列！"那么最后剩下的又是谁？

13．苹果和梨

小明有几个苹果和梨。已知用苹果的个数乘以梨的个数，再把这个乘积写在纸上放在镜子前，镜子中显示的数正好是苹果和梨的个数的总和。

请问：苹果和梨各有多少个？

14．推算数字

你能推算出问号处代表什么数吗？

1，3，4，7，11，18，29，？

15．倒三角数字

找出问号所代表的数。

$$1\ 9\ 4\ 8\ 3\ 7\ 2\ 6\ 5$$
$$5\ 6\ 2\ 7\ 3\ 8\ 4$$
$$4\ 3\ 7\ 6\ 5$$
$$5\ 6\ 4$$
$$?$$

16. 几人及格

100 人参加考试，共 5 道题，第 1、2、3、4、5 题分别有 80、72、84、88、56 人做对，如果至少做对 3 道题才算及格，请问：至少几人及格？

17. 奇怪的数列

下面有一组数列，请找出它的规律来。

根据这个规律，写出第八列和第九列分别是哪些数字。另外，请说明第几列会最先出现4这个数字。

第一列：1
第二列：1，1
第三列：2，1
第四列：1，2，1，1
第五列：1，1，1，2，2，1
第六列：3，1，2，2，1，1
第七列：1，3，1，1，2，2，2，1
······

18. 猜出你偷走的数字

首先，把 2012 年 12 月 21 日的年月日列在一起组成一个 8 位数 20121221，然后把你自己的生日也按照这个格式组成一个 8 位数，假设是 1970 年 7 月 7 日出生，这个数字就是 19700707。接下来，用 20121221 减去你的生日得到一个新数字，20121221-19700707=421414，不妨把这个新数字称为玛雅数字。

下面我们把玛雅数字倒着写一遍，421414 反过来就是 414124。之后把正着写的玛雅数字和倒着写的玛雅数字相减，大的减小的，得到 421414-414124=7290。

此时你可以从这个结果中的数字里挑选一个你喜欢的数字(0 除外),把它偷走。比如 2,然后把剩下的数字相加之和告诉我们,如 7+9+0=16。

整个过程中我们都不知道你的生日是哪天,也不知道你的玛雅数字是什么。但只是因为 2012 年 12 月 21 日是不寻常的一天,20121221 是一个不寻常的数字,所以当你报出剩下的数字之和时,全世界当然也包括我们都知道你把哪个数字偷走了!

不论观众有多少位,只要按照以上步骤来演示,只要诚心,都可以依靠 2012 的魔力,在玛雅人的暗示下,逐一判断出你偷走的数字是多少,一说一个准。你相信吗?你知道这是如何做到的吗?

19．如何计算

下面这个算式,如何计算可以又快又准呢?

$1×2×3×10×15×30=?$

20．公交路线

某市有两个火车站,分别是东站和西站。两个火车站之间有一条公交线路,每天以相同的时间间隔分别向另一车站发出车次。一天,小明从东站坐车前往西站,他发现路上每隔 3 分钟就能看到一辆从西站发往东站的公交车。假设每一辆公交车的速度都相同,你知道这条公交路线每隔多长时间会发出一辆车吗?

21．切木块

如下图所示,一个正方体的木块,它有 6 个面,12 条棱,8 个顶点。现在把它切掉一部分,使其变成下面四种形状,请分别写出这四种形状的小木块的面数、棱数及顶点数。

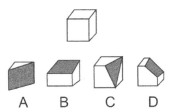

A   B   C   D

22．足球

下面是一个标准足球的图形,它是由黑、白两种皮子缝制而成的。其中,黑色皮子是正五边形,白色皮子是正六边形。已知一个足球用了 12 块黑色皮子,那么白色皮子需要用多少块?

23. 铺人行道

正六边形地砖用来铺人行道，按照图 A、B、C 中的方式拼接，则在拼接下一个图形时会用到多少块白色地砖？

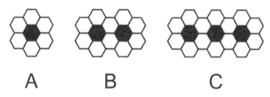

24. 切点

下面是 3 个相切的圆，它们有 3 个切点，如图中的黑点所示。现在想要得到 6 个切点，请问：至少需要几个圆相切？如果想得到 9 个切点呢？

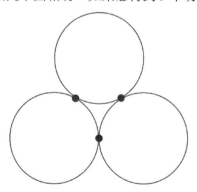

25. 与众不同

下面哪个图形与其他图形最不相同？

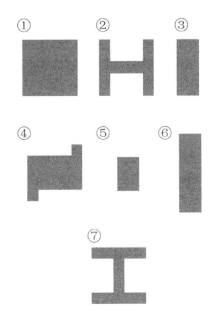

26. 连顶点

如下图所示，用直线连接一个正三角形的三个顶点，要求每个点都要经过，而且必须形成一条闭合曲线，只有一种连法。而连接正方形的四个顶点，有三种连法；连接正五边形的五个顶点，有四种连法……

请问：如果连接正六边形的六个顶点，会有多少种连法呢？

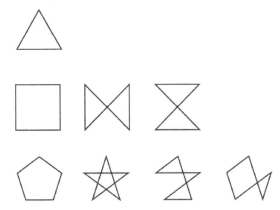

27. 增加菱形

下图是由 16 根火柴摆成的三个菱形，请你每次移动两根火柴，使得每次移动完菱形数都增加 1，连续五次。你知道该怎么移动吗？

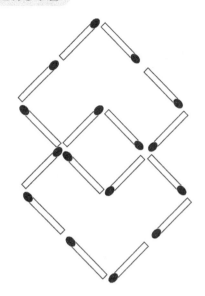

28．含星星的正方形

数一数下图中含有星星的正方形一共有多少个。

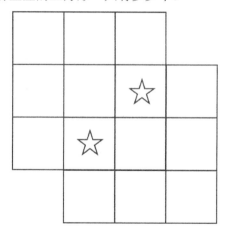

29．栽树

把 12 棵树栽成 7 行，要求每行 4 棵，你知道该怎么栽吗？

30．笔不离纸

桌上有一张 A4 大小的白纸，请你在笔不离开纸的情况下，把下面这个图形画出来，要求不能重复已有的线条。你知道该怎么画吗？

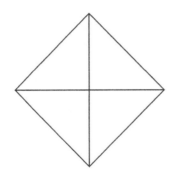

31．叠纸片

仔细观察下面的图形，至少需要多少张纸片叠在一起才能构成这个样子？

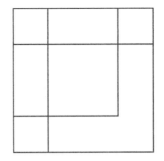

32．奇怪的样子

根据下面图中数字的样子，猜一猜，数字 6 应该是什么样子的？

9	1
7	2
5	4
8	3

33．填空格

仔细观察下图，想一想：问号处该填什么？

34. 圈出的款额

两位女士和两位男士走进一家自助餐厅，每人从机器上取下一张如下所示的标价单。

50，95

45，90

40，85

35，80

30，75

25，70

20，65

15，60

10，55

(1) 4 个人要的是同样的食品，因此，他们的标价单被圈出了同样的款额(以美分为单位)。

(2) 每人都只带有 4 枚硬币。

(3) 两位女士所带的硬币价值相等，但彼此间却没有一枚硬币面值相同；两位男士所带的硬币价值相等，但彼此间也没有一枚硬币面值相同。

(4) 每个人都能按照各自标价单上圈出的款额付款，不用找零。

在每张标价单中圈出的是哪一个数目？

注："硬币"可以是 1 美分、5 美分、10 美分、25 美分、50 美分或 1 美元(合

100 美分)。

提示：设法找出所有这样的两组硬币(硬币组对)，即每组 4 枚，价值相等，但彼此间没有一枚硬币面值相同；然后，从这些组对中判定能付清账目而不用找零的款额。

35．白球和黑球

甲盒放有 P 个白球和 Q 个黑球，乙盒中放有足够的黑球。现每次从甲盒中任取两个球放在外面。当被取出的两个球同色时，需再从乙盒中取一个黑球放入甲盒；当取出的两个球异色时，将取出的白球再放回甲盒。最后，甲盒中只剩两个球。请问：剩下一黑一白的概率有多大？

36．第九张牌

一副牌共 54 张，先数 30 张牌出来，数的时候记下第 9 张，然后把 30 张牌牌面朝下放到一边。剩下的牌翻开第一张，比如是 5，就从 5 开始数，一直数到 10，为一列牌。依此类推，数出三列牌来(如果翻到 J、Q、K 就放到这些牌的最后去，继续数)。三列摆好后，把剩下的牌放到先前数好的 30 张牌上。现在把每列的第一张拿出来相加得出一个数，从旁边的 30 多张牌堆里去数，会发现正好就是你之前记的第 9 张牌。

请问：每回数那 3 列牌时都是随机的，为什么记第 9 张，每回都能猜出来呢？

37．扑克逻辑

依照下图中的逻辑，9 应该是红桃还是黑桃呢？

38．九张扑克牌

如下图所示，点数为2～10的九张扑克牌排成一个方阵，其中只有梅花8正面向上。已知：10不在最右面的一列中；每一行，每一列，每条对角线上，三张纸牌的数字之和相等；相邻的扑克牌颜色互不相同；四个角的四张扑克牌为同一花色；方块比红桃的数量多；梅花和黑桃的数量一样多。

你能正确地推算出其他8张扑克牌吗？

39．菱形扑克阵

九张扑克牌摆放成一个菱形的图案，有一张牌被故意隐藏起来了。你能找出这个牌型的规律，猜到问号处的牌是什么吗？

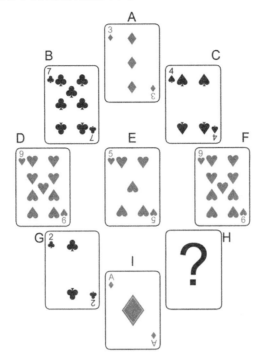

40. 扑克牌难题

问号处应该放什么牌能完成这个难题？

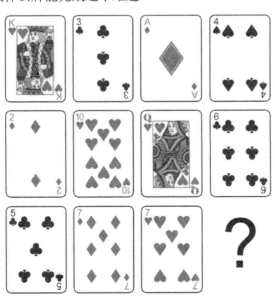

41. 趣味扑克

哪张牌适合放在问号处？

42. 放错的扑克牌

小月把扑克牌中黑桃1至9如下图所示排成三排。其中有一张的位置错了，是哪一张？

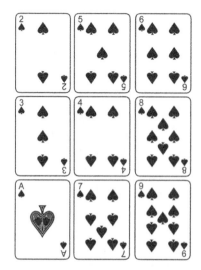

43．扑克的分类

小陈把几张扑克分成上下两组，如下图所示。

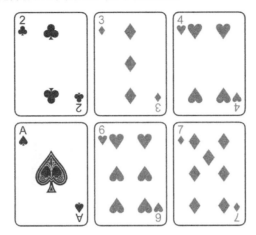

那么，梅花 5 应该放到哪一组呢？

44．猜牌游戏

占牌大师手拿一张方块的扑克牌。若拿放大镜放大这张牌的一部分，发现呈现以下图形。这张牌究竟是方块几呢？

45．小狗跑了多远

聪聪的学校离家有 5 公里，她走路的速度是每 10 分钟 1 公里。她养了一条狗，每天放学的时候，狗会从家里朝着学校的方向跑，去迎接她，等看到她的时候，小狗会掉头往家跑，回到家再掉头回来……如此往复，我们知道小狗的速度正好是聪聪的 2 倍且速度恒定，也就是每 10 分钟 2 公里。

请问：聪聪从学校到家，小狗跑了多远？

46．4 兄弟吃饭

兄弟 4 人刚刚在一家餐馆吃完午餐，正在付账。已知：

(1) 这 4 人每人身上所带的硬币总和各为 1 美元，都是银币，而且枚数相等。

(2) 对于 25 美分的硬币来说，老大有 3 枚，老二有 2 枚，老三有 1 枚，老四一枚也没有。

(3) 4 人要付的款额相同。其中，3 人能如数付清，不必找零，但另一个人却需要找零。

请问：谁需要找零？

注："银币"是指 5 美分、10 美分、25 美分或 50 美分的硬币。提示：先判定每个人所带硬币的枚数，然后判定什么款额不能使 4 人都不用找零。

47．谁被雇用了

又到了毕业找工作的时间，甲、乙、丙、丁 4 人竞争应聘同一个职务，此职务的要求条件如下。

研究生毕业；

至少两年的工作经验；

会用 Office 软件；

具有英语六级证书；

谁满足的条件最多，谁就被雇用。

又知道以下情况。

(1) 把上面 4 个要求条件两两配对，可配成 6 对。每对条件都恰有一人符合。

(2)　甲和乙具有同样的学历。

(3)　丙和丁具有同样的工作年限。

(4)　乙和丙都会用 Office 软件。

(5)　丁具有英语六级证书。

你知道这四个人当中谁被雇用了吗?

第二章

演绎思维

48．谁参加了运动会

甲、乙、丙、丁四名同学在同一个班级，他们聚在一起议论本班参加运动会的情况。

甲说："我们班所有同学都参加了。"

乙说："如果我没参加，那么丙也没参加。"

丙说："我参加了。"

丁说："我们班所有同学都没有参加。"

已知四人中只有一人说得不正确。请问：谁说得不正确？乙参加了吗？

49．三位青年工人

张大妈想给自己的女儿找男朋友，于是询问三位青年的年龄，得到如下回答。

小刘说："我 22 岁，比小陈小 2 岁，比小李大 1 岁。"

小陈说："我不是年龄最小的，小李和我相差 3 岁，小李是 25 岁。"

小李说："我比小刘年龄小，小刘 23 岁，小陈比小刘大 3 岁。"

这三位青年爱开玩笑，在他们每人说的三句话中，都有一句是假的。请帮助张大妈分析他们三人的年龄。

50．跑步速度

小明和哥哥都喜欢跑步，小明跑步速度为 3 米/秒，哥哥跑步速度为 4 米/秒。现在兄弟俩要跑 400 米。请问：哥哥要退后几米，他们才可以同时到达终点？

51．四名旅客

A、B、C、D四个人坐同一架飞机去旅行，在飞机上他们初次认识，并且很愉快地聊着天。

最后，他们知道了四个人的职业和国籍都各不相同。现在已知：他们四个人分别来自英国、法国、德国、美国四个国家。

而且还知道：

(1) 德国人是医生。

(2) 美国人年龄最小且是警察。

(3) C比德国人年纪大。

(4) B是法官且是英国人的朋友。

(5) D从未学过医。

根据以上信息，你能推理出C是哪国人吗？

52．山中迷路的人

三国时期，关羽带着8个手下在山中迷了路，他们所有的粮食只够吃5天。

第二天，这9人又遇到张飞带的一队迷路的人，大家便合在一起，再一算粮食，两队人合吃只够吃3天。

你知道张飞带队迷路的人有多少个吗？

53．两艘轮船

小王是一名水手，他所工作的码头每天中午都有一艘轮船从甲岸驶往乙岸，同一时刻也有一艘轮船从乙岸驶往甲岸。已知轮船横渡一次的时间是7天7夜，轮船匀速行驶，在同一航线上可遇到相对开来的轮船。

请问：今天中午从甲岸开出的船会遇到几艘从乙岸来的船？

54．被隔开的夫妇

某日，是A夫人的生日，所以A夫妇举办了一次生日聚会。他们邀请了三对夫妇来家里吃饭，他们分别是B夫妇、C夫妇和D夫妇。

为了方便区分，我们将每对夫妇分别用字母来表示。其中大写字母代表丈夫，小写字母代表妻子。例如：A夫妇，A代表丈夫，a代表妻子，依此类推。

在安排用餐座位时，A夫妇犯了一个小错误：他们八个人均匀地围坐在一张圆桌旁，只有一对夫妇是被隔开的(即丈夫和妻子没有挨着坐)。

现已知：

(1) a 对面的人是坐在 B 左边的先生。

(2) c 左边的人是坐在 D 对面的一位女士。

(3) D 右边的人是一位女士，她坐在 A 左边第二位置上的女士的对面。

请问：哪对夫妇在安排座位时被隔开了？

55. 相邻的扑克牌

桌上有八张已经编号的扑克牌倒扣在上面，它们的位置如下图所示。

在这八张牌中，只有 K、Q、J 和 A 这四张牌。

其中至少有一张是 Q，每张 Q 都在两张 K 之间，至少有一张 K 在两张 J 之间。

没有一张 J 与 Q 相邻；其中只有一张 A，没有一张 K 与 A 相邻(上下或左右叫相邻，斜对角不算相邻)，但至少有一张 K 与另一张 K 相邻。

你能找出这八张扑克牌中哪一张是 A 吗？

56. 瓶中油

一个人有一瓶油，他不知道油多重，只知道连瓶子共重 3.5 千克。当他用掉一半油的时候，连瓶子共重 2 千克。

请问：原来瓶中的油有多重？瓶子多重？

57. 买了几个鸡蛋

一家杂货店的鸡蛋是按照个数算钱的，也就是说每个鸡蛋的价格都是一样的，要买几个鸡蛋就付多少钱。

一次，我去买鸡蛋时，挑了若干个鸡蛋就找老板结账，老板数完个数后，告诉我一共 12 元。

我没看单价，也没有数一共有多少个鸡蛋，付了 12 元以后，我突然发现这些鸡蛋比我平时买的少了很多。于是，我又叫老板免费添了 2 个鸡蛋给我。

这样一来，每打(12 个)鸡蛋的价钱就比当初的要价降低了 1 元。

请问：开始时我买了多少个鸡蛋？

58．公主招驸马

相传，古时候有位公主想招一个聪明过人的驸马，于是设计出一道难题来招婿。

这道招婿题是这样的：

在一只篮子中有若干李子，首先取它的一半再加一个给第一个人，取其余的李子数的一半多一个给第二个人，又取最后所余的一半又多三个给第三个人。

这时，篮内的李子就没有剩余了。

请问：这个篮子中原来有多少个李子？

59．挑选继承人

某个小岛上有个国家，国王年纪越来越大了，想尽快找出一个合适的王子来继承王位。但是，老国王有好几个王子，究竟选谁好呢？最后，国王决定选择他们中最聪明的那位王子来继承王位。

于是，国王决定进行一次公平的竞赛。一天，他把王子们召集起来，出了一道题考他们。

题目是：

有金、银两个宝箱，箱内分别装了若干件珠宝。现在，把金宝箱中 25% 的珠宝送给第一个算对这个题目的人，把银宝箱中 20% 的珠宝送给第二个算对这个题目的人，然后从金宝箱中拿出 5 件送给第三个算对这个题目的人，再从银宝箱中拿出 4 件送给第四个算对这个题目的人。

最后，金宝箱中剩下的比分掉的珠宝多 10 件，银宝箱中剩下的与分掉的珠宝的比是 2：1。

请问：金宝箱、银宝箱中原来各有多少件珠宝？

60．老鼠穿墙

两只老鼠想见面，可是隔着一堵墙，于是它们齐声喊道："咱们一起打洞吧！"

它们找了一处对着的地方打起洞来。这两只老鼠一大一小，头一天各打进墙内 1 尺。大鼠越干越有劲，以后每天的进度都比前一天多一倍；小鼠越干越累，以后每天的进度都只是前一天的一半。现在知道墙壁厚 5 尺，请问：几天后它们才能会面？大小老鼠各打穿了几尺墙？

61．全部中靶

在一个射击比赛中，甲、乙、丙三名运动员进入了决赛。在最关键的一轮比赛中，三名运动员各打了四发子弹，全部中靶，命中情况如下。

(1) 每人的四发子弹所命中的环数各不相同。

(2) 每人的四发子弹所命中的总环数均为 17 环。

(3) 乙有两发命中的环数分别与甲其中两发一样，乙另两发命中的环数与丙其中两发一样。

(4) 甲与丙只有一发环数相同；

(5) 每人每发子弹的最好成绩不超过 7 环。

请问：甲与丙命中的相同环数是几环？

62．说真话的概率

在太空中的某个星球上，这里的人经常说假话，每个人说真话的概率都是 1/3。

一次，一名地球人遇到了 A、B、C、D 四个该星球人，其中 D 说了一句话，然后 A 声称 B 否认 C 说 D 说谎了。

请问：D 说的那句话是真话的概率是多少？

63．石门上的按钮

一位探险家在山洞里探险的时候，发现了一个石门，里面可能藏着很多宝藏。在旁边有一排按钮，上面写着："A 在 B 的左边，B 是 C 右边的第三个，C 在 D 的右边，D 紧靠着 E，E 和 A 中间隔着一个按钮。"旁边还有一个提示，只有按 A、B、C、D、E、F 的顺序才能打开石门。你能帮他找到每个按钮的位置吗？

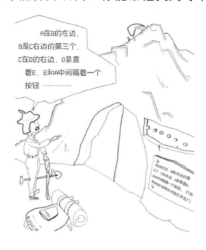

64．最后的比赛结果

一所中学的五个班级进行足球比赛，每两个班互赛一场，比赛的结果如下。

一班：2 胜 2 败。

二班：0 胜 4 败。

三班：1 胜 3 败。

四班：4 胜 0 败。

请问：五班的成绩如何？

65．哪样更多

桌子上放着同样大小的两个瓶子，一瓶装着酒精，另一瓶装着水，两个瓶子里的液体一样多。如果用小勺从第一个瓶子中取出一勺酒精，倒入第二个瓶子中，搅匀后，再从第二个瓶子中取一勺混合液，倒回第一个瓶子中。

那么这时是酒精瓶中的水多，还是水瓶中的酒精多？

66．谁全对了

总共有 50 个人做题，40 个人做对 A 题，31 个人做对 B 题，有 4 个人两道题目都做错。请问：有多少人是两道题都做对的？

67．推算时间

在早晨列队检查时，警长问身边的秘书现在几点了。精通数学的秘书回答道：

"从午夜到现在这段时间的四分之一，加上从现在到午夜这段时间的一半，就是现在的确切时间。"你能算出这段对话发生的时间吗？

从午夜到现在这段时间的四分之一，加上从现在到午夜这段时间的一半，就是现在的确切时间。

68. 哪种说法是正确的

桌上放着红桃、黑桃和梅花三种牌，共 20 张。

(1) 桌上至少有一种花色的牌少于 6 张。

(2) 桌上至少有一种花色的牌多于 6 张。

(3) 桌上任意两种牌的总数将不超过 19 张。

上述论述中正确的是(　　)。

A. 1、2　　　　　B. 1、3　　　　　C. 2、3　　　　　D. 1、2 和 3

69. 姑娘得到的花

在一次聚会上来了四位漂亮的姑娘，她们成了全场的焦点，很多男士纷纷给她们送花。

她们每人都得到了玫瑰花，并且四个人得到的玫瑰花的总数是 10 朵。

关于每个人得到花的数量，四位姑娘分别说了一句话。

甲："乙和丙的玫瑰花总数为 5。"

乙："丙和丁的玫瑰花总数为 5。"

丙："丁和甲的玫瑰花总数为 5。"

丁："甲和乙的玫瑰花总数为 4。"

现在我们知道：这四句话中，得到 2 朵玫瑰花的姑娘说了假话，其他的人都说了真话。(得到 2 朵玫瑰花的姑娘可能不止 1 人。)

根据以上信息，请问：她们每个人分别得到了多少朵玫瑰花？

70. 钱找错了吗

一家水果店里出售两种苹果，一种 10 元 2 斤，一种 10 元 3 斤。每天这两种苹果都可以卖 30 斤，一共收入 250 元。因为这两种苹果的外表是完全一样的，一天老板不小心把两种苹果混到了一起，每种各 30 斤。于是他就以 20 元 5 斤的价格一起出售这堆混合的苹果。但是，到晚上结账的时候，发现只卖了 240 元，而不是 250 元。那么，那 10 元钱哪里去了？难道是老板找错钱了吗？

71．父亲和女儿

一家公司的经理有三个女儿。一天，经理与下属开玩笑，让下属猜自己三个女儿的年龄。他告诉下属：自己三个女儿的年龄加起来等于 13，并且三个女儿的年龄乘起来的积恰好等于经理的年龄。

这个下属知道经理的年龄，但是仍不能确定经理三个女儿的年龄。这时，经理又补充了一个条件：只有一个女儿是读托儿所的年龄。这时这个下属就知道了经理三个女儿的年龄。

请问：你在不知道经理年龄的情况下，是否可以算出经理三个女儿的年龄分别是多少？经理今年多少岁？为什么？

72．运动员和乌龟赛跑

历史上曾经有一个非常著名的逻辑学悖论，叫阿基里斯追不上乌龟。

内容很有趣，说的是一名长跑运动员叫阿基里斯。一次，他和一只乌龟赛跑。假设阿基里斯的速度是乌龟的 12 倍，这场比赛的结果是显而易见的，乌龟一定会输。

现在我们把乌龟的起跑线放在阿基里斯前面 12 千米处，那么结果会如何呢？

有人认为，这回阿基里斯永远也追不上乌龟！

理由是：当阿基里斯跑了 12 千米时，那只乌龟也跑了 1 千米，在阿基里斯的前面。

当阿基里斯又跑了 1 千米的时候，那只乌龟又跑了 1/12 千米，还是在阿基里斯前面。

这样一直跑下去的话，难道我真的永远追不上乌龟了？！

就这样一直跑下去，虽然每次距离都在拉近，但是阿基里斯每次都必须先到达乌龟的起始地点，那么这时又相当于他们两个相距一段距离重新开始跑步了。这样下去，阿基里斯是永远也追不上乌龟的。

你是怎么认为的呢？

73. 天平的平衡性

毕达哥拉斯是古希腊著名的数学家，门下弟子众多。

在一次讲课中，他拿出四架天平，分别在两边放上一些几何物体，同种形状的物体大小、重量都相等。

毕达哥拉斯问众弟子："你们谁能告诉我，从前三架天平的状态来看，第四架天平是不是平衡的？"

众弟子面面相觑，无人能答。

你能解答这个问题吗？

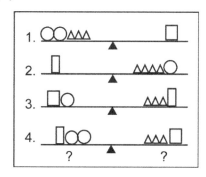

74. 长辈的年龄

小明很喜欢舅舅，因为舅舅总是带着小明玩。

一次，小明问舅舅的年龄。舅舅知道小明的数学很好，就没有直接告诉他，而是给小明提供了一些信息，让他自己计算。

舅舅提供的信息如下。

(1) 我的年龄和你妈妈的年龄加起来是 48 岁。

(2) 你妈妈现在的年龄是我过去某一年年龄的两倍。

(3) 在过去的那一年，你妈妈的年龄又是将来某一年我的年龄的一半。

(4) 而到将来的那一年，我的年龄将是你妈妈过去当她的年龄是我的年龄三倍时的年龄的三倍。

然后舅舅问小明能否算出来他现在是多少岁。

小明被绕糊涂了，你能帮他算出来舅舅现在的年龄吗？

75. 四种语言

联合国正在召开一次代表会议，在会议厅里，四位代表围着一张桌子坐定，侃侃而谈。

他们之间的交流一共用到了汉语、英语、法语、日语四种不同的语言。

现在已经知道的是：

(1)　甲、乙、丙各会两种语言。

(2)　丁只会一种语言。

(3)　有一种语言四人中有三人都会。

(4)　甲会日语。

(5)　丁不会日语。

(6)　乙不会英语。

(7)　甲与丙不能直接交谈。

(8)　丙与丁不能直接交谈。

(9)　乙与丙可以直接交谈。

(10) 没有人既会日语，又会法语。

请问：甲、乙、丙、丁各会什么语言？

76．买肉

一家肉铺卖鸡肉、猪肉和牛肉。这天的生意不错，来了一群顾客。已知：

(1)　只买猪肉的人数是只买牛肉的人数的两倍。

(2)　只买鸡肉的人数比只买猪肉的人数多 3 人。

(3)　既买了鸡肉又买了猪肉的人数比只买牛肉的人数多 1 人。

(4)　只买牛肉的人数是同时买了猪肉和牛肉的人数的两倍。

(5)　有 18 人没有买猪肉，14 人没有买鸡肉；

(6)　买了猪肉和牛肉，没有买鸡肉的人数，与三样都买的人数一样多。

(7)　有 5 人买了鸡肉和猪肉，而没有买牛肉。

请问：

(1)　有多少人只买了猪肉？

(2)　多少人三样都买了？

(3)　一共有多少顾客？

(4)　多少人只买了两样？

(5)　多少人买了鸡肉？

77．袋子里的货物

小明去超市买了七件商品，先后放在一个袋子里。最后放进去的是一盒蛋糕；放完牛奶放的是饼干；放完苹果放的是果汁；放完薯片放的是牛奶；面包和饼干之间有两件商品；薯片和苹果之间也有两件商品；面包后面是蛋糕。

请问：七件商品放入袋子的先后顺序是什么？

78. 涨工资

一家企业要给员工涨工资。有两种方案可供选择。

方案一：在原来年工资 20000 元的基础上，每过一年增加 500 元。

方案二：在原来年工资 20000 元的基础上，每过半年增加 125 元。

如果你是工人，你更倾向于用哪种方案？

79. 幼儿园的游戏

幼儿园大班在玩一个游戏：一个正方形的房间，每边长 6 米。甲、乙、丙、丁四个小朋友按顺时针方向分别待在房间的 A、B、C、D 四个角上。从同一时刻起，四个小朋友一起开始慢步走。甲的目标始终是乙，乙的目标始终是丙，丙的目标始终是丁，丁的目标始终是甲。小朋友们的速度是每秒 30 厘米。

经证明，四个小朋友一定会在房间的正中央相聚。

请问：从小朋友开始走到相聚需要多长时间？

80. 尾巴搬上脑袋

如下六张扑克组成的六位数有这样的特点：将它乘以 4 以后，得到的正好是将末尾的扑克放到头上来组成的数。

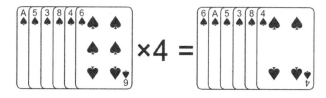

你能找出其他有这种特点的扑克牌组合吗？

81. 灯泡组合

一户人家装修，共买了两种灯，一种是中间一个大灯，旁边 3 个小灯的三星映月灯，一种是中间一个大灯，旁边 6 个小灯的六星拱月灯。装修完毕后发现，两种灯共用掉大灯 16 个，小灯 66 个。你知道他家一共有多少个三星映月灯，多少个六星拱月灯吗？

82. 环岛旅行

大富豪陈伯买了一座小岛，他在岛上建了一座码头，并买了两艘一模一样的游艇，想乘坐它们环岛旅行。可是这种游艇比较费油，它能携带的燃料只够航行 120 公里。而陈伯的小岛周长是 200 公里。陈伯想用两艘游艇相互加燃料的方法环岛旅行，请问：他该怎么做呢？(最后游艇必须返回码头。)

83. 出差补助

一家公司给员工发出差补助比较奇怪，是按照员工出差到达目的地的日期计算补助的。比如，一名员工 8 号出差到达外地，那么他这次出差能够领到的出差补助就为 8 元。8 月份的时候，一名员工出差。他 4 号星期六到达北京，然后又相继出差 4 次，即在接下来的四个星期中，每个星期出差一次。到达目的地的具体时间他不记得了，只知道一次是星期三，一次星期四，两次星期五。

你能根据这些资料，算出这名员工这个月可能领到多少出差补助吗？

84. 答题卡

下面是一次数学测验的答题卡，一共有 10 道判断题，每题 10 分，请根据四名同学的分数，确定每个题目的答案。

题号	1	2	3	4	5	6	7	8	9	10	得分
甲	√	×	×	√	×	×	√	√	×	√	80
乙	√	×	√	√	×	×	√	√	×	√	70
丙	×	×	√	√	×	×	×	×	√	×	40
丁	×	√	×	×	×	√	×	√	×	×	20

85. 错车

有两列火车，都是一个车头带着 40 节车厢。它们从相对的两个方向同时进入一个车站。这个车站很小，只有一条车道，还有一条不长的岔道，可以停一个车头和 20 节车厢。现在为了让两列火车都可以按原方向向前行驶，需要利用这个岔道错车。你知道该怎么做才能把两列火车错开吗？(火车各节车厢之间可以打开，但必须有车头牵引才能移动。车头前后都可以连接车厢。)

86. 影子

如下图所示，B 是一盏灯。一个身高 1.8 米的人站在灯的正下方 A 点处，他向前走 3 米后，到达 D 点。这时他的影子 DE 长为 2 米。

请问：这盏灯离地面的距离 AB 为多少？

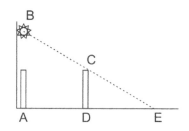

87. 传送带

下面是一个滑轮带动的传送带，已知这个滑轮的半径是 10 厘米。当它转动一周时，传送带上面的物体从 A 点传送到了 B 点。请问：AB 的距离为多少？

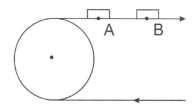

88. 连通装置

下面是一个用导管相互连通的装置，这个装置共有五个水槽，其中四个装有各不相同的液体，分别是酒、油、水、奶，还有一个水槽空着。水槽之间有一些导管相连，可以打开和关闭。现在需要把四种液体换一下位置，使 A、B、C、D 槽中分别是奶、水、油、酒。请问：应该如何做？

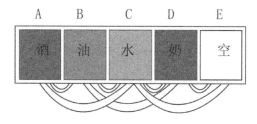

89. 小明搬家

小明家有六个房间，分别放着办公桌、床、酒柜、书架和钢琴，还有一个空房间。小明想把钢琴和书架换个位置，但是房间太小，任何一个房间都无法放入两个家具。只有利用那个空房间才能把这些家具移动位置。请问：小明需要几次才能把钢琴和书架的位置调换呢？

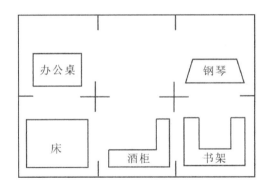

90．重叠

下图中有两个等边三角形，它们的面积差为48，其中，AB：BC：CD=2：1：4。你能根据这些条件求出重叠部分的面积吗？

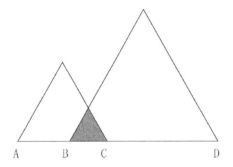

91．保持平衡

要想让下面这个天平保持平衡，右侧问号处应该放入数字为几的物体？

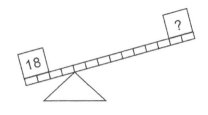

92．都是做什么的

孙鹏、程菲(女)、刘国梁和张宁(女)四人围成一桌在聊天，他们都是运动员。孙鹏坐在体操运动员对面，羽毛球运动员坐在程菲右边，刘国梁坐在张宁对面，乒乓球运动员坐在网球运动员右边，刘国梁的右边是女的。

请问：这四人分别是什么运动员？

93. 团圆的中秋节

中秋节之夜，小明全家欢聚。饭桌上有一个祖父、一个祖母、两个父亲、两个母亲、四个子女、三个孙子女、一个兄弟、两个姐妹、两个儿子、两个女儿、一个公公、一个婆婆和一个媳妇。说了这么多，其实只有七个人。

请问：

(1) 七人中男、女各几人？

(2) 小明如何称呼其余六人？

94. 谁是预言家

瑞西阿斯是古希腊最著名的预言家之一，他有四个徒弟 A、B、C、D。但是，这四个徒弟中只有一个人后来真正成为预言家。其余三个人，一个当了武士，一个当了医生，另一个当了建筑师。一天，他们四人在练习讲预言。

A 预言：B 无论如何也成不了武士。

B 预言：C 将会成为预言家。

C 预言：D 不会成为建筑师。

而 D 预言他会娶到公主。

可是，事实上他们四个人当中，只有一个人的预言是正确的，而正是这个人后来当上了真正的预言家。

请问：后来这四个徒弟各当了什么？

95. 分苹果

总公司分给某营业点一箱苹果共 48 个，并给出了分配方法：把苹果分成四份，并且使第一份加 3、第二份减 3、第三份乘 3、第四份除 3 所得的数目相同。如果你是该营业点的负责人，应该怎么分呢？

96. 最少有几个人

教授有 10 名学生，他们中有 6 位是北京人，7 位年龄超过了 20 岁，8 位是北大毕业的，9 位是男性。据估计，这 10 个人中，出身北京、年龄在 20 岁以上、北大毕业的男性最多有 6 名，那么最少有多少名？

97. 现在是几月

一天，七个小朋友在一起讨论现在是几月。

小红：我知道下下个月是三月。

小华：不对，这个月是三月。

小刘：你们错了，下个月是三月。

小童：你们错了，上个月是三月。

小明：我确信上上个月是三月。

小芳：不对，今天既不是一月、二月，也不是三月。

小美：不管怎么样，上个月不是十月。

他们之中只有一个人讲对了，是哪一个呢？现在到底是几月？

98. 时晴时雨

冬天放寒假的时候，红红来到住在海南的外婆家度假，这几天假期的天气时晴时雨，具体来说：

(1) 上午或下午下雨的情况有 7 次。

(2) 凡是下午下雨的那天上午总是晴天。

(3) 有 5 个下午是晴天。

(4) 有 6 个上午是晴天。

请问：红红在外婆家一共住了几天？

99．谁得了大奖

公司年底联欢会上有个抽奖环节，经理把得大奖人的名字抽出来后，对离他最近的一桌上的五个人说："大奖就出在你们五个人中。"

甲：我猜是丙得了大奖。

乙：肯定不是我，我的运气一直不好。

丙：我觉得也不是我。

丁：肯定是戊。

戊：肯定是甲，他的运气一直很好。

经理听了他们的话说："你们五个人只有一个人猜对了，其他四个人都猜错了。"

五个人听了之后，马上意识到是谁得了大奖了。

你知道是谁得大奖了吗？

100．避暑山庄

甲、乙、丙和丁四个人分别在上个月的不同时间入住避暑山庄，又在不同的时间分别退了房。现在只知道：

(1) 滞留时间(比如从 7 日入住，8 日离开，则滞留时间为 2 天)最短的是甲，最长的是丁，乙和丙的滞留时间相同。

(2) 丁不是 8 日离开的。

(3) 丁入住的那天，丙已经住在那里了。

入住时间是：1 日、2 日、3 日、4 日。

离开时间是：5 日、6 日、7 日、8 日。

根据以上条件，你知道他们四人各自的入住时间和离开时间吗？

101．写信

已知：

(1) 教室里标有日期的信都是用粉色纸写的。

(2) 小王写的信都是以"亲爱的"开头的。

(3) 除了小赵外没有人用黑墨水写信。

(4) 小李没有收藏他可以看到的信。

(5) 只有一页信纸的信中，都标明了日期。

(6) 未做标识的信都是用黑墨水写的。

(7) 用粉色纸写的信都收藏起来了。

(8) 一页以上的信纸的信中，没有一封是做标记的。

(9) 小赵没有写一封以"亲爱的"开头的信。

根据以上信息判断，小李是否可以看到小王写的信。

102．副经理姓什么

一家公司有三名职员：老张、老陈和老孙。公司的经理、副经理和秘书恰好和这三名职员的姓氏一样。现在已知：

(1) 职员老陈是天津人。

(2) 职员老张已经工作了 20 年。

(3) 副经理家住在北京和天津之间。

(4) 领导老孙常和秘书下棋。

(5) 其中一名职员和副经理是邻居，他也是一个老职工，工龄正好是副经理的三倍。

(6) 与副经理同姓的职员家住北京。

根据上面的资料，你能知道副经理姓什么吗？

103．大有作为

鲁道夫、菲利普、罗伯特三位青年，一个当了歌手，一个考上了大学，一个加入了陆战队，未来都大有作为。他们的老师想知道每个人的职业，现已知：

(1) 罗伯特的年龄比战士的大。

(2) 大学生的年龄比菲利普小。

(3) 鲁道夫的年龄和大学生的年龄不一样。

请问：三个人中谁是歌手？谁是大学生？谁是士兵？

104．小王的老乡

小王寝室有五位室友，他们分别姓赵、钱、孙、李、周，其中一位是他的同乡。

(1) 五位室友分为两个年龄档：三位是"80 后"，两位是"90 后"。

(2) 两位在学校工作，另外三位在工厂工作。

(3) 赵和孙属于相同年龄档。

(4) 李和周不属于相同年龄档。

(5) 钱和周的职业相同。

(6) 孙和李的职业不同。

(7) 小王的同乡是一位在学校工作的"90 后"。

请问：谁是小王的同乡？

105．满分成绩

初三(2)班有三名同学，他们的成绩都非常好，在一次考试中，他们的成绩有如下特点。

(1) 恰有两位数学满分，恰有两位语文满分，恰有两位英语满分，恰有两位物理满分。

(2) 每名同学至多只有三科得了满分。

(3) 对于小明来说，下面的说法是正确的：如果他数学满分，那么他物理也满分。

(4) 对于小华和小刚来说，下面的说法是正确的：如果他语文满分，那么他英语也满分。

(5) 对于小明和小刚来说，下面的说法是正确的：如果他物理满分，那么他英语也满分。

哪一位同学的物理没有满分？

提示：先判定哪两位同学的英语得了满分。

106．什么关系

有 A、B、C、D、E 五个人是亲戚，其中四人每人讲了一个真实情况，如下所述：

(1) B 是我父亲的兄弟。

(2) E 是我的岳母。

(3) C 是我女婿的兄弟。

(4) A 是我兄弟的妻子。

上面提到的每个人都是这五个人中的一个[例如，(1)中"我父亲"和"我父亲的兄弟"都是 A、B、C、D、E 五人中的一个]，则由此可以推出(　　)。

A. B 和 D 是兄弟关系

B. A 是 B 的妻子

C. E 是 C 的岳母

D. D 是 B 的子女

107．兄弟姐妹

一个家庭中有兄弟姐妹六人，其中有两名男性，四名女性。现在知道他们都是艺术品收藏家。

一天，他们又一次一起去了一家商场，各自购买了一些自己喜欢的艺术品。

具体的购买情况如下。

(1) 每件艺术品的价格都以分为最小单位。

(2) 老大购买了 1 件艺术品，老二购买了 2 件艺术品，老三购买了 3 件艺术品，老四购买了 4 件艺术品，老五购买了 5 件艺术品，而老六购买了 6 件艺术品。

(3) 兄弟俩购买的艺术品，每件的单价都相同。

(4) 其他四姐妹购买的艺术品，每件的单价都是兄弟俩所购艺术品单价的 2 倍。

(5) 这六人总共花了 1000 元。

这六人中哪两个人是兄弟？

第三章

假设思维

108．四对亲兄弟

一个大院里住着四户人家，每家各有两个男孩。这四对亲兄弟中，哥哥分别是甲、乙、丙、丁，弟弟分别是 A、B、C、D。一次，有位过路人问："你们究竟谁和谁是亲兄弟呀？"

乙说："丙的弟弟是 D。"

丙说："丁的弟弟不是 C。"

甲说："乙的弟弟不是 A。"

丁说："他们三个人中，只有 D 的哥哥说了实话。"

丁的话是可信的，过路人想了好半天也没有把他们区分出来。

聪明的你能区分出来吗？

109．匿名捐款人

某公司有人爱做善事，经常捐款捐物，而每次都只留公司名不留人名。

一次该公司收到感谢信，要求找出此人。公司在查找过程中，听到以下六句话。

(1) 这钱或者是赵风寄的，或者是孙海寄的。

(2) 这钱如果不是王强寄的，就是张林寄的。

(3) 这钱是李强寄的。

(4) 这钱不是张林寄的。

(5) 这钱肯定不是李强寄的。

(6) 这钱不是赵风寄的，也不是孙海寄的。

事后证明，这六句话中只有两句是假的。请根据以上条件，确定匿名捐款人。

110．加法与乘法

明明去一家商店买东西，他挑选了四件小商品，其中有一件只要 1 元钱，他在心里算了一下，总共 6.75 元。准备付钱时，明明发现店主用计算器算价时按的不是加法键，而是乘法键！他正准备提醒店主时，奇怪地发现，计算器算出的数字也是 6.75 元，店主没按错数字。那么，你知道这四件小商品的单价各是多少元吗？

111．满分科目

一次，期末考试后，老师对三个学生说："你们在这次语文、数学、英语考试中取得了很好的成绩，并且你们三个各有一门成绩获得满分，你们能猜出来吗？"

甲想了想说："我语文考满分。"

乙说："丙考满分的应该是数学。"

丙说："我考满分的不是英语。"

老师说："你们刚才的猜测中只有一个人是正确的，其实有一门成绩，你们三个人中，有两个人都是满分。"

你能判断出这三名学生的哪一门成绩考了满分吗？

112. 手心上的名字

春游的时候，老师带着四名学生 A、B、C、D 一起做猜名字的游戏。游戏很简单。

首先，老师在自己的手上用圆珠笔写了四个人中的一个人的名字。

然后他握紧手，在此过程中，没有让四名学生中的任何一个人看到。

最后，老师对他们四人说："我在手上写了你们四个人其中一个人的名字，猜猜我写了谁的名字？"

A 回答说："是 C 的名字。"

B 回答说："不是我的名字。"

C 回答说："不是我的名字。"

D 回答说："是 A 的名字。"

四名学生猜完之后，老师说："你们四人中只有一个人猜对了，其他三个人都猜错了。"

四人听了以后，都很快猜出了老师手中写的是谁的名字。

你知道老师手中写的是谁的名字吗？

113. 真假难辨

师生聚会中，老师小刘突然问学生，上学的时候，谁向他说过谎。大家各自只说了一句话。

张三：李四说谎。

李四：王五说谎。

王五：张三和李四都说谎。

请问：谁没有说谎？

114．六人队

某大学新生入学，老师组织六个学生站在校门口，为新生解答疑问，第一天老师发现不记得原先 A、B、C、D、E、F 六名同学排队的顺序。已知：

(1) C 在 E 的前面。

(2) A 在 F 的后面。

(3) E 不在第五位。

(4) D 和 A 之间隔着两个人。

(5) B 在 E 的后面，并紧挨着 E。

请问：第四位是谁？

115．猴子摘桃

猴子妈妈有三个孩子，它们分别是大猴子、中猴子和小猴子。

一天，猴子妈妈有事，就只好让三只猴子单独去果园里摘桃。现在知道：

它们都摘到了桃，但是都没有超过三个。

回来的路上，三只猴子说了以下三句话。

大猴子："中猴子摘到了两个桃。"

中猴子："小猴子摘到的不是两个桃。"

小猴子："大猴子摘到的不是一个桃。"

现在已知：

如果某只猴子说的话里涉及的猴子比自己摘的桃子多，那么这句话就是假的，否则就是真的。

请问：这三只猴子各自摘了多少个桃子？

116．面值相同的硬币

明明有 12 枚硬币，其中包括 1 分、2 分和 5 分三种面值，这些硬币的总价值是 3 角 6 分。

现在知道，这 12 枚硬币中，有 5 枚硬币的面值是一样的。

那么，你能猜出这 5 枚一样面值的硬币一定是几分的硬币吗？

117．真假交替

甲(男)、乙(男)、丙(女)、丁(女)、戊(女)五人有亲戚关系。

现在知道：

凡有兄弟姐妹并且有儿女的人总说真话；

凡只有兄弟姐妹或只有儿女的人，所说的话真假交替；

凡没有兄弟姐妹，也没有儿女的人总说假话。

他们各说了以下的话：

甲：丙是我的妻子，乙是我的儿子，戊是我的姑姑；

乙：丁是我的姐妹，戊是我的母亲，戊是甲的姐妹；

丙：我没有兄弟姐妹，甲是我的儿子，甲有一个儿子；

丁：我没有儿女，丙是我的姐妹，甲是我的兄弟；

戊：甲是我侄子，丙是我的女儿，丁是我的侄女。

请根据题干给定的条件，推出下面五条中哪一个是真的。(　　　)

A. 甲说的是真话，丙是他的妻子

B. 乙说的真假交替，他的母亲是戊

C. 丁说的都是假话，她是甲的姐妹

D. 戊说的是真话，丙是他的姐妹

E. 丙说的真假交替，她是甲的母亲

118．三山五岳

中国有三山五岳，其中五岳是指：东岳泰山，南岳衡山，西岳华山，北岳恒山，中岳嵩山。小明拿出五岳的图片，标上数字 1～5，让甲、乙、丙、丁、戊五人来辨认。

甲说：2 号是泰山，3 号是华山。

乙说：4 号是衡山，2 号是嵩山。

丙说：1 号是衡山，5 号是恒山。

丁说：4 号是恒山，3 号是嵩山。

戊说：2 号是华山，5 号是泰山。

核对后，发现每个人都只说对了一个，那么正确的结果是怎样的呢？

119．真假命题

某办公室共有三人，主任一人，副主任一人，办事员一人。

(1) 主任懂日语。

(2) 有人不懂日语。

(3) 有人懂日语。

在上述三个判断中只有一个是真的，由此可见(　　)。

A. 副主任懂日语　　　　　　B. 副主任不懂日语

C. 主任懂日语　　　　　　　D. 主任不懂日语但办事员懂日语

120．口出谎言

甲、乙、丙三人。甲说乙在说谎，乙说丙在说谎，丙说甲和乙都在说谎。

请问：到底谁在说谎？

121．哪种花色

王先生正在和朋友们一起玩扑克牌。王先生手上拿着 13 张牌。黑桃、红桃、梅花、方块都有，但是，每种花色的张数都不一样，黑桃跟红桃一共 6 张，黑桃跟方块一共 5 张。王先生手中有 2 张某种花色的扑克牌。

请问：哪种花色的牌有 2 张呢？

122．谁偷了考卷

高三(2)班期末考卷在考试前两天的时候被偷了，老师根据调查和一些线索找到了三个可能的嫌疑人。对三名嫌疑人来说，下列事实成立：

(1) A、B、C 三人中至少一人偷了考卷。

(2) A 偷考卷时，B、C 肯定会与之同案。

(3) C 偷考卷时，A、B 肯定会与之同案。

(4) B 偷考卷时，没有同案者。

(5) A、C 中至少一人无罪。

根据以上信息，请问：是谁偷了考卷？

123．寻找毒药

有人将一瓶毒药与其他瓶装液体放在了一起，这四个瓶子都是深色的，从外表看很难区分。里面分别装有矿泉水、酱油、醋和毒药，每个瓶子上都有标签，标签上分别写了如下一句话。

甲瓶子上的标签是："乙瓶子里装的是矿泉水。"

乙瓶子上的标签是："丙瓶子里装的不是矿泉水。"

丙瓶子上的标签是："丁瓶子里装的是醋。"

丁瓶子上的标签是："这个标签是最后贴上的。"

而且我们还知道在装有毒药的瓶子上的标签是假的，其他的瓶子上的标签都是真的。

你能知道每个瓶子里分别装的是什么东西吗？

124．猜出真相

过节的时候，甲、乙、丙、丁、戊五位亲戚聚到了一起，他们开始谈论自己和其他人的关系。他们所谈论到的人，都在这五个人中间。有四个人分别说：

(1) 乙是我父亲的兄弟。

(2) 戊是我的岳父。

(3) 丙是我女婿的兄弟。

(4) 甲是我兄弟的妻子。

那么，你知道这些话分别是谁说的吗？并且五人之间是什么关系？

125．三家房客

一幢三层的公寓刚刚落成，每层只有一套房间。沃伦夫妇最先搬进来，住进了顶层。莫顿夫妇和刘易斯夫妇则根据抽签的结果，分别住进了下面两层。

莫顿夫妇对公寓环境和邻居都非常满意。整幢楼里唯一有点意见的是珀西，他希望住在他家楼上的那对夫妇不要每天早上就开始大声放音乐，这会影响他的睡眠。除此之外，这三家邻居之间的关系都很融洽。罗杰每天早上下楼路过吉姆家时，总要进去坐一会儿，然后两个人一块去上班。到了 11 点，凯瑟琳总要上楼去和刘易斯夫人一起喝茶。丢三落四的诺玛觉得住这种公寓非常方便，因为每当她忘了从商店买回什么东西的话，她可以下楼向多丽丝去借。

这三对夫妇分别叫什么名字？姓什么？住哪一层？

126．有几个天使

一个旅行者遇到了三个美女，他不知道其中哪个是天使，哪个是魔鬼。天使只说真话，魔鬼只说假话。

甲说："在乙和丙之间，至少有一个是天使。"

乙说："在丙和甲之间，至少有一个是魔鬼。"

丙说："我只说真话。"

你能判断出有几个天使吗？

127．判断血型

甲、乙、丙、丁四人的血型各不相同，甲说："我是 A 型。"乙说："我是 O

型。"丙说："我是 AB 型。"丁说："我不是 AB 型。"四个人中只有一个人的话是假的。

以下哪项成立？(　　)

A. 无论谁说假话，都能推出四个人的血型情况

B. 乙说的是假话，可推出四个人的血型情况

C. 丙说的是假话，可推出四个人的血型情况

D. 丁说的是假话，可推出四个人的血型情况

128. 谁通过的六级

关于一个班的英语六级通过情况有如下陈述。

(1) 班长通过了。

(2) 该班所有人都通过了。

(3) 有些人通过了。

(4) 有些人没有通过。

经过详细调查，发现上述结论只有两个是正确的，可见(　　)。

A. 该班有人通过了，但也有人没有通过　　　B. 班长通过了

C. 所有人都通过了　　　　　　　　　　　　D. 所有人都没有通过

129. 兔妈妈分食物

兔妈妈从超市里给孩子亲亲、宝宝、贝贝买来了它们喜欢的食物(胡萝卜、面包、薯片、芹菜)。每个兔宝宝喜欢吃的食物各不相同。请根据三位兔宝宝的发言，推断它们喜欢吃的食物分别是什么。每个兔宝宝的话都有一半是真话，一半是假话。

亲亲："宝宝最爱吃的不是芹菜。贝贝最爱吃的不是面包。"

宝宝："亲亲最爱吃的不是面包。贝贝最爱吃的不是薯片。"

贝贝："亲亲最爱吃的不是胡萝卜。宝宝最爱吃的不是薯片。"

130. 谁是她的男友

公司新来一位女同事，长得非常漂亮，全公司有 9 名同事都想追求她。

过了不到一个月的时间，据可靠消息称：她已经和这 9 个人中的 1 个正式开始交往了，只不过不想公开罢了。

有个好事者向这 9 位同事打探消息，想确认谁才是这位漂亮女同事的男友。

得到的回答分别是：

A：这个人一定是 G，没错。

B：我想应该是 G。

C：这个人就是我。

D：C 最会装模作样，他在吹牛！

E：G 不是会说谎的人。

F：一定是 I。

G：这个人既不是我也不是 I。

H：C 才是她的男友。

I：是我才对。

这 9 句话中，只有 4 个人说了实话。

你能判断出谁才是这位漂亮女同事的男友吗？

131．亲戚关系

一个寝室有 3 名大学生，他们每个人都分别选修了六门课程中的四门。总的来说，有两个人选修了数学，两个人选修了语文，两个人选修了英语，两个人选修了物理，两个人选修了化学，两个人选修了历史。

已知：

如果甲选了数学，那么他也会选修历史；如果他选修了历史，那么他不会选修英语；如果他选修了英语，那么他不会选修语文。

如果乙选修了英语，那么他也会选修语文；如果他选修了语文，那么他不会选修数学；如果他选修了数学，那么他不会选修化学。

如果丙选修了化学，那么他不会选修数学；如果他不选修数学，那么他会选修语文；如果他选修了语文，那么他不会选修英语。

请问：三人分别选修了哪几门课程？

132．女排，女篮

甲、乙、丙、丁、戊五名女生，要么是女排队员，要么是女篮队员。虽然她们知道自己的职业，但是别人却并不了解。在一次联欢晚会上，她们请大家根据以下陈述进行推理。

甲对乙说：你是女排队员。

乙对丙说：你和丁都是女排队员。

丙对丁说：你和乙都是女篮队员。

丁对戊说：你和乙都是女排队员。

戊对甲说：你和丙都不是女排队员。

如果规定对同队的人(即女排对女排，女篮对女篮)说真话，对异队的人说假话，那么，女排队员是哪几个？

133．几个人说谎

一个大学宿舍中的共用热水瓶被打碎了。对此,五名学生分别说了如下一句话。

甲:不是我打碎的。

乙:甲说谎。

丙:我不知道。

丁:丙说谎。

戊:丙和丁都在说谎。

请问:这五个人中有几个人说了谎话?

134．三重 JQK

有下面一个由 J、Q、K 组成的等式,J、Q、K 分别是 1～9 中的不同的三个数字,那么它们分别相当于哪些数字呢?

JJJ+QQQ+KKK=JQQK

135．零钱

小明打算去书店买书,他出门的时候带了 10 元钱。这 10 元钱是他特意准备的零钱,由 4 枚硬币(分币)和 8 张纸币(元、角币)构成。而且只要书价不超过 10 元,不管需要几元几角几分他都可以直接付款而不需要找零。你知道小明带的 10 元钱的构成吗?

136．首饰的价值

小李有 A、B、C、D、E 五件首饰,其价值各不相同。已知:

A 的价值是 B 的两倍。

B 的价值是 C 的四倍。

C 的价值是 D 的一半。

D 的价值是 E 的一半。

请问：这五件首饰的价值大小是怎么排列的？

137．汽车的牌子

罗伯特、欧文、叶赛宁都新买了汽车，汽车的牌子是奔驰、本田、皇冠。他们一起来到朋友汤姆家里，让汤姆猜猜他们三人各买的是什么牌子的车。汤姆猜道："罗伯特买的是奔驰车，叶赛宁买的肯定不是皇冠车，欧文买的自然不会是奔驰车。"很可惜，汤姆的这种猜法，只猜对了一个。据此可以推知(　　)。

A．罗伯特买的是本田车，欧文买的是奔驰车，叶赛宁买的是皇冠车

B．罗伯特买的是奔驰车，欧文买的是皇冠车，叶赛宁买的是本田车

C．罗伯特买的是奔驰车，欧文买的是本田车，叶赛宁买的是皇冠车

D．罗伯特买的是皇冠车，欧文买的是奔驰车，叶赛宁买的是本田车

138．篮球比赛

学校排球联赛中，有四个班级在同一组进行单循环赛，成绩排在最后的一个班级被淘汰。如果排在最后的几个班的负场数相等，则他们之间再进行附加赛。初一(1)班在单循环赛中至少能胜一场，这个班是否可以确保在附加赛之前不被淘汰？是否一定能出线？为什么？请写出解题步骤，并简单说明。

139．谁是冠军

田径场上正在进行 100 米决赛。参加决赛的是 A、B、C、D、E、F 六个人。小李、小张、小王对谁会取得冠军谈了自己的看法：小张认为，冠军不是 A 就是 B；小王坚信，冠军绝不是 C；小李则认为，D、F 都不可能取得冠军。比赛结束后，人们发现三个人中只有一个人的看法是正确的。

请问：谁是 100 米决赛的冠军？(　　)

A．冠军是 A　　　　　　　B．冠军是 B

C．冠军是 C　　　　　　　D．冠军是 E

140．不变的菜单

阿德里安、布福德和卡特三人去餐馆吃饭，他们每人要的不是火腿就是牛排。

(1) 如果阿德里安要的是火腿，那么布福德要的就是牛排。

(2) 阿德里安或卡特要的是火腿，但是不会两人都要火腿。

(3) 布福德和卡特不会两人都要牛排。

谁昨天要的是火腿，今天要的是牛排？

提示：判定哪些人要的菜不会变化。

141．什么花色最多

某人手中有 13 张扑克牌，这些牌有如下情况。

(1) 没有大王、小王，但红桃、黑桃、方块、梅花四种花色都有。

(2) 各种花色牌的张数不同。

(3) 红桃和黑桃合起来共有 6 张。

(4) 红桃和方块合起来共有 5 张。

(5) 有一种花色只有两张牌。

请问：此人手中的牌什么花色的最多？有几张？

142．谁去了南非

小李、小王和小张三人都非常喜欢四处旅游，这一年，他们每个人都恰好去了三个不同的国家。

(1) 两个人去美国，两个人去日本，两个人去荷兰，两个人去泰国，一个人去南非。

(2) 对于小李来说，下面的说法是正确的。

A. 如果他去了泰国，那么他也去了日本

B. 如果他去了日本，那么他没去美国

(3) 对于小王来说，下面的说法是正确的。

A. 如果他去了泰国，那么他也去了美国

B. 如果他去了美国，那么他也去了日本

(4) 对于小张来说，下面的说法是正确的。

A. 如果他去了日本，那么他也去荷兰

B. 如果他去了荷兰，那么他没去泰国

请问：谁去了南非？

提示：判定每个人去的国家组合。然后分别假定小李、小王或小张去了南非。只有在一种情况下，不会出现矛盾。

143. 谁考上了研究生

甲、乙、丙、丁和戊是大四同班同学，都参加了研究生考试。甲说："我们五个人都考上了研究生。"乙说："丁没有考上。"丙说："戊考上了研究生。"丁说："我们五个人有人没有考上研究生。"戊说："乙也没有考上。"

已知只有一个人说假话，则可推出以下判定肯定是真的一项为(　　)。

A. 说假话的是甲，乙没有考上研究生　B. 说假话的是丁，乙没有考上研究生

C. 说假话的是乙，丙没有考上研究生　D. 说假话的是甲，丙没有考上研究生

144. 到底谁结婚了

大学毕业三年后，某班级第一次举行聚会，有三个老师也被邀请了，他们讨论如下。

张老师：咱们班的同学刚毕业三年，应该没有人结婚。

李老师：以前上学时，我们班就有几对，所以班里应该有人结婚了。

刘老师：班长应该已经结婚了。

结果发现三个老师只有一个人说对了。由此可以推出以下哪一项肯定为真？

(　　)

A. 全班所有人都还没有结婚　　　　B. 班里已经有人结婚了

C. 班长结婚了　　　　　　　　　　D. 全班所有人都结婚了

145. 招聘要求

一家公司的招聘要求是：三年工作经验、性格外向开朗、本科以上学历。一天，王威、吴刚、李强、刘大伟四位男士前来面试，其中有一位符合公司所要求的全部条件被录取了。

现在已知：

(1) 四位男士中，有三人有三年工作经验，两名本科以上学历，一人性格外向

开朗。

(2) 王威和吴刚都是本科以上学历。

(3) 刘大伟和李强性格大体相同。

(4) 李强和王威并非都是三年工作经验。

请问：谁被这家公司录取了？（ ）

A. 刘大伟　　　　B. 李强　　　　　C. 吴刚　　　　D. 王威

146. 成绩预测

学校期末考试过后，有三位老师对考试结果进行预测。

赵老师说："考第一名的不是王明，也不是李刚。"

钱老师说："考第一名的不是王明，而是周志。"

孙老师说："考第一名的不是周志，而是王明。"

结果成绩出来以后发现，他们中只有一人的两个判断都对，一人的判断一对一错，另外一人的判断全错了。根据以上情况可以推断出考第一名的是（ ）。

A. 王明　　　　　B. 周志　　　　　C. 李刚

147. 比身高

三个小朋友王刚、张亮、李明在一起比身高。比较以后得知他们的身高情况如下：

(1) 甲的身高比张亮的身高高。

(2) 李明的身高比乙的身高矮。

(3) 丙承认李明比自己高。

根据以上情况，可知以下哪一项肯定为真？（ ）

A. 甲、乙、丙依次为李明、张亮和王刚

B. 李明个子最高，王刚个子第二高，张亮个子最矮

C. 甲、乙、丙依次为李明、王刚和张亮

D. 王刚个子最高，张亮个子第二高，李明个子最矮

148. 有几个孩子

甲说："我有一个妹妹和一个哥哥，我们家有几个孩子？我既是姐姐，又是妹妹，我们家有几个男孩，几个女孩？"

乙说："我有两个弟弟和一个姐姐，我既是哥哥又是弟弟，我们家有几个男孩，几个女孩？"

丙说："我比甲少一个哥哥，多一个姐姐，我既是姐姐，又是妹妹，我们家有

几个男孩，几个女孩？"

149．数学成绩

小华的英语成绩考了 90 分，几个人在预测她的数学成绩。甲说："她的数学最少能考 70 分。"乙说："她的数学一直以来并不比英语差，所以最少也有 80 分。"丙说："这次数学题挺难的，她最多只能考 90 分。"丁说："我说个保险的吧。她至少能考 10 分吧。"实际上他们只有一个人说得对，据此可以得知(　　)。

A．甲说得对

B．乙说得对

C．她连 10 分都没考到

D．她的分数在 80 分到 90 分之间

E．她的分数在 70 分到 80 分之间

150．店里是卖什么的

一条街道上有 1、2、3、4、5、6 六家店，每边各有三家。其中 1 号店在中间，且和其他店的位置有着如下关系。

(1)　1 号店的旁边是书店。

(2)　书店的对面是花店。

(3)　花店的隔壁是面包店。

(4)　4 号店的对面是 6 号店。

(5)　6 号店的隔壁是酒吧。

(6)　6 号店与文具店在街道的同一边。

那么，想一想：1 号店是什么店呢？

151．猜猜看

有四个人在玩游戏，游戏的规则是这样的：有一个人负责掷骰子，其他人猜他掷出的点数。在一个人掷完之后，其他人猜测如下。

第一个人说：你掷出的点数不可能是 3 点。

第二个人说：你掷出来的是 4 点、5 点或者 6 点。

第三个人说：你掷出来的不是 1 点就是 2 点或者是 3 点。

结果他们之中只有一个人猜对了。那么你能猜出来掷骰子掷出来的到底是几点吗？

152．汽车的颜色

听说娜娜买了一辆新跑车，她的三个好朋友在一起猜测新车的颜色。

甲说："一定不会是红色的。"

乙说："不是银色的就是黑色的。"

丙说："那一定是黑色的。"

以上三句话，至少有一句是对的，至少有一句是错的。

根据以上提示，你能猜出娜娜买的新车是什么颜色吗？

153．谁做对了

王英、李红、张燕三个人在讨论一道数学题，当她们都把自己的解法说出来以后，王英说："我做错了。"李红说："王英做对了。"张燕说："我做错了。"老师看过她们的答案并听了她们的上述意见后说："你们三个人有一个做对了，有一个说对了。"请问：谁做对了呢？（　　）

A. 李红　　　　　B. 王英　　　　　C. 张燕　　　　　D. 不能确定

154．几个人去

公司组织周末外出游玩，让每个部门报出去的人数，以便安排订车。营销部秘书就问他们部门几个人的意见，把意见汇总后如下。

小杜：我可能会去。

小刘：小杜去的话，我就不去了；他不去的话，我再去。

小黄：我看小刘，他去我也去，他不去，我也不去。

小冯：小杜去的话，我就去。

小郭：小黄和小冯都不去，我才去。

请问：营销部会有几个人去呢？

155．谁考了第一名

某次考试考数学和语文两科。张三、李四和王五三人中，有一人考了第一名。

张三如实地说：

(1)　如果我没有考第一名，我的数学成绩就不是满分。

(2)　如果我考了第一名，我的语文成绩就是满分。

李四如实地说：

(3)　如果我没有考第一名，我的语文成绩就不是满分。

(4)　如果我考了第一名，我的数学成绩就是满分。

王五如实地说：

(5)　如果我没有考第一名，我的数学成绩就不是满分。

(6)　如果我考了第一名，我的数学成绩就是满分。

同时：

(7)　那位考了第一名的人是唯一某一科考试考满分的人。

(8)　那位考了第一名的同学也是唯一某一科考试没有考满分的人。

这三人中谁考了第一名？

156．排名次

A、B、C、D、E、F、G 按比赛结果的名次排列情况如下(其中没有相同名次)：

(1)　E 得第二名或第三名。

(2)　C 没有比 E 高四个名次。

(3)　A 比 B 低。

(4)　B 不比 G 低两个名次。

(5)　B 不是第一名。

(6)　D 没有比 E 低三个名次。

(7)　A 不比 F 高六个名次。

上述说明只有两句是真实的，是哪两句呢？

试列出七人的名次顺序。

157．彩旗的排列

路边插着一排彩旗，白色旗子和紫色旗子分别位于两端。红色旗子在黑色旗子的旁边，并且与蓝色旗子之间隔了两面旗子；黄色旗子在蓝色旗子旁边，并且与紫色旗子的距离比与白色旗子之间的距离更近；银色旗子在红色旗子旁边；绿色旗子与蓝色旗子之间隔着四面旗子；黑色旗子在绿色旗子旁边。

请问:

(1) 银色旗子和红色旗子中,哪面旗子离紫色旗子较近?

(2) 哪种颜色的旗子与白色旗子之间隔着两面旗子?

(3) 哪种颜色的旗子在紫色旗子旁边?

(4) 哪种颜色的旗子位于银色旗子和蓝色旗子之间?

158. 春游

一个寝室有六个人,分别是小赵、小钱、小孙、小李、小周、小吴。他们打算去春游,但是对于谁去谁不去,他们有一些奇怪的要求。

已知:

(1) 小赵、小钱两人至少有一个人会去。

(2) 小赵、小周、小吴三人中有两个人会去。

(3) 小钱和小孙两人是好朋友,总是形影不离,要么两人都去,要么两人都不去。

(4) 小赵、小李两人最近在闹矛盾,他们不想一起去。

(5) 小孙、小李两人中也只有一人去。

(6) 如果小李不去,那么小周也决定不去。

根据以上要求,你能判断出最后究竟有哪几个人去春游了吗?

159. 谁拿了我的雨伞

一天,甲、乙、丙、丁、戊五个人参加一个聚会。由于下雨,五个人各带了一把伞。聚会结束时,由于走得匆忙,大家到家以后才发现,自己拿的并不是自己的伞。

现在已知:

(1) 甲拿走的伞不是乙的,也不是丁的。

(2) 乙拿走的伞不是丙的,也不是丁的。

(3) 丙拿走的伞不是乙的,也不是戊的。

(4) 丁拿走的伞不是丙的,也不是戊的。

(5) 戊拿走的伞不是甲的,也不是丁的。

另外,还发现没有两个人相互拿错了雨伞。

请问:这五个人拿走的雨伞分别是谁的?

第四章

逆向思维

160. 帽子上的数字

一天，在数学课上，讲课之余，老师带着学生们玩一个数字游戏。首先老师在 A、B、C 三名同学头上的帽子上各写了一个大于 0 的整数，三个人都只能看到别人头上的数字，而看不到自己头上的数字。但有一点是三个人都知道的，那就是三个人都是逻辑推理能力很强的人，总是可以作出正确的判断，并且三个人总是说实话。

现在，老师告诉三个人已知条件为：其中一个数字为另外两个数字之和。

然后老师开始对三个人提问。

先问 A：你知道自己头上的数字是多少吗？

A 回答：不知道。

然后问 B：你知道自己头上的数字是多少吗？

B 回答：不知道。

然后问 C：你知道自己头上的数字是多少吗？

C 也回答不知道。

这时，老师回过头来再次问 A：你知道自己头上的数字是多少吗？

A 回答说：我头上的数字是 20。

请问：B、C 头上分别是什么数字？

(有多种情况)

161. 得意弟子

张教授在某大学教逻辑课程，甲、乙、丙三个学生都是他的得意弟子。这三个人都足够聪明，且推理能力很强。

一天，张教授想测试一下他们，于是发给他们三个人每人一个数字(自然数，没有 0)，并告诉他们这三个数字的和是 14。三个学生都只能看到自己的数字，不能看到别人发到了什么数字，只能通过推理进行判断。

此时，张教授让他们三个人开始判断这三个数字分别是多少。

甲马上说道："我知道乙和丙的数字是不相等的！"

乙接着说道："不用你说，我早就知道我们三个的数字都不相等了！"

丙听完甲乙两人的话马上说："哈哈，那我知道我们三个人每人的数字分别是多少了！"

请问：这三个数字分别是多少？

162．火车、汽车和摩托车

在某地的邮政系统是这样工作的：装有邮件的火车到达车站，邮局算好时间，派出一辆汽车去车站取。

要做到在火车到站的时候，邮局派出的汽车也正好到达车站，这样可以节省等待的时间，提高效率。

某天，运载邮件的火车提前到站了，但是邮局的人并不知道，仍然按照以往的时间发车去车站取邮件。为了能让邮件快点到达邮局，车站决定派人骑摩托车将邮件往邮局送。

摩托车行驶了半个小时正好在路上迎面遇到了邮局来取邮件的汽车，汽车司机从摩托车手那里接过邮件，一刻也不耽误地掉头回去，结果比平时早了 20 分钟回到邮局。现在我们假设：装卸邮件、摩托车手与汽车司机转接邮件以及汽车掉头的时间都可以忽略不计。

请问：这天的火车比平时早到了多长时间？

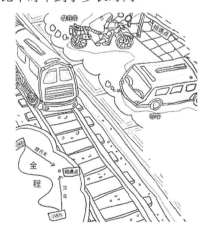

163．谁能猜中花色

在一档电视节目里，一名主持人找了几个很聪明的嘉宾一起玩一个游戏。

主持人先拿出 12 张扑克牌，然后将这 12 张扑克牌亮给大家看。其中有三张黑桃、四张红桃、五张方块。

接着，主持人请大家背对着桌子站立，然后从刚才的 12 张牌里随机挑出 10 张，正面朝上放在桌子上，并藏起剩下的两张牌。

这时游戏正式开始：

主持人先从桌子上的 10 张牌中拿走一张，然后让一个人转过身来，问他能否根据桌上的牌推测出刚才主持人拿走的是什么花色。

如果他推测不出来，主持人就再从桌上拿走一张牌，并请下一个人转过身来根据桌上的牌和前面人的回答来推测主持人最近一次拿走的那张牌的花色。

······

请大家想一想，有可能直到 10 张牌都被拿走了都没人能推测出最近一次被主持人拿走的牌是什么花色吗？

164. 狡猾的小李

小李的女朋友约小李第二天去商场，小李说："如果明天不下雨，我就去爬山。"第二天下起了毛毛细雨，小李的女朋友很高兴，以为小李不会去爬山了，可以陪她逛商场了。于是就去小李的宿舍找他，谁知小李还是去爬山了。

等两人又见面时，小李的女朋友责怪小李食言，既然下雨了，为什么还去爬山；小李却说，他并没有食言，是他女朋友的推论不合逻辑。

关于两人的争论，下面哪项论断是合适的？（　　）

A. 小李的女朋友和小李的这个争论是没有意义的

B. 小李的女朋友的推论不合逻辑

C. 两个人对毛毛细雨的理解不同

D. 由于小李食言，引起了这场争论

E. 由于小李的表达不够明确，引起了这场争论

165．寻骨路线

如下图所示，每间房里都有一块骨头。小狗一次吃完所有的骨头后，从 A 门出来。请问小狗从 1～8 中的哪扇门进去，才不会走重复路线(每间房只允许进出各1 次，并且不许从相同的一扇门进出)？帮小狗想一想该怎么走。

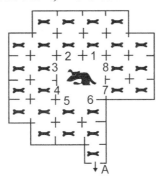

166．公司面试

A、B、C、D、E、F 六人去一家公司参加面试，但公司只招一个人。究竟谁被录用了呢？

公司的四位领导作了如下预测。

甲：我看 A 或者 B 有希望。

乙：不对，应该是 A、C 中的一个。

丙：是 E 或者 F 有希望。

丁：不可能是 A。

而结果证明，四个人只有一个人的预测是正确的。

请问：谁被录用了？

167．兄弟俩

有兄弟俩一起养牛，一共有十几头不足二十头。一天，他们决定去集市上把所有的牛都卖掉，改养羊。牛的单价与他们养的牛的头数相同。卖完以后，他们用所得的钱买了若干只绵羊，每只绵羊 10 个金币。并且用剩下的不足以买绵羊的钱买了一只山羊。回到家之后，两人因为小事吵了起来，决定分家。将所有的绵羊平分以后，发现还剩下一只。这只绵羊归了哥哥，而弟弟拿走了那只山羊。但是由于山羊比绵羊便宜，所以哥哥需要给弟弟金币以赔偿。你知道哥哥需要给弟弟多少个金币吗？

168．猜数字

有一个整数数字，它在 1 到 36 之间；它是一个奇数，可以被 3 整除；个位数与十位数相加和在 4～8；个位数与十位数相乘积也在 4～8。

你知道这个数字是几吗？

169．连续自然数

有四个连续的自然数相乘等于 3024，你能推理出这四个自然数分别是什么吗？

170．藏起来的宝石

在下面的表格中，隐藏了若干颗宝石，其数量如同表格边的数字所揭示。此外，在某些方格中标记了箭头的符号，这些地方没有宝石。而箭头所指的方向藏有宝石，当然在这个方向藏着的宝石可能不止一颗。看看你能找到多少颗宝石吧？

	1	1	1	3	1	2	1	3
1	→		↓					
3		→						
1				→				
1	↑		↗	→				
1	↗				↓			
2			↖					←
3	→				↗			
1	↗			→	↗			

171. 兔子的胡萝卜

　　下面表中有几只兔子，每只兔子都有一根胡萝卜，这根胡萝卜就在兔子的身旁(不在兔子的对角线位置)。同时，两根胡萝卜也不能相邻(也不允许在对角线位置)。位于每行和每列的胡萝卜数目已经标示在表格旁了，请问：每只兔子的食物都在哪里呢？

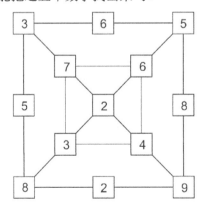

172. 路径谜题

　　从下图中的任何一个角出发，沿着给定的路径，找出五个连续的数字，使得这五个数字的和最大。你能把这五个数字找出来吗？

173. 几条路径

　　从下图左上角的位置沿着给定的路径(只允许向右或者向下走)，最终走到右下角的位置，所经过的数字为 9 个。请问：这 9 个数字的和是 30 的路径有哪几条？

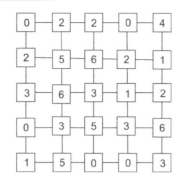

174．数字路径

从下图左上角的位置沿着给定的路径走(只允许向右走或者向下走)，最终走到右下角的位置，所经过的数字为 9 个。请问：这 9 个数字的和是 40 的路径有哪几条？

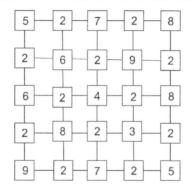

175．一笔画

你能用一笔不间断地把下图画出来吗？

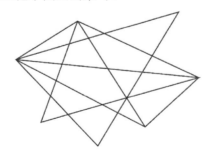

176．等式成立

下图是一个用火柴摆成的算式，很明显它是错误的，现在请你移动一根火柴，使这个等式成立。一共有三种方法，你能全部找出来吗？

177. 移动火柴

在下图中，移动两根火柴，使这个不等式成立。你知道该怎么移动吗？

178. 路径

从 A 点到 F 点一共有多少条不同的路径？(每段都不可以重复通过。)

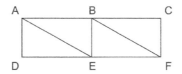

179. 八边形变八角星

下图是一个正八边形，你能把它分割成八个大小相同的三角形，然后用这些三角形拼成一个八角星吗？

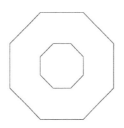

180. 错误的图形

下面的三个图形是同一个立方体从不同角度看上去的样子，其中有一个图形画错了，你知道是哪个吗？

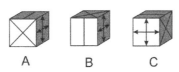

181. 解开铁环

下面有三个连在一起的铁环，你能只打开其中的一个环，就把三个铁环都分开吗？

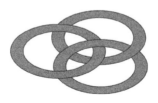

182. 电路

下面是一个电路的一部分，请确定哪两根线路是相通的？

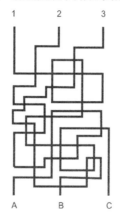

183. 几根绳子

请仔细观察下面四幅图形，其中只有一幅图是由两根绳子构成的，其余三幅图都是由一根绳子构成的。你知道是哪个吗？（　　　）

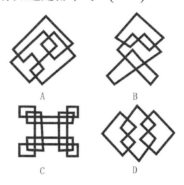

184．拿到奖品

从外圈的两个入口进入的话，一个会走入死胡同，另一个会得到五角星作为奖品，你知道该从哪个入口进入才能拿到奖品吗？

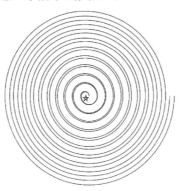

185．一笔画

下面哪个图形不需要穿越或者重复其他线条就可以一笔在纸上画出来？（　　　）

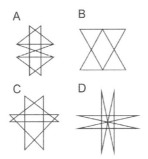

186．一笔画问题

下面这个图形，如何用一笔画出来，而且要保证线条之间没有重叠和相交？你知道该怎么画吗？

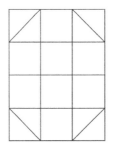

187. 正十二面体

下面是一个正十二面体的图形。现在要求你从其中的一个顶点出发，沿着它的棱，寻找一条路径，恰好经过所有的顶点一次，最后回到出发点。你能找出这样的路径吗？

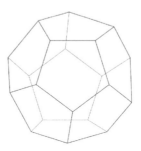

188. 折纸

下面这个图形是由一张纸折叠而成的，你知道是如何做到的吗？你也可以亲自试试。

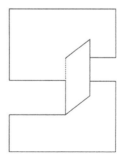

189. 砌墙

两个师傅砌墙，一个砌成如图 A 所示的直线形，一个砌成如图 B 所示的弯曲形。请问：如果两个人砌的墙长度相同，谁用的砖会多一点？

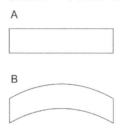

190. 周长

请仔细观察下面的图形，它们都是由相等个数的小正方形组成的。
请问：周长最长的图形是哪个？

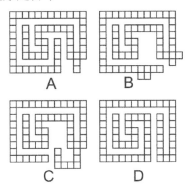

191. 没有正方形

下图中有很多正方形，请问：你至少需要拿走多少根火柴，才能让图中没有正方形呢？

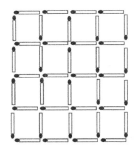

192. 一笔画

你能一笔画出下面的图形吗？要求没有任何交叉和重复的线条。

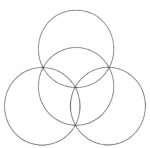

193. 男孩吃苹果

四个男孩手中拿着苹果，每个男孩的苹果的数量各不相同，在四个到七个之间。然后，四个男孩都吃掉了一个或两个苹果，结果剩下的苹果数量还是各不相同。

四个男孩吃过苹果以后，说了如下的话。其中，吃了两个苹果的男孩说了谎话，吃了一个苹果的男孩说了实话。

男孩甲："我吃过绿色的苹果。"

男孩乙："男孩甲现在手里有四个苹果。"

男孩丙："我和男孩丁共吃了三个苹果。"

男孩丁："男孩乙吃了两个苹果，男孩丙现在拿着的苹果数量不是三个。"

请问：最初每个男孩有几个苹果？吃了几个？剩下了几个呢？

194. 奇妙的选项

下面 10 个问题的答案是相互关联的，请综合考虑这 10 个问题，给出符合要求的答案。

(1) 第一个答案是 b 的问题是哪一个？（   ）

    A. 2   B. 3   C. 4   D. 5   E. 6

(2) 唯一的连续两个具有相同答案的问题是（   ）。

    A. 2，3   B. 3，4   C. 4，5   D. 5，6   E. 6，7

(3) 本问题的答案和哪一个问题的答案相同？（   ）

    A. 1   B. 2   C. 4   D. 7   E. 6

(4) 答案是 a 的问题的个数是（   ）。

    A. 0   B. 1   C. 2   D. 3   E. 4

(5) 本问题的答案和哪一个问题的答案相同？（   ）

    A. 10   B. 9   C. 8   D. 7   E. 6

(6) 答案是 a 的问题的个数和答案是什么的问题的个数相同？（   ）

    A. b   B. c   C. d   D. e   E. 以上都不是

(7) 按照字母顺序，本问题的答案和下一个问题的答案相差几个字母(注：a 和 b 相差一个字母)？（   ）

    A. 4   B. 3   C. 2   D. 1   E. 0

(8) 答案是元音字母的问题的个数是(注：a 和 e 是元音字母)（   ）。

    A. 2   B. 3   C. 4   D. 5   E. 6

(9) 答案是辅音字母的问题的个数是（   ）。

    A. 一个质数   B. 一个阶乘数

C. 一个平方数　　　　　　D. 一个立方数

E. 5 的倍数

(10) 本问题的答案是(　　)。

A. a　　　　　　B. b　　　　　　C. c　　　　　　D. d　　　　　　E. e

195．填空题目

下面 10 小题分为是非题和数字题两种。(是非题：要求回答是或非；数字题：要求回答一个整数。)

(1) 包括这道题在内，所有数字题答案的总和为：(整数)

(2) 所有是非题里，几道题的答案是"是"？(整数)

(3) 第一题的答案是所有数字题答案里最大的。(是/非)

(4) 包括这道题在内，有几道题的答案和本题的答案是相同的？(整数)

(5) 所有数字题的答案都是正数。(是/非)

(6) 包括这道题在内，所有数字题答案的平均值为：(整数)

(7) 第四题的答案大于第二题的答案。(是/非)

(8) 第一题的答案除以第八题的答案，等于：(整数)

(9) 第六题的答案等于第二第四题答案的差，减去第四第八题答案的积。(是/非)

(10) 本题的答案为：(此题可能是是非题，也可能是整数题)

你能综合考虑这 10 个问题，给出每个问题的答案吗？

196．摔跤比赛

一个训练队里共有 30 名摔跤队员，其中男女各半。一天，教练让他们在训练场上站成一排，左半边 15 名都是男的，右半边 15 名都是女的。然后教练在他们中间随意指派连续的 15 名队员后退 3 步，这 30 名队员马上形成了前后两排，每排 15 人。

然后教练说：前排左起第 8 名队员和后排左起第 8 名队员听好了，如果你们的性别相同，那么你们就进行一场摔跤比赛。

请问：这场比赛有可能举行吗？

197．寻宝的路线

某电视台组织了一次寻宝比赛，寻找藏在 Z 城的宝物。所有的人先在 A 城集合，然后参赛者们分头去了除 A 和 Z 城以外的其他九个城镇寻找线索，每一个城镇都有一条线索，只有把这些线索集中在一起，才会知道那件宝物藏在 Z 城的什么位置。而且有个要求，就是每个城镇只能去一次，不能重复。只有巧妙地安排自己的路线，才能顺利地从 A 城到达 Z 城。下图是 11 个城镇的分布图，城镇与城镇之间都有若干道路相连。

请问：该怎么走呢？

198．确定起点

这是一幅寻宝地图。

寻宝者在每一个方格只能停留一次，但通过的次数不限；到每一方格后，下一步必须遵守其箭头的方位和跨度指示行走(如↓4表示向下走4步，↗4表示沿对角线向右上走4步)；有王冠的方格为终点。

请问：(1) 四个角哪里是寻宝的起点呢？

(2) 在寻宝过程中，有些方格始终没有停留，这些方格会呈现出一个两位数，是什么数呢？

199．十人旅游

有 10 个人要从城市 A 出发前往城市 B。他们只有一辆摩托车(最多可以两个人一起骑)。已知 A、B 两地相距 1000 公里，骑车速度 100 公里/小时，步行速度 5 公里/小时。请问：让 10 个人都到达城市 B，最少要花多长时间？

200．分羊

有一个牧民，死的时候留下来一群羊，同时立了一个奇怪的遗嘱："把羊的三分之二分给儿子,剩下的羊的三分之二分给妻子,再剩下的羊的三分之二分给女儿,就没有了。"三个人数了数羊,一共有 26 只,却不知道该怎么按牧民的遗嘱来分,你能帮助他们吗?

201．是否去游泳

小明说:"如果天晴,我明天就去游泳;如果气温低,就不去;如果小红找我玩儿,就不去。"

假如以上说法正确,小明去游泳了,那么以下哪些说法是正确的? ( )

(1) 天气晴朗

(2) 气温高

(3) 小红来找他玩儿了

A. (1)　　　 B. (2)　　　 C. (3)　　　 D. (1)和(2)

202．英语竞赛

小王、小张、小李、小刘和小赵每人都参加了两次英语竞赛。

(1) 每次竞赛只进行了四场比赛:小王对小张,小王对小赵,小李对小刘,小李对小赵。

(2) 只有一场比赛在两次竞赛中胜负情况保持不变。

(3) 小王是第一次竞赛的冠军。

(4) 在每一次竞赛中,输一场即被淘汰,只有冠军一场都没输。

谁是第二次竞赛的冠军?

注:每场比赛都不会有平局的情况。

提示:从一个人必定胜的比赛场数,判定在第一次竞赛中每一场的胜负情况;然后判定哪一位选手在两场竞赛中输给了同一个人。

203．三位授课老师

在一所高中里有甲、乙、丙三位老师,他们在同一个年级里,并且相互之间都是好朋友。

甲、乙、丙三位老师分别讲授数学、物理、化学、生物、语文和历史六门课程,但不知道哪个老师分别教什么课程。现在只知道:每位老师分别教两门课。

除此之外,我们还知道以下信息。

(1) 化学老师和数学老师住在一起。

(2) 甲老师是三位老师中最年轻的。

(3) 数学老师和丙老师是一对优秀的象棋国手。

(4) 物理老师比生物老师年长,比乙老师又年轻。

(5) 三人中最年长的老师的家比其他两位老师远。

请问：哪位老师教哪两门课？

204．教职员工

某大学的一名教职员工说：“我们系里的教职员工中，包括我在内，总共有 16 名教授和讲师。下面讲到的人员情况，无论是否把我计算在内，都不会有任何变化。”

在这些教职员工中。

(1) 讲师多于教授。

(2) 男教授多于男讲师。

(3) 男讲师多于女讲师。

(4) 至少有一位女教授。

这位说话的人是什么性别和职务？

提示：确定一种不与题目中任何陈述相违背的关于男讲师、女讲师、男教授和女教授的人员分布情况。

205．谁偷了珠宝

一件价值连城的珠宝在展厅里被盗，甲、乙、丙、丁四名国际大盗都有嫌疑。经过核实，发现是四人中的两个人合伙作案。在盗窃案发生的那段时间，四个人的行动是有规律的。

(1) 甲、乙两人中有且只有一个人去过展厅。

(2) 乙和丁不会同时去展厅。

(3) 丙若去展厅，丁一定会同去。

(4) 丁若没去展厅，则甲也没去。

根据这些情况，你可以判断是哪两个人作的案吗？

206．六名运动员

要从编号为 A、B、C、D、E、F 的六名运动员中挑选若干人去参加运动会，但是人员的配备是有要求的，具体要求如下。

(1) A、B 中至少去一人。

(2) A、D 不能一起去。

(3) A、E、F 中要派两人去。

(4) B、C 都去或都不去。

(5) C、D 中去一人。

逆向思维 第四章

(6) 若 D 不去，则 E 也不去。

由此可见，被挑去的人是哪几个？

207．相识纪念日

汤姆和玛丽是一对情侣，他们是在一家健身俱乐部首次相遇并相互认识的。一天，玛丽问汤姆他们相识的纪念日是哪一天，可汤姆并没有记住确切的日期，他只知道以下信息。

(1) 汤姆是在一月份的第一个星期一那天开始去健身俱乐部的。此后，汤姆每隔四天(即第五天)去一次。

(2) 玛丽是在一月份的第一个星期二那天开始去健身俱乐部的。此后，玛丽每隔三天(即第四天)去一次。

(3) 在一月份的 31 天中，只有一天汤姆和玛丽都去了健身俱乐部，正是那一天他们首次相遇。

你能帮助汤姆算出他们的相识纪念日是一月份的哪一天吗？

208．结婚、订婚与单身

在一次舞会上，尚未订婚的 A 先生看到一位女士 B 单独一人站在酒柜旁边。他很想知道这位女士是处于独身、订婚还是结婚阶段。

现在知道以下信息。

(1) 参加舞会的总共有 19 人。

(2) 有 7 人是单独一人来的，其余的都是一男一女成对来的。

(3) 那些成对来的，要么已经结婚了，要么已经相互订婚。

(4) 凡单独前来的女士都是单身。

(5) 凡单独前来的男士都不处于订婚阶段。

(6) 参加舞会的男士中，处于订婚阶段的人数等于已经结婚的人数。

(7) 单独前来的已婚男士的人数，等于单独来的独身男士的人数。

(8) 在参加舞会的已经结婚、处于订婚阶段和独身这三种类型的女士中，B 女士属于人数最多的那种类型。

请问：你知道 B 女士属于哪一种类型吗？

209．分别是哪国人

六个不同国籍的人是好朋友，他们的名字分别为 A、B、C、D、E 和 F；他们的国籍分别是美国、德国、英国、法国、俄罗斯和意大利(名字顺序与国籍顺序不一定一致)。

现在已知：

(1) A 和美国人是医生。

(2) E 和俄罗斯人是教师。

(3) C 和德国人是技师。

(4) B 和 F 曾经当过兵，而德国人从没当过兵。

(5) 法国人比 A 年龄大，意大利人比 C 年龄大。

(6) B 同美国人下周要到英国去旅行，C 同法国人下周要到瑞士去度假。

请判断：A、B、C、D、E、F 分别是哪国人？

第五章

图形思维

210. 图形构成

王小小很喜欢玩积木，而且他非常聪明。

一天，妈妈画出 A、B、C、D 四个图形，并告诉他这四个图形分别是由 1～4 四个基本图形中某几个图形组成的，如果他能说出 A、B、C、D 四个图形分别是由哪几个图形组成的，妈妈就带他去吃肯德基。聪明的王小小很快就找了出来，你能找到吗？

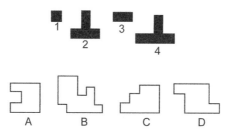

211. 餐馆服务员

赵、钱、孙、李、周、吴六个好朋友去餐馆吃饭。他们坐在一张长方形的桌子两边，一边坐了三个人。这六个人点了六种不同的菜。其中一位点了红烧牛肉，服务员忘记是谁了，她只记得以下这些信息。

(1) 钱坐在孙旁边。

(2) 孙坐在与周相邻的男孩的对面。

(3) 李坐在赵对面，李点了鱼香肉丝。

(4) 点了肉丸子的男孩坐在周的对面。

(5) 坐在李和吴中间的女孩点了炒洋葱。

(6) 吴没有点宫保鸡丁。

(7) 点了宫保鸡丁的女孩坐在李的对面。

(8) 坐在钱旁边的女孩点了土豆丝。

你能帮帮这个服务员，判断一下是谁点了红烧牛肉吗？

212. 放棋子

一名外星人来到地球，想找一位聪明的地球人交流一下。他出了个题目：

在一个 8×8 的方格中，被分割成四部分，如下图中的白色区域。

现在要求，在每个白色区域上各放两颗棋子。但是不允许有两颗棋子处于同一行或同一列上，也不允许处在同一个对角线上。现在已经放上了 1 颗棋子，你知道其余的棋子都放在哪里吗？

213. 警卫巡逻

有一个警卫，要在如下图的 15 个房间巡视，每两个相邻的房间之间都有门相连。

他从入口处进来，需要走遍所有的房间。并且每个房间只能进出 1 次，最后走到最里边的管理室。你知道他该怎么走吗？

214. 巡逻员的路线

下图是宫殿平面图，上面标明了有 8×8 共 64 个房间，A、B、C、D、E 是五个巡逻队员的位置。每天下午 6 点整，钟楼的钟声会敲响，A 就得穿过房间从 a 出口出去，同样，B 从 b 出口出去，C 从 c 出口出去，D 从 d 出口出去，然后 E 需要从目前的位置走到 F 标记的房间。

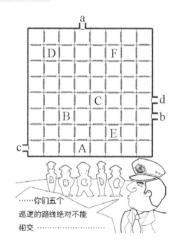

巡逻队长还要求五个巡逻队员走的路线绝对不准相交,也就是任何一个房间都不允许有一条以上路线穿过,巡逻队员从一个房间到另一个房间都必须经过图上所标识的门。

你能帮巡逻队员们找出他们各自的路线吗?

215．巧割正方形

一天,财主让长工做一张桌面(如下图,5×8)。长工做好以后放在仓库里却发现桌面中间的位置被老鼠咬了(中间四个灰色区域)。财主很生气,要扣长工工钱。这时阿凡提了过来,看了看桌面说,很简单,你可以把它切成两部分再拼起来,能做成一个完整的 6×6 的正方形桌面。你知道怎么切,怎么拼吗?

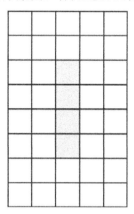

216．交通问题

穿越格子城对司机来说简直就是噩梦。问题不在于交通拥挤,而是多得让人发疯的交通标志牌,它们总是让你不能转向你所希望的方向。最近问题搞得更糟了:

不仅增加了原有交通标志牌上的方向记号，还添了新的标志牌。这使得每一个十字路口都至少有一个方向不能转弯。现在，从城市一端到另一端，可能要兜好多圈子。

你能为这三辆车找到穿越城市的路吗？每一辆车的入口都在左边，出口则都在右边。别忘了遵守交通标志牌上的指示。

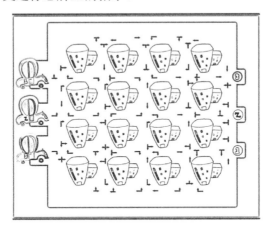

217. 机械组合

在下面一组齿轮、杠杆和转轮的组合中，黑色的点是固定支点，白色的点是不固定支点。如果如下图所示推一下不固定支点，下端的两个三角形物体 A 和 B 会上升，还是下降？

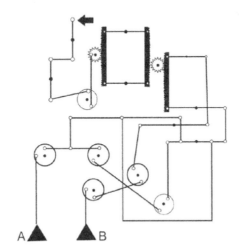

218. 分发报纸

有一户人家负责帮周围邻居到城里拿报纸，然后这些邻居再来他家里拿。今天张大妈家的双胞胎哥哥和李阿姨家双胞胎姐姐刚来他们家把报纸拿了。这家人的小儿子缠着他爸爸说："爸爸，你带我去迪士尼吧。"爸爸说："张大妈家的哥哥和弟弟轮流来拿报纸，3 天拿一次；李阿姨家的姐姐、妹妹轮流来拿报纸，每两天来一次。今天是周一，等到张大妈家的弟弟和李阿姨家的妹妹同一天来拿报纸的时候，我就带你去好不好？"

你知道最早他们什么时候能去迪士尼吗？

219. 摆正方形

右图是由四根火柴摆成的一个十字形，现在请你移动最少的火柴，使它变成一个正方形。最少需要移动几根火柴？

220. 都等于九

在下图中，我们可以看到有 24 根火柴，且第一、三两行和第一、三两列的火柴数目都等于九。现在拿掉四根火柴，你能让它依然满足这个条件吗？(用两种方法。)

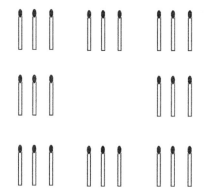

221. 三角形变换

在下图中，如何只移动四根火柴，得到 10 个三角形，三个菱形？

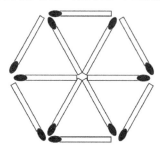

222. 三变五

下面的图案是用九根火柴摆成的三个三角形。现在只移动其中的三根火柴，请摆出五个三角形，你知道怎么摆吗？

223. 骑士巡游

国际象棋里的"骑士"的走法相信大家都清楚，就是"L 形步"，即横走一竖走二或者竖走一横走二。下面图中的"骑士"想用 11 步走遍剩下的 11 个空格，你知道该怎么走吗？(有多种走法。)

224. 三角形

下面图中有四个等边三角形，你能再加入一个等边三角形，使它变成 14 个等边三角形吗？

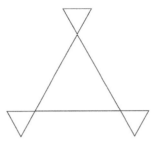

225. 方格密码

下图中的前两个方格下面都标出了它们对应的数字密码，请根据给出的规律，确定第三个方格的数字密码是多少？

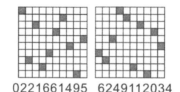

0221661495 6249112034

226．等比变换

下面两个图形的面积比是 1：3，现在移动其中的六根火柴，使每个图都变大，而且使它们的面积比依然是 1：3。你知道该怎么移动吗？

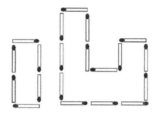

227．三等分

请把下面这个不规则的图形分成三份，使它们的大小和形状都完全相同，你知道该怎么分吗？

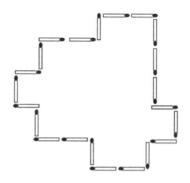

228．拿掉火柴

从下图中拿掉两根火柴，使它从五个正方形变成两个正方形，你知道该拿掉哪两根火柴吗？

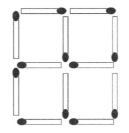

229．展开图

下图是一个正四面体，现在把它沿着 AB、AC、AD 三条棱剪开，所得到的展开图是什么样子的？

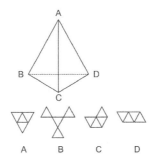

230．二变三

下图是由 24 根火柴组成的一大一小两个正方形，现在要求只移动其中的四根火柴，使两个正方形变成三个，你知道该怎么移动吗？

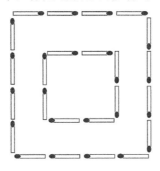

231．拼四边形

下面有两个大小相等，样子相同的直角三角形，把它们拼在一起，不允许重叠，可以拼出几种不同的四边形呢？

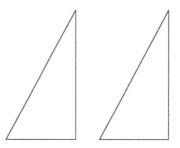

232．形状相同

下图是由 20 根火柴拼成的四个正方形，现在要求你只移动其中的四根火柴，使它变成三个大小相等、形状相同的图形。你知道该怎么移动吗？

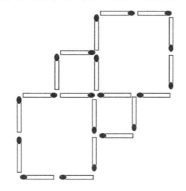

233．数等边三角形

数一数下图中一共有多少个大大小小的等边三角形。你能数清吗？

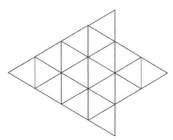

234．拼图形

下面有两个形状相同、大小相等的"7"字形图，你能用它们拼成多少种不同形状的图案来？(必须至少有一条边向重合，且不允许重叠。)

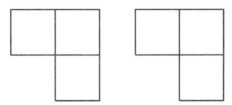

235．三角形数

数一数，下面四个图形中，分别有多少个三角形？

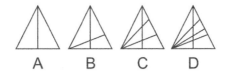

A   B   C   D

236．六变三

下图是由 12 根火柴拼成的一个六边形，现在请你拿走其中的四根火柴，使它变成三个大小和形状都相同的三角形。你知道该怎么拿吗？

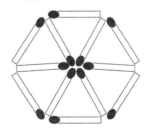

237．面积比

如下图所示，在一个正三角形中有一个内接圆，圆内还有一个内接正三角形。请问：这大小两个三角形的面积比是多少？

238．三个正方形

把下图中的三根火柴移动一下位置，变成三个正方形。你知道该怎么移动吗？

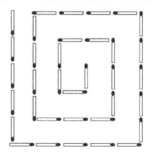

239．摆六边形

用 12 根火柴可以摆出如下图所示的六边形。现在请在这幅图的基础上，加入 18 根火柴，摆出七个六边形。你知道该怎么摆吗？

240．翻身

请把下图中用火柴摆成的图形按箭头方向从上到下翻转过来，你知道结果应该是哪个吗？（　　　）

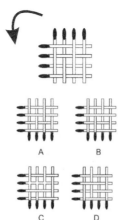

241. 连点画方

下面有 25 个排列整齐的圆点，连接某些点可以画出正方形。请问：一共可以画出多少种大小不同的正方形？

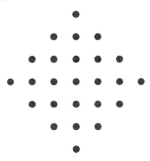

242. 数正方形

请数一数下图中一共有多少个正方形？

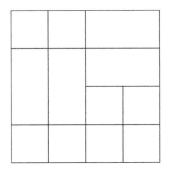

243. 第三根铅笔

请找出下图中从上面数第三根铅笔是哪一根？

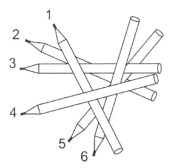

244．剪纸带

把下面的这个纸带沿着虚线剪开，会成为什么样子？

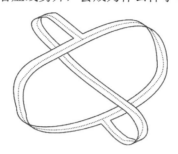

245．完美的六边形

如果把下图中的六条直线连接起来，会不会组成一个完美的正六边形？

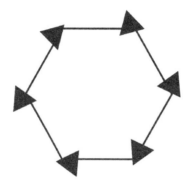

246．拼正方形

用下面这些硬纸板拼出一个正方形，要求纸板不能重叠，你知道该怎么拼吗？

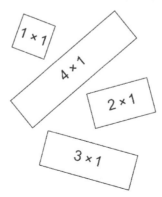

247．五变六

把下图中的四根火柴移动一下位置，使图中的五个正方形变成六个，你知道该怎么移动吗？

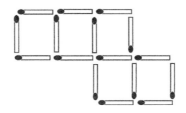

248．数正方形

请数一数下面图中一共有多少个正方形？

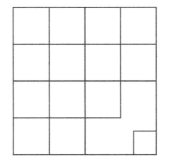

249．摆棋子

把 10 枚棋子如下图样式摆成两行，每行五枚。然后移动其中一行的三枚棋子，再移动另一行的一枚棋子，使这些棋子排成五排，每排要有四枚棋子。棋子不能叠放。你知道该怎么移动吗？

○　○　○　○　○

○　○　○　○　○

250．八根火柴

下面是由八根火柴组成的 14 个正方形，请拿走两根火柴，使正方形个数变成三个。你知道该怎么做吗？

251．小房子

下面是由 11 根火柴拼成的一座小房子，请移动其中的两根火柴，使它变成 11 个正方形。你知道该怎么做吗？

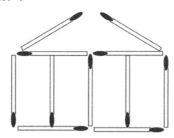

252．剪洞

把一张正方形的纸片按如下图所示折叠，然后在相应的位置剪掉两个洞，最后打开这张纸，哪个图案与之相符呢？（　　）

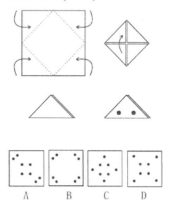

253．变出三个正方形

下图是用 24 根火柴摆成的一大一小两个正方形，只能移动其中的四根火柴，使其变成三个正方形。你知道该怎么做吗？

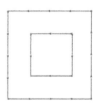

254．变出四个三角形

下图是由 15 根火柴摆成的两个等边三角形，想一想，怎样移动其中的三根火柴，把它变成四个等边三角形？

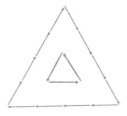

255．翻转梯形

下图是由 23 根火柴摆成的含有 12 个小三角形的梯形，最少移动几根，可以让它倒转过来呢？

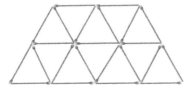

256．反方向

移动最少的火柴，让鱼往反方向游，让猪往反方向走。

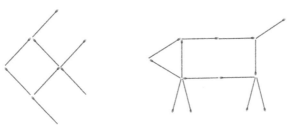

257．白塔倒影

在北大校园里，有一池湖水叫未名湖；它旁边有一座水塔，名博雅塔。塔倒映在水中，是燕园的一大景观，称之为湖光塔影。下图是用 10 根火柴摆的一座塔，只要移动其中的三根火柴，一个倒立的"湖光塔影"便会呈现在你面前！你知道该怎么移动吗？

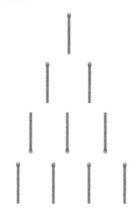

258. 倒转酒杯

用四根火柴可以分别摆成两个小"酒杯"样。"杯"中放个"球"。不论哪只酒杯，只要移动两根火柴，就可以使"酒杯"中的球放在"杯"外。请你试试看。

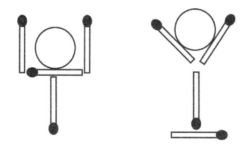

259. 欧拉的问题

要求一笔画出由黑线勾勒出的完整图样。

你能画出全部 11 幅图吗？如果不能，哪一幅图画不出来？

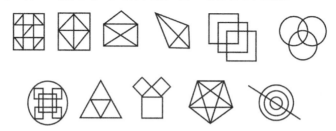

第六章

发散思维

260．卖油画

花花靠卖画赚钱，一天她把自己创作的油画卖给甲了，卖了 100 元。不久，甲因为不喜欢油画了，又以 80 元的价格卖给了花花。一周以后，花花又以 90 元的价格把这幅画卖给了乙。请问：在整个过程中，花花赚了多少钱？(油画的成本不计。)

261．坐座位

A~F 六个人围着一个六边形的桌子而坐(如下图所示)。图中已经填好了 A 和 B 的位置，请根据下面的提示依次把其他的空位填满。

(1) A 坐在 B 右手边隔一个空位的位子。

(2) C 坐在 D 的正对面。

(3) E 坐在 F 左手边隔一个空位的位子。

那么，如果 F 不是坐在 D 的隔壁，A 的右边会是谁呢？

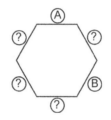

262．转换数字

如果 6 千、6 百、6 可以写成 6606，那么 11 千、11 百、11 可以写成多少？

263．时钟的时间

小明家有一个表，每小时慢 10 分钟，把这个表在 12 点时校对了时间。当这个表再次指向 12 点时，标准时间是多少？

264．莫比乌斯带

一条纸带应该有两面。如果把纸带一头旋转一下和另一头粘在一起，就形成了一个纸圈。你能把这个纸圈带一面涂成红色的，一面涂成绿色的吗？

265．交叉的莫比乌斯带

下图是将一个十字形纸片对边的两条纸带分别相连组成的两个闭合圆环：一个

莫比乌斯带和一个普通的环(不是两个环套在一起,而是其中一部分相连)。如果你沿着中间的线把它们分别剪开,它会变成什么样子?

266. 变成什么

莫比乌斯带就是把一条纸带的一端翻一个面和另一端粘在一起所形成的环。

从莫比乌斯带中间把它剪成三条,你知道它会变成什么样子吗?

267. 正方形面积

有一个边长是 24 厘米的正方形,即它的面积为 24×24=576(平方厘米)。现在把它的四边分成 24 段,每段 1 厘米,然后连接第二条线与对角,并把它剪开,向上滑动一格(如下图所示)。接着把下面多出来的一个小三角形剪下来,补到上面去,现在就形成了一个矩形,它的长为 25 厘米,宽为 23 厘米,而面积变为 25×23=575(平方厘米)。

为什么会少了 1 平方厘米呢?它跑哪儿去了?

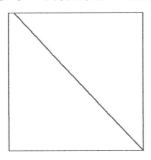 变成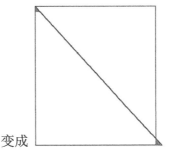

268. 缺的面积去哪了

在 10×13 的方格中有一个如下图所示的三角形,把三角形按照下图所示的方式剪开,然后打乱次序。再排成下图的形式,你会发现中间有两个格没有排满。

你知道这是为什么吗?

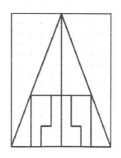 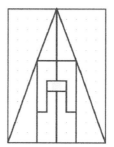

269. 多出的空格

一样的方格，一样的图形，只是变换一下位置，下图中的那个空格是如何多出来的？

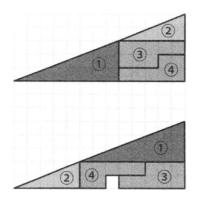

270. 多出的方格

有如下一块图形(上)，为 8×8 的方格。现在按照图中黑线分成四部分，然后按下图方式拼成一个长方形。

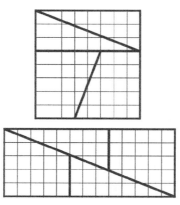

现在问题出现了，原来的 8×8=64 个方格，现在变成 5×13=65 个方格，为什么会多出一个呢？

271. 一天的行程

张先生平时工作很忙，他想休息一个星期，但是下个星期他还有一些活动必须安排：陪儿子参观博物馆；去税务所缴税；去医院陪妈妈做体检；还要去宾馆见一个朋友。住宾馆的朋友下周三外出办事，其他时间都在；税务所星期六休息；博物馆只有在周一、周三、周五开放；体检医生每逢周二、周五、周六值班。张先生想在一天之内完成所有的事，然后剩余时间休息。那么他应该在星期几做这些事情呢？

272. 面试老师的要求

下面是甲、乙、丙三位面试老师关于录取研究生的意见。

甲：如果不录取小方，那么不录取小王。

乙：如果不录取小王，那么录取小方。

丙：如果录取小方，那么不录取小王。

应该选择何种录取方案，使甲、乙、丙三位面试老师的要求同时得到满足呢？

（　　）

A. 只录取小王　　　　　　B. 只录取小方

C. 小王、小方都录取　　　D. 小王、小方都不录取

273. 买书

小明从书店买了一本书，共有 200 页。从第 3 页到第 12 页这 10 页上有小明非常喜欢的一个故事，所以小明把它们撕了下来，收藏在自己的故事本中。这样这本书就剩下了 190 页。然后，小明又发现第 88 页到第 107 页这 20 页上也有一个非常精彩的故事，他把这 20 页也撕下来收藏。那么这本书还剩下多少页呢？

274. 不变的三位数

随便写一个三位数，然后在这个三位数后面再写一次这个三位数，这样就变成了一个六位数。把这个六位数除以 7，然后用结果除以 11，最后再除以 13，所得的结果还是这个三位数。你知道这到底是为什么吗？

275．翻黑桃

四张 A 背面朝上摆在你面前,发牌者告诉你,黑桃 A 在前三张里的概率是 90%。现在你翻开前两张发现都不是黑桃。请问黑桃 A 是第三张和第四张的概率分别是多少?

276．六色相同

从一副完整的扑克牌中至少抽出多少张,才能保证六张牌的花色相同?

277．一头猪

下图是用火柴摆成的一头猪,想想看,如何移动两根火柴,使它变成一头死猪?

278．等式成立

下图的罗马算式显然是不成立的(10-2=2),现在请移动一根火柴,使它成为一个成立的等式。你知道该如何移动火柴吗?

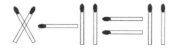

279．六变九

下面有六根并排放置的火柴棍,在它的基础上添加五根火柴棍,你能把它变成九吗?

280．面积最大

用八根火柴可以摆出很多种多边形,但是你知道哪种图形的面积最大吗?

281. 颠倒椅子

如下图所示，这个椅子倒了，你能只移动两根火柴就把它正过来吗？

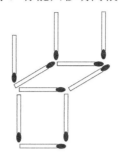

282. 平行线

如下图所示，AB、CD 是两条平行线，请问：你用什么方法可以让它们不平行？

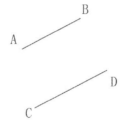

283. 变正方形

下面是一幅由九枚硬币组成的图形，你能移动最少的硬币数，使它变成一个正方形吗？

284. 不可能的三角形

我们知道三角形的内角和是 180°，但是买地图的阿明却说，他见过一张纸上画着一个三角形，三个内角都是 90°。这有可能吗？

285. 搬桌子

下面是用火柴拼成的两把椅子、一张桌子。请问：想要把桌子搬到两把椅子中间，最少需要移动多少根火柴？

286. 梯形

下图是由火柴拼成的，你能只移动其中的四根火柴，使它变成三个大小一样的梯形吗？

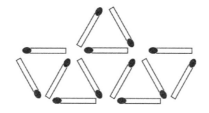

287. 三角

下图是由火柴拼成的六边形，你能只移动其中的三根火柴就使它变成四个大小相同的三角形吗？

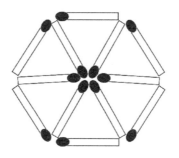

288. 撕邮票

下面是九张连在一起的邮票，现在请你撕下其中四张，使剩下的五张邮票互不相连。你知道该怎么撕吗？

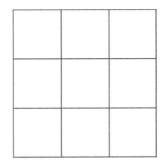

289．变出杯子

下面这幅图中画有三个一样的杯子，现在你能添加一条直线，使杯子数从三个变成五个吗？

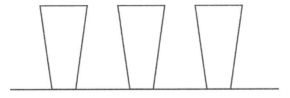

290．传送带

下图是一组通过传送带相连的齿轮，请问：如果左上角的齿轮顺时针旋转，其他几个轮子分别怎么旋转呢？

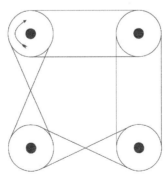

291．没有正方形

下图是由火柴拼成的八个小正方形，现在要求你拿走一些火柴，使图中没有正方形。请问：最少需要拿走哪几根火柴？

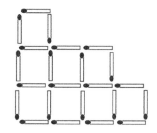

292. 十四根火柴

摆出如下图所示的图形需要 14 根火柴，请问：还是用 14 根火柴，不许多也不许少，还是摆出四个一样大小的正方形，还有其他的办法吗？

293. 羊圈

下面的 13 根火柴代表 13 块栅栏，它们围成了如下图所示的六个羊圈。一天，栅栏坏掉了一块。你能不能想办法让剩下的 12 块栅栏也同样可以围出六个大小和形状相同的羊圈呢？

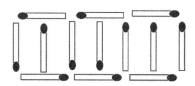

294. 运动轨迹

下图中，在一个平面上有一个圆圈，圆圈的正上方有一个黑点。请问：如果这个圆圈在平面上滚动的话，这个黑点的运动轨迹是什么样子的？

295．牢固的窗子

下图是一个新手木匠做了四种类型的木头窗子，请问哪个最牢固？

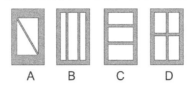

296．相互接触

下面有六支箭，它们不能折断，也无法弯曲，如何用最简单的办法让它们两两接触？

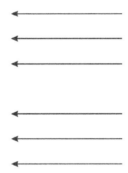

297．隐藏的六边形

仔细观察下图，里面隐藏着一个完整的六边形，你知道它在哪里吗？

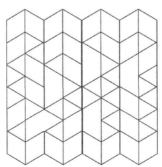

298．平面变立体

下图有三个正三角形，很明显，它是一个平面图形，如何只移动其中的三根火柴，就使它变成一个立体图形呢？

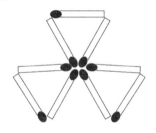

299. 箱子大小

用同一块木板可以做成下面四种不一样的箱子(全部使用，没有剩余)。如果用这四种箱子装水，请问：哪个装的水最多？

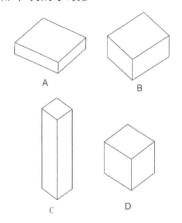

300. 展开图

下图是一个立方体,请问：这个立方体是由下面的哪个展开图折叠而成的？(　　)

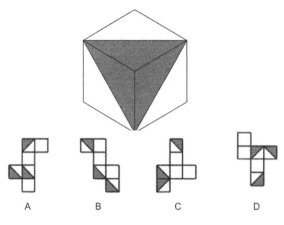

301．装正方形

如果将五个边长为 1 单位的小正方形装入一个大正方形中，如下图所示，这个大正方形的边长应该是 2.828 个单位。请问：如果大正方形只有 2.707 个单位，还能装下这五个小正方形吗？

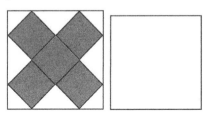

302．剪纸

剪纸大家都知道，先将一张正方形的纸片按照虚线表示的方向折叠，然后剪去相应的部分，最后把纸片打开，最后的样子会是下面哪一个？(　　　)

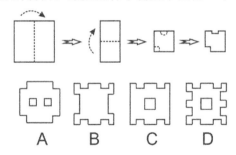

A　　B　　C　　D

303．小鸭变小鸡

下面是用火柴摆成的一只鸭子(英文 Duck)，你能只移动其中一根火柴，就让它变成小鸡吗？

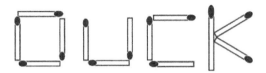

304．1−3＝2

下面是一个用火柴拼成的等式，当然它不成立。现在需要你移动其中一根火柴，使等式成立。你知道该怎么移动吗？

305. 12 根火柴

下面有 12 根火柴，请问：如何摆可以让它们拼成的正方形数最多？

306. 摆正方形

用 15 根火柴摆出 8 个大小相等的正方形，不允许折断火柴。你知道该怎么摆吗？

307. 调等式

下面是一个等式，请移动其中的一根火柴，使这个等式依然成立，而且结果不变。你知道该怎么移动吗？

$$35+62+7-5=99$$

308. 面积大小

请观察下面的四幅图，每幅图中的灰色部分和白色部分的面积相等吗？

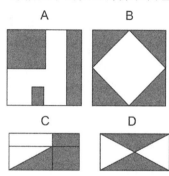

309. 调换位置

下图是一个棋盘，它有两种棋子，一种是半圆形，一种是五角星，现在想要把这两种棋子的位置对调，而每个棋子只可以滑动到空白位置，请问：需要怎样做才能把两种棋子完全对调位置呢？

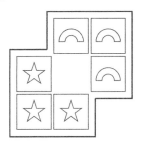

310. 剪纸

剪纸大家都知道，现在按照下图所示的顺序折叠一张正方形的纸片，然后剪掉一部分，请问：最后剩下的部分是什么形状？（　　）

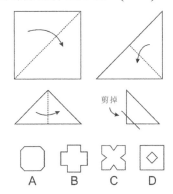

311. 平房变楼房

下图是用 14 根火柴拼成的一个平房，你想把它变成楼房，请问：至少需要移动几根火柴？

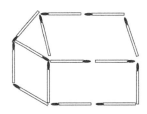

312. 月份符号

在一个奇怪的小岛上，使用右图这种符号表示月份。其实它与我们用的月份符号是有联系的，你知道这个符号与哪个月对应吗？

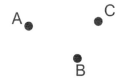

313. 画三角形

经过三点画三角形很容易，现在要求 A、B、C 三点必须落在所画的三角形三边的中点处，你知道这个三角形怎么画吗？

314. 字母变小

加一根火柴，使下面这个字母变小。你知道怎么做吗？

315. 挪球

下面图中是一个 4×4 的方格，在方格中放有四个小球。现在要求你挪动其中的两个，使得这四个球各不同行、各不同列，也不同在一条对角线上。你知道该怎么挪吗？

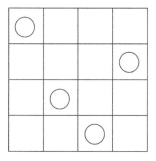

316. 比面积

下面有两块木板，它们的形状都很不规则，现在请你用最简单的办法来比较一下谁的面积大。你知道该怎么做吗？

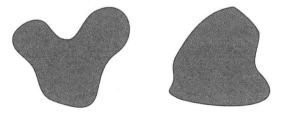

317. 火柴悬空

在桌子上倒扣两个玻璃杯，然后中间夹住一根火柴。现在你只能用桌上的另一根火柴，使得拿去一个玻璃杯以后，中间的那个火柴依然可以悬空保持当前的位置。你知道该怎么做吗？

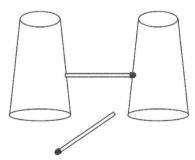

318. 倒咖啡

有一个如下图所示的咖啡杯，里面装满了咖啡，现在想倒出一些，使杯子里剩下的咖啡正好是原来的一半，你知道该怎么做吗？

319．移到一端

在一个 U 形管中，灌入水并放入两个乒乓球，现在想把这两个乒乓球都移到一端去，又不能接触球或者把球取出来，你知道该怎么做吗？

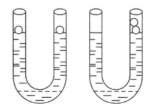

320．箭头变正方形

右图是由 16 根火柴摆出的箭的形状，请移动其中的七根火柴，使它变成五个大小和形状完全相同的四边形。你知道该怎么做吗？

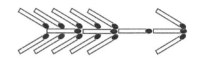

321．读出日期

让你的朋友拿出一枚硬币，把日期那面朝上放在桌子上，然后马上用一张白纸盖住它。在不拿走白纸的情况下，如何才能读出硬币上的日期呢？

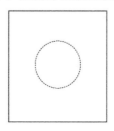

322．搭桥

下面是一座小岛，外面被一圈水包围，你能用两根火柴搭建一座小桥，使小岛与外界相连吗？

323. 连线问题

在 9 个点上画 10 条直线，要求每条直线上至少有三个点。这九个点应该怎么排列？

324. 四点一线

王大爷退休在家没事干，每天坐在公园里，在石桌上如下图所示摆上 10 颗棋子。然后规定：只能移动其中的三颗，让这 10 颗棋子连成五条直线，并且每条线都要经过四颗棋子。你能达到王大爷的要求吗？

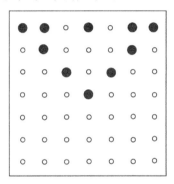

325. 16 点连线

请用 6 条相连的直线把下图中的 16 个点连接起来。

326. 谁吃了苹果

小明、小红、小黄、小丽、小婷、小刘六个人在一个办公室，桌子上放了个苹果，但是不知道被谁吃了，三位目击者描述如下。

第一位：不是小明吃的，就是小红吃的。

第二位：吃苹果的人可能是小黄或者小丽。

第三位：小丽、小婷、小刘三个人绝对没吃。

经理笑着说：他们三个目击者只有一个人说了真话。那么谁吃了苹果呢？（　　）

A．小明　　　　　B．小红　　　　　C．小黄　　　　　D．小丽

327．老寿星的年龄

有一年，清朝的乾隆皇帝曾邀请一位老寿星赴宴。乾隆以这位寿星的岁数为题，写了对联的上联，想考考大臣们，博学多才的大臣纪晓岚很快对出了下联。

乾隆的上联是：花甲重开，又加三七岁月；纪晓岚的下联是：古稀双庆，更多一度春秋。这副对联不仅对称工整，而且上下联各自包含了一道答案相同的应用题，而这个答案就是老寿星的年龄。

你知道这位老寿星的年龄是多少吗？

第七章

策略思维

328．抓豆子

有五个海盗，抢得一份财宝，五个人一起分的话每个人得到的宝物有限，所以他们决定抽签。首先他们按 1～5 号的顺序在装有 100 颗绿豆的麻袋中抓绿豆，每人至少抓一颗，多者不限。但是抓得最多和最少的人将被取消分宝物的资格，而且，他们之间不能相互交流。但在每个人抓的时候，可以摸出剩下的豆子数。

(1) 他们都是很聪明的人。

(2) 他们的原则是先求保住自己的资格，再去尽可能多地取消别人分宝物的资格。

(3) 100 颗不必都分完。

(4) 若有重复的情况，不管是不是最大最小，都一并取消分宝物的资格。

请问：他们中谁能够分到宝物的概率最大？

329．数字测试题

皮皮和琪琪在同一班，都非常聪明，每次考试都并列第一。他们非常想分出高下，就请老师帮忙。于是，老师出了一道测试题考考皮皮和琪琪。

她写了两张纸条，对折起来后，让皮皮、琪琪每人拿一张，并说："你们手中的纸条上写的数都是自然数，这两个数相乘的积是 8 或 16。现在，你们能通过手中纸条上的数字，推出对方手中纸条上的数字吗？"

皮皮打开了看自己手中纸条上的数字后，说："我猜不出琪琪的数字。"

琪琪也打开看了看自己手中纸条上的数字，说："我猜不出皮皮的数字。"

听了琪琪的话后，皮皮又推算了一会儿，说："我还是推不出琪琪的数字。"

琪琪听了皮皮的话后，重新推算了一会儿，也说："我同样推不出来。"

听了琪琪的话后，皮皮很快地说："现在我知道琪琪手中纸条上的数字了。"

说着他报出了一个数字，果然不错，正是琪琪手中纸条上的数字。

你知道琪琪手中纸条上的数字是多少吗？

皮皮是如何推理出来的？

330．推理游戏

老师从全校挑选出 100 名最聪明的同学参加一个推理游戏。

首先，老师给这 100 个人每人戴一顶帽子，然后在每顶帽子上写一个数字(这个数字是随机的，限制在 0～99 之间的整数)，当然，这些数字有可能重复。

这 100 个人，每个人都只能看到其他 99 个人帽子上的数字，而看不到自己帽子上的数字。

这时老师要求大家在同一时间，每人说出一个数字，使得至少有一个人说出的是自己头上帽子的数字。

当然，这需要事先构造出一个大家都知道的策略，然后，每个人都按照策略说出自己该说的数字。

现在请问：这样的策略是否存在？

如果存在，请构造出具体的推算方法。

如果不存在，请给出严格的证明。

331．鲁班考徒弟

鲁班有两个聪明的徒弟：甲和乙。

一天，鲁班想考考他们，于是，他将徒弟带进仓库，里面有以下 11 种规格的木板：

8×10，8×20；10×25，10×30，10×35；12×30；14×40；16×30，16×40，16×45；18×40。

这里需要说明的是：乘号前的数字表示木板的长度，乘号后的数字表示木板的宽度(因为木板有条纹，所以长与宽不能互换)，单位是厘米。

他把徒弟甲、乙叫到跟前，告诉他们说："我把我需要的木板的长与宽分别告诉你们，看你们谁能最先挑出我想要的那块木板。"于是，他悄悄地把这块木板的长度告诉了徒弟甲，把宽度告诉了徒弟乙。

徒弟甲和徒弟乙都沉默了一阵。

徒弟甲说："我不知道是哪块木板。"

徒弟乙也说："我也不知道是哪块。"

随即徒弟甲说："现在我知道了。"

徒弟乙也说："那我也知道了。"

然后，他们同时走向一块木板。鲁班看后，高兴地笑了，原来那块木板正是自己需要的那一块。

你知道鲁班想要的木板是哪块吗？

332. 印刷电路

印刷电路是二维的图，图中的交点能实现电子操作，而电线将电信号从一处传送到另一处。如果电线相交，就会发生短路，装置也将失灵。

你能连接这块电路板上标有相同数字的五对电路，而不让任何电线相交吗？

要求连接的电线必须都在区域内，不能到外面去。

333. 轮盘赌的输赢

轮盘赌是一种很简单的游戏：每个人都有一定的筹码，而在圆盘上则标着譬如"奇数""偶数""3 的倍数""5 的倍数"等字样。只要把自己的任意多筹码放在对应的格子里即可。如果猜对了数字，就可以从庄家那里得到相应倍数的筹码。

在一次赌局中，已经到了最后决定胜负的关键时刻。

占第一位的是赌圣周星星先生，他非常幸运地赢了 700 个金币。占第二位的是赌神丽莎小姐，她赢了 500 个金币。其余的人都已经输了很多。所以这最后一局就只剩下周星星先生和丽莎小姐一决胜负了。

周星星先生还在犹豫，考虑怎样才能赢得这次赌局。

如果将手上筹码的一部分押在"奇数"或者"偶数"上，赢的话他的赌金最多也只会变成现在的两倍，也就是 1400 个金币。但是这时，丽莎小姐已经把所有的筹码都押在了"3 的倍数"上，如果她赢了的话，赌金就会变成现在的三倍，即如果足够幸运，她就可以拥有 1500 个金币，那样就可能反败为胜了。

想一想，如果你是周星星先生，你应该怎么下注，才能完全没有输的风险，而确保能赢呢？

334．遗嘱分配

有个牧场主要把自己的产业分给他的儿子们，于是召集他们宣读遗嘱。

他对大儿子说：儿子，你认为你能够养多少头牛，你就拿走多少；你的妻子可以取走剩下的牛的1/9。

他又对二儿子说：你可以拿走比大哥多一头牛，因为他有了先挑的机会；至于你的妻子，可以获得剩下的牛的1/9。

然后对其余的儿子说了类似的话，每人拿到比他大一点的哥哥的牛数多一头，而他们的妻子则获得剩下的牛的1/9。

……

当最小的儿子拿完牛之后，牛一头也没有了。

于是牧场主又说：马的价值是牛的两倍，剩下的七匹马的分配要使每个家庭得到同样价值的牲口。

分完马之后，各个家庭真的如牧场主所说，得到了同样价值的牲口。

试问：这个牧场主一共有多少头牛？他有几个儿子？

335．遗嘱

从前有个农民，一生养了很多头牛。他去世前留下遗嘱：牛的总数的一半加半头给儿子，剩下牛的一半加半头给妻子，再剩下的牛一半加半头给女儿，再剩下牛的一半加半头宰杀犒劳帮忙的乡亲。农民去世后，他们按遗嘱分完后正好一头牛也不剩。

请问：他们各分了多少头牛？

336．真假部落

在一个奇怪的岛上有两个部落，一个部落叫诚实部落，一个部落叫说谎部落。

诚实部落的人只说实话，而说谎部落的人只说假话。一个路人要找一个诚实部落的人问路，他遇到两个人，就问其中的一个："你们两个人中有诚实部落的人吗？"被问者回答了他的话，路人根据这句话，很快就判断出哪一个是诚实部落的人了。你知道，被问者回答的是什么吗？

337．纸牌游戏

爸爸和儿子两人玩一种纸牌游戏，规则如下：双方先后各出一张牌为一圈。

后手在每一圈中都必须按先手出的花色出牌，除非手中没有相应的花色，而先手则可以随意出牌。每一圈的胜方即为下一圈的先手。

开始的时候，双方手中各有四张牌，其花色分别是：

爸爸手中：黑桃—黑桃—红心—梅花

儿子手中：方块—方块—红心—黑桃

(1) 双方都各做了两次先手。

(2) 双方都各胜了两圈。

(3) 在每一圈中先手出的花色都不一样。

(4) 在每一圈中都出了两种不同的花色。

在打出的这四圈牌中，哪一圈没有出黑桃？

注：王牌至少胜了一圈。(王牌，又叫主牌，游戏开始时选定的某一种花色，这种花色的牌中的任何一张牌都叫王牌，它可以：①在手中没有先手出的花色的情况下，出王牌，这样，一张王牌将击败其他三种花色中的任何牌；②与其他花色的牌一样作为先手出，其他人只能用王牌，如果没有王牌，则可以给出任何一张牌。)

提示：从先手和胜方的可能序列中判定王牌的花色，然后判定在哪一圈时先手出了王牌并取胜，最后判定在哪一圈时出了黑桃。

338．策略博弈

蜈蚣博弈是由罗森塞尔(Rosenthal)提出的。它是这样一个博弈：

两个参与者 A、B 轮流进行策略选择，可供选择的策略有"合作"和"背叛"("不合作")两种。

假定 A 先选，然后是 B，接着是 A，如此交替进行。

A、B 之间的博弈次数为有限次，比如 10 次。假定这个博弈各自的支付如下：

A → B → A ┄┄┄┄ A → B → A → B → (10,10)

↓ ↓ ↓ ↓ ↓ ↓ ↓

(1,1) (0,3) (2,2) (8,8) (7,10) (9,9) (8,11)

博弈从左向右进行，横向箭头代表合作策略，向下的箭头代表不合作策略。

每个人下面对应的括号代表相应的人采取不合作策略，博弈结束后，各自的收益，括号内左边的数字代表 A 的收益，右边的数字代表 B 的收益。

现在的问题是：A、B 会如何进行策略选择？

339．心理测试

有甲、乙两个人，他们在进行一场心理测试。

测试内容如下。

首先，甲准备两个盒子：A 盒和 B 盒。然后甲在 A 盒里不放钱，在 B 盒里放 1000 元钱。

这时，甲让乙选择，乙可以选择 A 盒(空)，也可以选择 B 盒(1000 元)，但不能两者都选。

并且甲向乙承诺：如果乙作出了一个不合理的选择，那么甲将给乙奖励 10000 元。

甲和乙两个人都是理性的人也都是很聪明的人。我们假定甲一定可以兑现自己的诺言。

请问：如果你是乙，你会如何选择？

340．分钱的方案

在我上大学时，有一次上《博弈论》的课程，老师提出了一个很有趣的游戏。

老师拿出自己钱包里的 100 元钱，然后随机叫起两名来上课的同学(由于这个课程不是必修课，来听课的同学并不是来自一个班，所以这两个同学相互之间并不认识)，老师让两名同学来分这 100 元钱。

但是分钱是有要求的，要求如下。

(1) 一人提出方案，另外一人表决。

(2) 如果表决的人同意，那么就按提出的方案来分。

(3) 如果不同意的话，两人将一无所得。

(4) 且机会只有一次。

比如 A 提方案，B 表决。

如果 A 提的方案是 70∶30，即 A 得 70 元，B 得 30 元。

如果 B 接受，则 A 得 70 元，B 得 30 元；

如果 B 不同意，则两人将什么都得不到。

如果叫你来分这笔钱，你会怎样分？

341．抽卡片

有 24 张卡片，上面分别写着 1～24 这 24 个数。

有甲、乙两人，按以下规则选取卡片：轮流选取一张卡片，然后在数字前加一个正负号。卡片全部抽完后将这24个数相加会得到其和，设为S。

甲先开始，他选取卡片和添加符号的目的是使S的绝对值尽量小；乙的目的则和他相反，是使S的绝对值尽量大。

假如两人足够聪明，那么最后得到的S的绝对值是多少呢？

342．找出重球

一个钢球厂生产钢球，其中一批货物中出现了一点差错，使得八个球中，有一个略微重一些。找出这个重球的唯一方法是将两个球放在天平上对比。请问：最少要称多少次才能找出这个较重的球？

343．巧辨坏球

有12个球和一个天平，现知道只有一个球和其他的重量不同，但并不知道这个球比其他的球轻还是重。请问：怎样称才能称三次就找到那个球。

344．区分

在一个奇怪的岛上，住着两种居民：人和吸血鬼。

有一年，这里发生了一场大瘟疫，有一半的人和吸血鬼都生了病而变得精神错乱了。这样一来，这里的居民就分成了四类：神志清醒的人、精神错乱的人、神志清醒的吸血鬼、精神错乱的吸血鬼。

从外表上是无法将他们区分开的。他们的不同在于：凡是神志清醒的人总是说真话，一旦精神错乱了，他就只会说假话了。

吸血鬼同人恰好相反，凡是神志清醒的吸血鬼都是说假话的，而他们一旦精神错乱，反倒说起真话来了。这四类居民，讲话都很干脆，他们对任何问题的回答，只用两个词："是"或"不是"。

有一天，有位"逻辑博士"来到这个岛上。他遇见了一个居民 P。"逻辑博士"很想知道 P 属于这四类居民中的哪一类。于是，他就向 P 提出一个问题。他根据 P 的回答，立即就推定 P 是人还是吸血鬼。后来，他又提出了一个问题，又推定出 P 是神志清醒的，还是精神错乱的。

请问："逻辑博士"先后提的是哪两个问题呢？

345．换还是不换

有一个娱乐节目邀请一些嘉宾参加一个抽奖活动。活动很简单也很有趣。

他们准备了三个信封，里面都放着钱，让你挑选其中一个，你选了哪个就送给你哪个。

当然，这些钱都是支票，所以信封没有厚度的差别，而且外观完全一样。

现在主持人告诉你，其中一个信封里装着 10000 元，而另两个信封里面装的都是 100 元。

现在选择开始了，当你选中一个之后，主持人并没有让你把它打开。而是把你没有选择的两个信封中的一个打开了，不是 10000 元！

这时，主持人拿着手里剩下的一个信封对你说："现在我给你一个重新选择的机会，你要不要和我换一下信封呢？"

难题交给你了，如果你是那个嘉宾，你是换，还是不换呢？

现在我给你一个重新选择的机会，你要不要和我换一下信封呢？

346．扑克牌智力题

现有扑克牌智力题如下。

甲方：1个2，3个K，3个J，2个Q，2个7，2个6，2个5，2个4，1个3。

乙方：2个A，2个10。

规定：

由甲方先出，先出完者为胜。

规则：

(1) 2最大，3最小。

(2) 符合一般出牌规则，单管单，双管双。

(3) 可出三带双(如：3个J带2个4)，但不可出三带一(如：3个K带1个3)。

(4) 五连顺(34567)及五连顺以上可以出，但不可出四连顺(如：4567)及四连顺以下。

(5) 不可出连对(如：4455等)或三连对(如：445566)。

请问：甲方如何才能胜出？

347．摘花瓣

有一种花很特别，它不多不少共有 13 片花瓣，无一例外。有一个聪明的小姑娘用这种花发明了一个有意思的小游戏，让人百玩不厌。

游戏的规则很简单。

(1) 两个人拿着一朵这种有 13 片花瓣的花，轮流摘去它的花瓣(13 片花瓣任意摘，可以不按顺序)。

(2) 一个人一次只可以摘一片或者相邻的两片花瓣,如果没有任何两片是相邻的,那么只能摘一片。

(3) 谁摘到最后的那片花瓣谁就是赢家。

这个聪明的小姑娘发现,只要使用一种技巧,就可以在这个游戏中一直获胜。

那么,请你推理一下:这个获胜的人是先摘的人还是后摘的人?需要用什么方法呢?

348．抉择

在一个综艺节目里曾经举行过一个抽奖游戏。

它的规则很有趣。

主持人准备了两个信封,里面有数额不等的钱。当然,谁也不能从信封的外在差别上看出哪个信封里的钱多,哪个信封里的钱少。

现在主持人将这两个信封让 A、B 两位嘉宾自行选择。两位嘉宾事先并不知道信封里面钱的数额,只知道每个信封里的钱数总是 5 元、10 元、20 元、40 元、80 元、160 元中的一个,并且其中一个信封里的钱正好是另一个信封里的两倍。

也就是说,若 A 拿到的信封中是 20 元,则 B 拿到的信封中要么为 10 元,要么为 40 元。

A、B 两人选择完信封以后,各自看自己信封中钱的数额,但看不到对方信封中钱的数额。

这时,主持人对两位嘉宾说:现在我给你们一个与对方交换信封的机会,你们会选择交换吗?

请问:如果你是其中的一位嘉宾,你要如何判断是否交换?

349．如何分配

有一对姐弟,父母过世后留下了一些财物,一共六件:冰箱、笔记本电脑、洗衣机、打火机、自行车、洗碗机。

他们约定,由姐姐先挑选,但只能拿一样,然后弟弟再拿,也只能拿一样。如此循环。

实际上,姐弟俩对于这六样东西的偏好程度有不同的排序。

姐姐:①冰箱;②笔记本电脑;③自行车;④洗碗机;⑤洗衣机;⑥打火机。

弟弟:①笔记本电脑;②打火机;③洗碗机;④自行车;⑤冰箱;⑥洗衣机。

若俩人诚实地选择,结果会是什么?(所谓诚实地选择,是指每个人选择时都是从剩下的物品中选择自己认为价值最高的物品)

如果姐姐作出策略性选择,那结果会是什么?(所谓策略性选择就是选择那些对方认为价值最高的物品,而同时对手又不会拿走自己认为价值最高的物品。)

350. 夜晚过河

有四个女人站在桥的某一边，她们要在 17 分钟内全部通过这座桥。

现在是晚上，她们只有一个手电筒，最多只能让两个人同时过桥。不管是谁过桥，不管是一个人还是两个人，必须要带着手电筒。手电筒只能传来传去，不能扔过去。每个女人过桥的速度不同，两个人必须以较慢的那个人的速度过桥。

第一个女人：过桥需要 1 分钟。

第二个女人：过桥需要 2 分钟。

第三个女人：过桥需要 5 分钟。

第四个女人：过桥需要 10 分钟。

比如，如果第一个女人与第四个女人首先过桥，等她们过去时，已经过去了 10 分钟。如果让第四个女人将手电筒送回去，那么等她到达桥的另一端时，总共用去了 20 分钟，行动也就失败了。

怎样让这四个女人在 17 分钟内都过桥？

351. 准确称重

一个商人卖酱油，他带着满满的两桶酱油沿街出售，每桶净重 10kg。

这时，来了两个人想买酱油，一个人带着一个容量为 4kg 的容器，另一个人带着一个容量为 5kg 的容器。

而两个人都不想买满满一桶，都只想买 2kg 酱油。这时，卖酱油的人才发现，自己出门太匆忙，没有带其他的测量工具。

正在发愁时，商人想到了一个办法，只见这个聪明的商人用两名顾客的容器在自己的两个酱油桶中不停地倒来倒去，最后终于把每个人想买的酱油数量准确地卖给了他们。

请问：他是怎么做到的？

352. 语言不通的村庄

你是一个探险家，四处探险。

一天，你来到一个小村庄，遇到了 A、B、C 三个精灵。这三个精灵各有不同：其中一个只说真话，另外一个只说假话，还有一个随机决定何时说真话，何时说假话。

你的任务是确定这三个精灵谁只说真话，谁只说假话，谁是随机答话。

你可以向这三个精灵问三个是非题，但是你每次只可以选择其中一个精灵问话，问的问题可以取决于上一题的答案。

这个难题最困难的地方在于：这些精灵可以听懂你说的话，但是只会以"Da"或"Ja"来回答你的问题。你只知道其中一个字代表"对"，另外一个字代表"错"，但你并不知道它们哪个代表"对"，哪个代表"错"。

为了达到你的目的，你应该如何设计这三个问题呢？

353．阿瑟博弈

美国斯坦福大学经济学系教授阿瑟，同时是美国著名的圣塔菲研究所研究人员，提出过一个非常著名的"酒吧问题"。

有一群人，比如总共有 100 人，每个周末均要决定是去酒吧活动还是待在家里。酒吧的容量是有限的，比如空间是有限的或者座位是有限的，如果人去多了，去酒吧的人会感到不舒服，此时，他们留在家里比去酒吧更舒服。

我们假定酒吧容量是 60 人，或者说座位是 60 个，如果某人预测去酒吧的人数超过 60 人，他的决定是不去，反之则去。

这 100 人该如何作去酒吧还是待在家里的决策呢？

354．协同攻击

两个将军各自带领自己的部队埋伏在相距一定距离的两个山上，等候敌人。

将军 A 得到可靠情报说，敌人刚刚到达，立足未稳，没有防备，如果两股部队一起进攻的话，就能够获得胜利；而如果只有一方进攻的话，进攻方将失败。

这是两位将军都知道的。

但是 A 遇到了一个难题：如何与将军 B 协同进攻？

那时没有电话之类的通信工具，而只有通过派情报员来传递消息。

将军 A 派遣一个情报员去了将军 B 那里，告诉将军 B：敌人没有防备，两军于黎明一起进攻。然而可能发生的情况是，情报员失踪或者被敌人抓获。即将军 A 虽然派遣情报员向将军 B 传达"黎明一起进攻"的信息，但他不能确定将军 B 是否收到他的信息。还好情报员顺利回来了，可是将军 A 又陷入了迷茫：将军 B 怎么知道情报员肯定回来了？将军 B 如果不能肯定情报员回来的话，他必然不会贸然进攻的。于是将军 A 又将该情报员派遣到 B 地。然而，他不能保证这次情报员肯定能到将军 B 那里……

如果你是这两位将军中的一个，你有什么办法？

355．盗墓贼

两个盗墓贼合伙盗墓的时候挖到了一件非常贵重的珍珠，两个人都想将其据为己有。但是珍珠只有一颗，且无法分割。两个人只好商量想个办法确定这个珍珠的归属。

这时，乙提出了一个方案。

乙首先拿出 3000 根火柴，然后甲、乙两人轮流取火柴。

规定每次只允许取 1 根或 2 的 n(n 为自然数)次方根火柴，取出的火柴放在一边不用，谁能够取得最后一根火柴就算谁胜。

而胜利者将得到这颗珍珠，输者无悔。

因为这个办法是乙想出来的，为了公平，可以让甲先取火柴。

甲想了想，没有发现有什么不公平的地方，于是就同意了。

两个人按照乙提出的办法开始取火柴，很快结果出来了：乙取得了胜利，珍珠归乙了！

甲又仔细想了想，总觉得自己好像哪里吃了亏，但又不能确定。你觉得呢？

这个方法是公平的吗？如果不公平那么对谁有利？为什么？

356．帽子的颜色

小白兔、小黑兔、小花兔分别买了一项帽子。帽子的颜色分别是白色、黑色和花色。回家路上，一只小兔说："我最喜欢白色了，所以才买的白帽子！"说到这里，它好像发现了什么，惊喜地对同伴们说："今天我们可真有意思，白兔买的不是白帽子，黑兔买的不是黑帽子，花兔买的不是花帽子。"

小黑兔看了一圈说："真是这样的，你要是不说，我还真没注意呢！"

你能根据它们的对话，猜出小白兔、小黑兔和小花兔各买了什么颜色的帽子吗？

357．著名的古博弈

巴什博弈：有一堆物品，共 n 个，两个人轮流从这堆物品中取物，规定每次至少取 1 个，最多取 m 个，最后取光者得胜。

威佐夫博弈：有两堆各若干个物品，两个人轮流从某一堆或同时从两堆中取同样多的物品，规定每次至少取 1 个，多者不限，最后取光者得胜。

尼姆博弈：有三堆各若干个物品，两个人轮流从某一堆取任意多的物品，规定每次至少取 1 个，多者不限，最后取光者得胜。

请分别给出必胜策略。

358．取走硬币

监狱里有两个囚犯，他们的生活很无聊，于是就用简单的道具发明各种有趣的小游戏。

其中一个游戏是这样的。

他们准备一堆硬币，共 500 枚。

玩游戏的双方轮流从中取走一枚、两枚或四枚硬币。

谁取走最后一枚硬币谁输。

当然，双方总是尽可能采取能使自己获胜的步骤；如果无法取胜，就尽可能采取能导致和局的步骤。

请问：玩这个游戏的两人中是否必定会有一人赢？

如果是这样，是先拿的人会赢，还是后拿的人会赢？

359．报数字

婧婧和妮妮玩一种叫"抢报 30"的游戏。

游戏规则很简单。

两个人从数字 1 开始轮流报数，第一个人从 1 开始，按顺序报数，他可以只报 1，也可以报 1、2。

第二个人接着第一个人报的数再报下去，他可以报一个数，也可以报两个数，但是最多也只能报两个数，而且不能一个数都不报。

例如，如果第一个人报的是 1，第二个人可以报 2，也可以报 2、3；然后轮到第一个人接着报数……

若第一个人报了 1、2，则第二个人可以报 3，也可以报 3、4。然后轮到第一个人接着报数……

如此反复，轮流报下去，谁能抢到报 30 这个数字，则谁就获胜。

婧婧很大度，每次都让妮妮先报，但每次都是她胜。

你知道婧婧有什么必胜的策略吗？

360．邻居和老师的年龄

甲、乙两位数学老师是好朋友，有一天，他们两个同路回家，在路上恰好遇到了甲老师的三个邻居。这时，甲老师就开始和乙老师讨论数学问题：甲老师对乙老师说："我的这三位邻居的年龄的乘积是 2450，他们的年龄之和又恰好是你的年龄的两倍，现在请你猜猜他们的年龄分别是多少？"乙老师思考了一阵说："不对，还差一个条件，现在这些条件是算不出来的。"

甲老师也思考了一阵，回答说："对，的确还差一个条件，这个条件就是他们的年龄都比我的年龄小。"

很快乙老师就算出了三个邻居的年龄。

请问：三个邻居和甲、乙两位老师的年龄分别是多少？

361．猜数字

某大学进行逻辑课期中考试，老师挑选了两名逻辑思维能力都很强的学生 P 和 S 参加测试。

测试方法很简单：

首先，老师从 1 到 80 之间(大于 1 小于 80)选了两个自然数。

然后，他将这两个数的乘积告诉同学 P，两个数的和告诉同学 S。

最后，老师问这两位同学能否用逻辑推理推出这两个自然数分别是多少。

老师先问 S：你知道这两个数是多少吗？

S 说：我知道 P 肯定不知道这两个数。

老师又问 P。

P 说：那么现在我知道了。

这时，S 也说：那么现在我也知道了！

其他同学：我们也知道啦！

……

通过以上这些对话，你能推断出老师选择的两个自然数分别是什么吗？

362．白色和黑色的纸片

甲、乙、丙、丁、戊五个人玩一个游戏，他们的额头分别贴了一张纸片，纸片分黑色和白色两种。每个人都知道自己头上纸片的颜色，但是看不到，而且可以看到别人头上纸片的颜色。头上是白色纸片的人开始说真话，头上是黑色纸片的人开始说假话，他们是这么表达的。

甲说："我看到三片白色的纸片和一片黑色的纸片。"

乙说："我看到了四片黑色的纸片。"

丙说："我看到了三片黑色的纸片和一片白色的纸片。"

戊说："我看到了四片白色的纸片。"

由此，你能推断出丁头上贴的是什么颜色的纸片吗？

363．教授有几个孩子

一天，一位数学教授去同事家做客。他们坐在窗前聊天，从庭院中传来一大群孩子的嬉笑声。

客人就问：您有几个孩子？

主人：那些孩子不全是我的，是四家人家的孩子。我的孩子最多，弟弟的其次，妹妹的再次，叔叔的孩子最少。他们吵闹成一团，因为他们不能按每队九人凑成两队。可也真巧，如果把我们这四家孩子的数目相乘，其积数正好是我们房子的门牌号，这个号码您是知道的。

客人：让我来试试把每一家孩子的数目算出来。不过要解这个问题，已知数据还不够。请告诉我，你叔叔的孩子是一个呢，还是不止一个？

于是主人回答了这个问题。客人听后，很快就准确地计算出了每家孩子的数目。你在不知道主人家门牌号码和他叔叔家是否只有一个孩子的情况下，能否算出这道题呢？

364. 数学家打牌

一天，几位数学家坐在一起打牌。打了一会儿后旁边有人问他们都还剩几张牌。其中一位数学家保罗答道："我的牌最多，约翰的其次，琼斯的再次，艾伦的牌最少。我们四人剩下的牌总共不超过 17 张。如果把我们这四家牌的数目相乘，得到这个数。"说完，这位数学家在一张纸上写下了一个数字给他看。

那人看了这个数字后，说道："让我来试试把每人手中牌的数目算出来。不过要解这个问题，已知数据还不够。请问艾伦，你的牌是一张呢，还是不止一张？"

艾伦回答了这张问题。那人听后，很快就准确地计算出了每人手中牌的数目。你能否算出每位数学家手里还剩几张牌呢？

365．猜单双

周末的晚上，爸爸陪小明玩猜单双的游戏。爸爸先交给小明五根火柴，让他藏在背后，分成两只手拿着。然后爸爸要求小明把左手的火柴数乘以 2，右手的火柴数乘以 3，然后把两个积相加。小明算出结果为 14。爸爸马上猜出小明左手拿的火柴数是单数，右手拿的火柴数是双数。

你知道爸爸是怎么猜出来的吗？

366．解绳子

如下图所示，天花板上固定着两个离得很近的铁环，每个铁环上都系着一根绳子。现在你需要把这两个绳子都解下来。你可以顺着绳子爬上去，抓住铁环或者另一根绳子来解开这根绳子。但是你不能把两根绳子都解开，那样你就无法下来了。天花板与地面距离很高，在高处时你必须用至少一只手撑住自己的身体，只能用另一只手解绳子，所以根本无法把绳子系在一起。那么请想一想，你到底该怎样解绳子才能安全地下来呢？

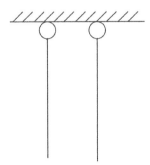

367. 取出"B"

如下图所示，三个字母模型用细线连在了一起，现在不能剪开线，如何才能把字母"B"取下来？

368. 消失的扑克牌

计算机课上，老师说："今天我给你们做一个测验，你们打开电脑桌面上的附件，背景上浮现出大卫·科波菲尔的脸。然后，出现了六张扑克牌，都是不同花色的 J 到 K，每张都不一样。然后——你在心里默想其中的一张。不要用鼠标点中它，只是在心里默想。看着我的眼睛，默想你的卡片，然后击空格键。"

我选了红桃 Q，一切都是按步骤来的，最后，我轻轻一击空格键，画面哗地一变，原来的六张牌不见了，然后出现了一行字：看！我取走了你想的那张扑克牌！我急忙去看，天哪！扑克牌只剩下五张，红桃 Q 不见了！真的不见了！！

大吃一惊的我，马上再来一遍，这次选了黑桃 K，几个步骤下来，黑桃 K 也不见了！

我百思不得其解，其他的同学看到也同样惊讶，看来他们也被这神奇的魔术震慑住了。这时，老师说："你们是不是觉得很神奇呢？其实答案很简单。"他说出了谜底。他的回答令我再次失声惊呼：竟然是这样简单！

你知道这个魔术是怎么变的吗？

369. 怀疑丈夫

赵丽丽、李师师、王美美和孙香香这四位女士去参加一次聚会。

(1) 晚上 8 点，赵丽丽和她的丈夫已经到达，这时参加聚会的人数不到 100 人，正好分成五人一组进行交谈。

(2) 到晚上 9 点，由于 8 点后只来了李师师和她的丈夫，人们已改为四人一组进行交谈。

(3) 到晚上 10 点，由于 9 点后只来了王美美和她的丈夫，人们已改为三人一组进行交谈。

(4) 到晚上 11 点，由于 10 点后只来了孙香香和她的丈夫，人们已改为两人一组进行交谈。

(5) 上述四位女士中的一位，对自己丈夫的忠诚有所怀疑，本来打算先让她丈夫单独一人前来，而她自己则过一个小时再到。但是她后来放弃了这个打算。

(6) 如果那位对丈夫的忠诚有所怀疑的女士按本来的打算行事，那么当她丈夫已到而她自己还未到时，参加聚会的人们就无法分成人数相等的各个小组进行交谈。

请问：这四位女士中哪一位对自己丈夫的忠诚有所怀疑？

370．蒙住双眼的学生

课堂上，老师想考一下学生们的逻辑思维能力，于是设计了一个小游戏。

首先，老师找来七名思维能力都很强的学生，其中六名学生围坐成一圈，让第七名学生坐在中央，并拿出七顶帽子，其中四顶白色，三顶黑色。然后蒙住七名学生的眼睛，给每个学生戴一顶帽子。

一切都准备好之后，老师解开坐在圈上的六名学生的眼罩。这时，由于坐在中央的学生的阻挡，边上的每个人都只能看到五个人头上的帽子，而看不到自己正对面那个人的帽子。

老师说："现在，你们七人猜一猜自己头上戴的帽子的颜色。"

大家静静地思索了好大一会儿，都没有人出声。

最后，坐在中央的、被蒙住双眼的学生举手说："我猜到了。"

请问：中央的被蒙住双眼的学生戴的是什么颜色的帽子？

他是怎样猜到的？

371．扑克数字游戏

小李、小王、小刘、小方、小邓和小周六个人在一起玩扑克牌数字游戏，用的是一副牌中的 2 到 9，共 32 张牌。每人随机摸了五张牌，且每人只能看见自己的牌。每人将自己的五张牌排列组成一个五位数，得到以下结论。

小李：无论如何排列，我的数字都可以被 36 整除。

小王：无论如何排列，我的数字都不可能被从 2 到 9 的所有整数整除。

小刘：我的五张牌是一个连子，也就是五个相邻数字。

小方：这么说来，咱们六个人能够做出的五位数中，最大的数和最小的数都在我这儿了。

小邓：我能够做出来的五位数中，最小的可以被五整除，最大的可以被 8 整除。

小周：这样啊！那么除了小方以外的五个人能够做出五位数中，最大的数和最小的数都在我这儿了。

请根据这些话判断剩下的两张牌是什么。

372. 损坏的瓷器

有两个出去旅行的女孩，一个叫"中原一点红"，一个叫"沙漠樱桃"，她们互不认识，各自在景德镇同一个瓷器店购买了一个一模一样的瓷器。当她们在上海浦东国际机场下机后，发现托运的瓷器可能由于运输途中的意外而遭到损坏，她们随即向航空公司提出索赔。但由于物品没有发票等证明价格的凭证，于是航空公司内部评估人员约莫估算了价值应该在 1000 元以内。因为航空公司无法确定该瓷器的价格，于是便分别告诉这两位女孩，让她们把该瓷器当时购买的价格分别写下来，然后告诉航空公司。

航空公司认为，如果这两个女孩都是诚实可信的，那么她们写下来的价格应该是一样，如果不一样的话，则必然有人说谎。而说谎的人总是为了能获得更多的赔偿，所以可以认为申报价格较低的那个女孩应该更加可信，并会采用较低的那个价格作为赔偿金额，此外会给予那个给出更低价格的诚实女孩价值 200 元的奖励。

如果这两个女孩都非常聪明的话，她们最终会写多少钱呢？

373. 意想不到的老虎

有一个死囚将于第二天被处死，但国王给了他一个活下来的机会。国王说，明天将会有五扇门让你依次打开，其中一扇门内关着一只老虎，如果你能在老虎被放出来前猜到老虎被关在哪扇门内，可以免你一死。""但是"，国王强调，"你要记住，老虎在哪扇门内，绝对是你意想不到的。"

死囚为了能够活下来，苦思了很久。他想：如果明天我打开前四扇门后，老虎还没有出来，那么老虎一定在第五扇门后。但国王说这是一只意想不到的老虎，因此老虎一定不在第五扇门后。这样就只剩下前四扇门。再往前推，如果我打开前三扇门，老虎还没有出来，那它一定在第四扇门后。同样因为这是一只意想不到的老虎，所以老虎也不在第四扇门后。这样只可能在前三扇门中。如此再往前推，老虎也不可能在第三扇，第二扇，甚至是第一扇门中。也就是说，门里根本就没有什么老虎！看来国王是想饶自己一命。想通了这一点，死囚安心地睡去了。

第二天，当死囚满怀信心地一一打开那几扇他自以为的空门时，老虎突然从其中一扇门里(比如第三扇门)跑了出来——国王没有骗他，这确实是一只意想不到的老虎。

那为什么会这样呢？死囚的推理错了吗？如果错了，又是错在哪一步呢？

374．有病的狗

有一个村子里，共有 50 户人家，每家都养了一条狗，一共有 50 条狗。

有一天，村里来了一个警察，警察通知，这 50 条狗中有病狗，具体有几条狗生病了，警察没有明确说明。

现在只知道，有病的狗的行为和正常的狗不一样。而每个人都只能看出别人家的狗是否有病，而无法看出自己家狗是否有病。他们只能用逻辑思维推理出自己家的狗是否有病。

如果一个人判断出自己家的狗病了以后，就必须当天一枪打死自己家的狗。

其实，在警察到来之前，村民已经观察到有病狗，但都判断不出自己家的狗是否有病，因此一直相安无事。在警察到来之后，宣布了一条通知"村里有病狗"之后，才发生了变化。

……每人只能通过观察别人家的狗进行对比来判断自己家的狗是否生病……

第一天没有枪声，第二天也没有枪声，在第三天的清晨，村里响起了几声枪响。

现在请问：一共死了几条狗？

375. 纸牌游戏

小明、小李和小王三人玩一种纸牌游戏，一共用 36 张牌，它们是 18 个对子。然后从中间随机抽出一张放在一旁，谁也不知道它是什么牌。这样就剩下了 17 个对子，还有一个单张。然后按照下列规则玩牌。

(1) 小明发牌，先给小李一张，再给小王一张，然后给自己一张。如此反复，直到发完所有的牌。

(2) 在每个人都把手中成对的牌拿出之后，每人手中至少剩下一张牌，而三人手中的牌总共是九张。

(3) 在剩下的牌中，小李和小明手中的牌加在一起能配成的对子最多，小王和小明手中的牌加在一起能配成的对子最少。

那么，请问那个唯一的单张发给了谁？

提示：应判定出给每个人发了几张牌以及每两个人手中的牌加在一起能配成对子的数目。

376. 谁没有输过

爸爸、妈妈和儿子三人玩了两盘纸牌游戏，其玩法是：游戏者轮流从别人手中抽牌，直到有一人手中只剩下一个单张，此人便是输者。在抽牌后配成了对子，便打出这对牌。如果一个人从第二个人手中抽了一张牌并打出一个对子之后，手中已经无牌，则轮到第三个人抽牌时就从第二个人手中抽。通过抽牌来配成对子，并且尽量避免手中只留下一个单张。

在每一盘接近尾声的时候：

(1) 爸爸只有一张牌，妈妈只有两张牌，儿子也只有两张牌；这五张牌包括两个对子和一个单张，但任何人手中都没有对子。

(2) 爸爸从妈妈手中抽了一张牌，但没能配成对。

(3) 妈妈从儿子手中抽了一张牌，随后儿子从爸爸手中抽了一张牌。

(4) 在任何一盘中，没有一人手中两次拿着同样的一手牌。

(5) 没有一人连输两盘。

在两盘游戏中，谁没有输过？

提示：判定三人手中纸牌的可能分布，然后判定一盘游戏该怎样进行才能做到没有一人手中两次拿着同样的一手牌。

377．猜纸片

有一个人喜欢玩猜纸片，规则是这样的，他拿出三张完全相同的纸片，在每张纸片的正反两面分别画上√、√；×、×；√、×。然后他把这三张纸片交给一个参与者，参与者偷偷地选出一张放在桌上。他只要看一眼朝上那面，就可以猜出朝下的是什么标记。如果猜对了，就请对方给他 100 元；如果猜错了，他给对方 100 元。

纸片上√和×各占总数的一半，也没有其他任何记号，应该对双方都是公平的。你觉得他有优势吗？

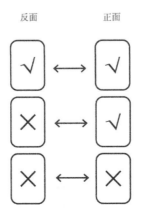

378．倒推法博弈

在某个城市假定只有一家房地产开发商 A，我们知道任何没有竞争的垄断都会获得极高的利润，假定 A 此时每年的垄断利润是 10 亿元。

现在有另外一家企业 B 准备从事房地产开发。面对着 B 要进入其垄断的行业，A 想：一旦 B 进入，自己的利润将受损很多，B 最好不要进入。所以 A 向 B 表示，你进入的话，我将阻挠你。假定当 B 进入时 A 阻挠的话，A 的利润降低到 2 亿元，B 的利润是-1 亿元。而如果 A 不阻挠的话，A 的利润是 4 亿元，B 的利润也是 4 亿元。

这是房地产开发商之间的博弈问题。A 的最好结局是"B 不进入"，而 B 的最好结局是"进入"而 A"不阻挠"。但是，这两个最好的结局却不能同时得到。那么结果是什么呢？

A 向 B 发出威胁：如果你进入，我将阻挠。而对 B 来说，如果进入，A 真的阻挠的话，它将受损失-1 亿元(假定-1 亿元是它的机会成本)，当然此时 A 也有损失。对于 B 来说，最大的问题是：A 的威胁可信吗？

379．纽科姆悖论

一天，一个从外层空间来的超级生物欧米加在地球着陆。

欧米加搞出一个设备来研究人类的大脑。它可以十分准确地预言每一个人在二者择一时会选择哪一个。

欧米加用两个大箱子检验了很多人。箱子 A 是透明的，总是装着 1000 美元；箱子 B 不透明，它要么装着 100 万美元，要么空着。

欧米加告诉每一个受试者："你有两个选择，一个是你拿走两个箱子，可以获得其中的东西。可是，当我预计你这样做时，我就让箱子 B 空着。你就只能得到 1000 美元。另一个选择是只拿箱子 B。如果我预计你这样做时，我就在箱子 B 中放进 100 万美元。你能得到全部款项。"

说完，欧米加就离开了，留下了两个箱子供人选择。

一个男人决定只拿箱子 B。他的理由是——

我已看见欧米加尝试了几百次，每次他都预计对了。凡是拿两个箱子的人，只能得到 1000 美元。所以我只拿箱子 B，就会变成百万富翁。

一个女孩决定要拿两个箱子，她的理由是——

欧米加已经做完了他的预言，并已离开。箱子不会再变了。如果 B 是空的，那它还是空的；如果它是有钱的，那它还是有钱。所以我要拿两个箱子，就可以得到里面所有的钱。

你认为谁的决定更好？两种看法不可能都对，哪一种错了？它为何错了？

380．猜牌术

表演者将一副牌交给观众，然后背过脸去，请观众按他的口令去做。

(1) 在桌上摆 3 堆牌，每堆牌的张数要相等(假如是 15 张吧)，但是不要告诉表演者。

(2) 从第 2 堆拿出 4 张牌放到第 1 堆里。

(3) 从第 3 堆牌中拿出 8 张牌放在第 1 堆里。

(4) 数一下第 2 堆还有多少牌(本例中还有 11 张牌)，从第 1 堆牌中取出与第 2 堆相同数的牌放在第 3 堆。

(5) 从第 2 堆中拿出 5 张牌放在第 1 堆中。

表演者转过脸来，现在说："把第 2 堆牌、第 3 堆牌拿开，那么第 1 堆中还有 21 张，对不对？"观众数一下，果然还有 21 张。

这其中有什么诀窍呢？

381．报数游戏

甲、乙两人玩轮流报数游戏。甲先报，第一次只允许报出 1 或 2 的 K 次方(K 为自然数)，然后乙接着报，他也是只允许增加 1 或 2 的 K 次方(K 为自然数)，谁报到 3000 谁就赢。

请问：这个游戏最终谁将获胜？为什么？

382．紧急手术

一所乡村医院接到了一个从传染病区送过来的患有急性肠炎的病人。三位医生轮流上阵给这位病人做手术。因为当时有瘟疫的存在，任何人都有可能带有病毒，所以这个病人和三位医生之间，以及三位医生之间都不能有直接或间接的接触，以防止感染。但是，此时医院里只剩下了两双消过毒的手套，怎么做才是最安全的呢？

383．海盗分金

五个海盗抢到了 100 颗宝石，每一颗都是一样的大小和价值。他们决定这么分：抽签决定自己的号码(1、2、3、4、5)，然后由 1 号提出分配方案让大家表决，当且仅当半数或者超过半数的人同意时，按照他的方案进行分配，否则他将被扔进大海喂鲨鱼。如果 1 号死了，就由 2 号提出分配方案，然后剩下的三人进行表决，当且仅当半数或者超过半数的人同意时，按照他的方案进行分配，否则将被扔入大海喂鲨鱼。依此类推。每个海盗都是很聪明的人，都能很理智地判断，从而作出选择。那么第一个海盗提出怎样的分配方案才能使自己的收益最大化？

384．海盗分金(加强版)

10 名海盗抢得了窖藏的 100 块金子，并打算瓜分这些赃物。这是一些讲民主的海盗(当然是他们自己特有的民主)，他们的习惯是按下面的方式进行分配：最厉害的一名海盗提出分配方案，然后所有的海盗(包括提出方案者本人)就此方案进行表决。如果 50%或更多的海盗赞同此方案，此方案就获得通过并据此分配战利品。

否则提出方案的海盗将被扔到海里，然后由下一位提名最厉害的海盗重复上述过程。

所有的海盗都乐于看到他们的一位同伙被扔进海里，不过，如果让他们选择的话，他们还是宁可得一笔现金。也不愿意自己被扔到海里。所有的海盗都是有理性的，而且知道其他的海盗也是有理性的。此外，没有两名海盗是同等厉害的——这些海盗按照完全由上到下的等级排好了座次，并且每个人都清楚自己和其他所有人的等级。这些金块不能再分，也不允许几名海盗共有金块，因为任何海盗都不相信他的同伙会遵守关于共享金块的安排。这是一伙每人都只为自己打算的海盗。

最凶的一名海盗应当提出什么样的分配方案才能使他获得最多的金子呢？

385．海盗分金(超级版)

海盗分金的问题扩大到有 500 名海盗的情形：即 500 名海盗抢得了窖藏的 100 块金子，并打算瓜分这些赃物。这是一些讲民主的海盗(当然是他们自己特有的民主)，他们的习惯是按下面的方式进行分配：最厉害的一名海盗提出分配方案，然后所有的海盗(包括提出方案者本人)就此方案进行表决。如果 50%或更多的海盗赞同此方案，此方案就获得通过并据此分配战利品。否则提出方案的海盗将被扔到海里，然后由下一位提名最厉害的海盗重复上述过程。

所有的海盗都乐于看到他们的一位同伙被扔进海里，不过，如果让他们选择的话，他们还是宁可得一笔现金，也不愿意自己被扔到海里。所有的海盗都是理性的，而且知道其他海盗也是理性的。此外，没有两名海盗是同等厉害的——这些海盗按照完全由上到下的等级排好了座次，并且每个人都清楚自己和其他所有人的等级。这些金块不能再分，也不允许几名海盗共有金块，因为任何海盗都不相信他的同伙会遵守关于共享金块的安排。这是一伙每人都只为自己打算的海盗。

最凶的一名海盗应当提出什么样的分配方案才能使他获得最多的金子呢？

386．少数派游戏

这个游戏共有 22 人参加。这 22 个人集中在一个大厅里，参加一个叫作“少数派”的游戏。游戏规则很有意思：每个人手里都有一副牌，游戏组织者会给大家一小时自由讨论时间，然后每个人亮出一张牌。主持人统计红色牌和黑色牌的数量，并规定数量较少的那一方取胜，多数派将全部被淘汰。获胜的选手在一小时后进行新一轮的游戏，依然是少数派胜出。若某次亮牌后双方人数相等，则该轮游戏无效，继续下一轮。游戏一直进行下去，直到最后只剩下一人或两人为止(只剩两人时显然已无法分辨胜负)。所有被淘汰的人都必须缴纳罚金，这些罚金将作为奖金分给获胜者。

这个游戏有很多科学的地方，其中最有趣的地方就是，简单的结盟策略将变得彻底无效。如果游戏是多数人获胜，那你只要能成功地说服其中 11 个人和你一起组队(并承诺最后将平分奖金)，你们 12 个人便可以保证获胜。但在这里，票数少的那一方才算获胜，这个办法显然就不行了。因此，欺诈和诡辩将成为这个游戏中的最终手段。如果你是这 22 个参赛者中的一个，你会怎么做呢？

387．五打一

一个庄家对战五个闲家，庄家手里只剩一张 Q 了，五个闲家的顺序和牌分别如下：

甲：3、4、K。

乙：J、J。

丙：3、4、Q。

丁：9、9。

戊：10、10、Q。

规则是 K 最大，3 最小，可出单张或对子，由甲先出牌，然后乙、丙、丁、戊、庄家、甲……这样的顺序轮流下去。

请问：五个闲家能否把手里的牌全部出完而获胜吗？

388．残局

甲、乙两人打牌进入残局：

甲：王、A、A、A、K、K、K、J、J、J、J、8、8、6、6、4、4。

乙：2、2、Q、Q、Q、9、9。

规则：几张只能管几张，不能炸，不能三带二或三带一。

甲先出，他应该怎么出牌才能赢呢？

389．出牌顺序

甲、乙、丙、丁四人玩扑克牌游戏，每人分别拿红心、黑桃、方块、梅花的 1 到 10 的十张牌。每一回合一人出一张牌，10 个回合四人均按自己意愿的顺序把 10 张牌出完。规则是每一回合中出牌点数最大的人得 1 分，其他人得 0 分，如果最大点数的牌有两张或以上时，四人都记 0 分。

某次，四人打完一轮后，出现了以下特征。

(1) 只有第 3，7，10 回合无人得分。

(2) 四人的得分均不相同，按得分从高到低排列，正好是甲，乙，丙，丁。

(3) 四人中有人按 1 到 10 的递增顺序出牌，也有人按 10 到 1 的递减顺序出牌。

(4) 没有人在连续的两个回合中都得 1 分。

(5) 四人出的牌正好可以排成连号(如 1，2，3，4)的情况有两次。

(6) 把四人出的牌的点数相加，有四回得数为 20，有二回得数为 25。

请问：丁在第二回合出的是哪张牌？

390．猜字母

甲先生对乙先生说自己会读心术，乙不相信，于是两人开始实验。

甲先生说：那我们来猜字母吧。你从 26 个英文字母中随便想一个，记在心里。

乙先生：嗯，想好了。

甲先生：现在我要问你几个问题，你如实回答就可以了。

乙先生：好的，请问吧。

甲先生：你想的那个字母在 carthorse 这个词中有吗？

乙先生：有的。

甲先生：在 senatorial 这个词中有吗？

乙先生：没有。

甲先生：在 indeterminables 这个词中有吗？

乙先生：有的。

甲先生：在 realisation 这个词中有吗？

乙先生：有的。

甲先生：在 orchestra 这个词中有吗？

乙先生：没有。

甲先生：在 disestablishmentarianism 中有吗？

乙先生：有的。

甲先生：我知道，你的回答有些是谎话，不过没关系，但你得告诉我，你上面的六个回答中，有几个是真实的？

乙先生：三个。

甲先生：行了，我已经知道你心中想的字母是什么了！

说完甲说出一个字母，正是乙心里想的那个！

请问：乙先生心中所想的字母是什么？甲先生是如何猜出来的呢？

391．判断对错

地理老师让同学们辨认一块矿石。

甲同学说："这不是铁，也不是铜。"

乙同学说："这不是铁，而是锡。"

丙同学说："这不是锡，而是铁。"

老师最后说："你们之中，只有一人两个判断都对，另一个人的两个判断都错，还有一人的判断一对一错。"

请问：根据老师的回答，这块矿石到底是什么？

392．Eleusis 游戏

这个游戏的规则极其简单，但变化异常丰富，因为这个游戏的出牌方式是不固定的，游戏开始时玩家甚至不知道出牌规则是什么。玩家的主要任务就是在游戏过程中探索出牌规则。

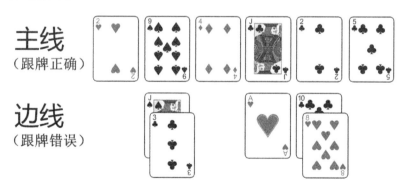

主线
（跟牌正确）

边线
（跟牌错误）

游戏需要两副牌，玩家以 3～8 人为宜。每轮游戏前，玩家需要推选出一位主持人，主持人在这个游戏里扮演最重要的角色。游戏开始前，主持人自己在心里默想一个出牌规则，但不能告诉玩家。规则的内容应该只考虑扑克牌的花色与点数，与出牌人、牌的摆放方式等无关。这个规则必须简单、明确，通常以"如果上一张牌是什么什么，那么下一张牌就该接什么什么"一类的形式给出，比如"如果上一张牌是红色，下一张牌就是黑色；如果上一张牌是黑色，下一张牌就该是红色"，或者是"要么与前一张牌同花色，要么与前一张牌同点数"。然后主持人洗牌，给每个人发 12 张牌，然后再翻出一张放在桌面上作为第一张牌打出。这张牌及后面正确的跟牌都摆成一行，叫作主线；主线下方可能会有若干边线，表示错误的跟牌。

游戏正式开始前，主持人可以对秘密规则进行一些提示，之后玩家轮流打牌，主持人判断玩家打出的牌是否符合他的规则。

(1) 如果打出的牌符合规则。此时主持人把这张牌加在主线的右边，该玩家手中的牌就少了一张。如果此时该玩家手中的牌打完了，则游戏结束，否则游戏继续进行。另外，该玩家还可以获得一次猜测出牌规则的机会，同时每个玩家都必须听他说的答案。如果该玩家猜对了，主持人也宣布游戏结束，否则游戏继续。

(2) 如果打出的牌不符合规则。此时主持人把这张牌放在相应的边线位置上，告诉大家这张牌不能接在这个位置。这名玩家需要再摸一张牌，手中的牌的张数不变。

轮到某位玩家出牌时，该玩家可以选择不出牌，即宣称自己无牌可打。此时他应该把手中的牌摊出来给所有人看，同时主持人判定该玩家是否确实无牌可打。

如果该玩家确实无牌可打：如果此时玩家手中只有一张牌，游戏结束；否则，主持人清点该玩家手中牌的数目 N，把它们放回还没发完的牌摞的最底下，再发给他 $N-1$ 张牌。同时，该玩家获得一次猜测出牌规则的机会，猜对了同样可以直接获胜。

如果该玩家有可以打的牌：此时主持人从中选出一张可以打的牌接在主线后面，该玩家收起自己其余的牌并再摸一张，保持手中的牌数不变。

游戏结束后，每个人的得分就是自己打出去的牌的张数。打完所有牌而获胜的玩家再获 3 分的加分，猜对规则而获胜则得到 6 分的加分。主持人的得分与本轮最高分相同。然后大家重新推选主持人，继续下一轮游戏。如果牌抓完了但游戏还没结束，可以再洗一副牌继续进行，或宣布游戏结束，本轮不计分。然后，主持人说出自己所想的规则，等待玩家们恍然大悟的叹息声。若干轮游戏后，最终的胜者就是累积得分最高的人。

你能想出哪些简单明了而又富有新意的规则？

393. 检验毒酒

一个国王有 1000 瓶红酒，并打算在他的六十岁大寿时打开来喝。不幸的是，其中一瓶红酒被人下了毒，凡是沾到者会在大约 20 个小时后开始有异样并马上死亡(只沾到一滴也会死)。由于国王的大寿就在明天(假设离宴会开始只有 24 小时的时间)，就算有千分之一的可能国王也不想冒险，他要在宴会之前把有毒的酒找出来。所以，国王就吩咐侍卫用监牢里的死刑犯来检验酒。

请问：最少需要多少个死刑犯才能检验出毒酒呢？

394. 盲打扑克

两个象棋大师可以在洗澡间一边冲澡一边大喊"炮八平五""马八进七"，等澡洗完了，一盘精彩的棋局或许就结束了。棋类游戏之所以可以"盲下"，就是因为在棋类游戏中，双方的局面信息都是完全公开的。

现在两个人想通过一部电话打扑克牌，但他们都不信任对方。打扑克牌和下棋不一样，各人在开局时并不知道对方手里有哪些牌。因此，如果你说出方块 A，你如何证明自己手里有方块 A，或者如何在牌局结束后证明自己没有作弊？有没有可能仅通过一部电话实现某种扑克牌协议，该协议能够实现随机的、隐蔽的、公平的发牌，不需要其他东西的帮助，并且保证游戏的公正性呢？

395. 恋爱的孩子

在一个偏僻的山村里，村里有 100 家住户。每家住户都有一个还没有结婚的孩子。

在这个村里已经形成了一个奇特的风俗。孩子的父母如果发现自己的孩子恋爱的话，就要在当天去村口种一棵树为孩子许愿。当然，父母必须有确切的证据来证明自己的孩子恋爱了。由于害羞，孩子不会主动告诉父母自己恋爱了。

其他村民发现某家孩子恋爱了也不会告诉那个孩子的父母，但会在村子里相互传递这一信息，因此，一个孩子恋爱后，除了其父母不知道外，其他村民都知道。

而事实上是，村子里的这 100 家住户的孩子都恋爱了，但由于村民不会把知道的事实告诉恋爱孩子的父母，因此，没有人去村口种树。

村子里有一个辈分很高的老太太，她德高望重，诚实可敬。每个人都向她汇报村里的情况，因此，对村里的情况了如指掌，她知道每个孩子都恋爱了，当然，其他村民不知道她所知道的。

一天，这位老人说了一句很平常的话："你们的孩子当中至少有一个已经恋爱了。"于是，村里发生了这样一件事情：前 99 天，村里风平浪静，但到了第 100 天，所有的父母都去村口种树了。

为什么会这样呢？

第八章

抽象思维

396. 磨损的轮胎

常先生的车行驶了 10000 千米，为了使包括备用轮胎在内的五个轮胎的磨损程度相同，他轮流使用这五个轮胎。那么，你知道每个轮胎行驶了多少千米吗？

397. 两个骰子

监狱里有两个囚犯，每天的晚餐都有一个鸡腿，两个人没法分。于是其中一个囚犯就拿出两个骰子，对另一个囚犯说："我这有两个骰子，我们用它们来决定谁吃这个鸡腿。如果点数和是奇数，鸡腿就归你吃，点数和是偶数，鸡腿就归我吃。"另一个囚犯一听，觉得很不公平，因为两个骰子得到偶数的情况可能是 2、4、6、8、10、12 六种；而得到奇数的情况只有 3、5、7、9、11 五种，你觉得这样做公平吗？点数和为偶数的概率是多少？

398. 房门钥匙

一个旅馆有八个房间(1 号房间到 8 号房间)，这些房间钥匙的外表都是一样的，而且没有标明房号。服务员想打开八个房间，只好一把一把地试。那么，请问服务员最多要试多少次才能把房门都打开？

399. 谁的工资最高

小王、小李、小赵、小刘四个人同时进入公司，由于公司实行"信封式"工资发放方式，谁都不知道别人的工资是多少。小王心里痒痒就问人事经理每个人工资是多少。人事经理说："我不能告诉你。但是我能告诉你下面三句话：小王、小李的工资和大于小赵、小刘的工资和；小王、小赵的工资和大于小李、小刘的工资和；但是小赵、小李的工资和小于小王、小刘的工资和。"

你能帮小王分析一下，谁的工资最高吗？

400. 挖水池

一群人在挖水池。如果挖 1 米长、1 米宽、1 米深的池子需要 12 个人干两小时，那么六个人挖一个长、宽、深是它两倍的池子需要多长时间？

401. 圣诞聚会

小明家举行了一场圣诞聚会。

在这次聚会上，包括小明一共有 12 个小孩相聚在一起。他们来自 A、B、C 三个不同的家庭，每四个小孩同属一个家庭。

有意思的是，这 12 个小孩的年龄各不相同，但都不超过 13 岁。换句话说，在 1 至 13 这十三个数字中，除了某个数字外，其余的数字都恰好是某个孩子的年龄。而且，小明的年龄最大。

如果把每个家庭的孩子的年龄加起来，可以得到以下的结果。

家庭 A：年龄总数为 41，包括一个 12 岁的孩子。

家庭 B：年龄总数为 22，包括一个 5 岁的孩子。

家庭 C：年龄总数为 21，包括一个 4 岁的孩子。

而且，只有家庭 A 中有两个孩子只相差 1 岁。

请回答下面两个问题。

小明属于哪个家庭？每个家庭中的孩子各是多大？

402．王子和宝石

从前有一个外国使者，来觐见一位新登基的王子。由于王子年纪不大，所以使者想为难一下年轻的王子。于是他拿出了 30 颗硕大的宝石和蓝色、红色两个盒子。

然后，使者对王子说："我们来做一个游戏，在游戏开始的时候，要让你蒙上眼睛，我把这 30 颗宝石分别往这两个盒子里面放，如果我要往红盒子里放，每次只放一颗；如果我要往蓝盒子里放，就每次放两颗。我每放一次，我旁边的同伴就会拍一次手，当我放完后，你要说出有多少颗宝石在红盒子里。如果猜对的话，这些宝石就全是你的，如果猜错了，你要给我和这些宝石相等价值的宝物。可以吗？"

王子同意了。

于是使者按要求去做，王子听到 21 次拍掌。他很快就说出了红盒子里宝石的数量，结果他赢得了宝石。

请问：红盒子里放了多少颗宝石？

403．三脚架

有个摄制组带着质量非常不好的三脚架出去拍摄，由于质量问题，三脚架的每个腿只能用四次，他们一共带了八个三脚架的腿。到了目的地，摄制组接到通知，需要拍摄 10 次，该如何使用这八个腿，才能把拍摄任务顺利完成呢？

404．打扫卫生

甲、乙两个人都不愿意打扫卫生，于是甲对乙说："我们掷骰子决定吧，现在这里有两个骰子，我们每人掷一次，如果两个骰子上显示的数之和在 1～6，就算你赢；如果两个数之和在 7～12，就算是我赢。输的那个人打扫卫生，怎么样？"

乙同意了。掷完骰子，乙输了，于是他就打扫了卫生。第二天，乙发现他是上了甲的当，这种掷法不公平。

请问：为什么这种掷法是不公平的呢？两种概率差了多少？

405．年龄排列

一家有三个孩子 A、B、C，其中 A 和 B 的年龄差三岁；B 和 C 的年龄差两岁，并且 A 不是长子。那么这三个孩子年龄的排列应该是怎样的呢？

406．哪出错了

假设：$a=b$ 且 a，$b>0$

所以：$ab=bb$

$ab-aa=bb-aa$

$a(b-a)=(b+a)(b-a)$

$a=b+a$

$a=2a$

$1=2$

上面的证明过程哪里错了？

407．剪成大环形

如下图所示的四张剪纸，哪一个展开后能够形成一个大环形？（　　　　）

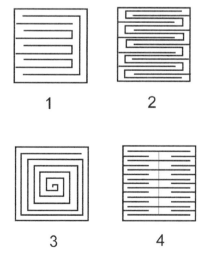

1

2

3

4

408．数字方格

如下图所示，在一个5×5的方格中，站着一些人。上面有一些数字，这些数字表示当前格的周围站着几个人。例如，"0"表示该格周围都没有人。你能运用自己的智慧，将所有的人正确地标示在方格中吗？

		2			
				0	
		2	2		1
				1	
1					

409．测验排名

一场测验，A、B、C、D、E、F、G、H八个人的名次关系如下：B、C、D三人中B最高，D最低，但不是第八名；F的名次为A、C名次的平均数；F比E高四个名次；G是第四名；A比C的名次高。那么，你可以判断他们分别是第几名吗？

410．谁是明明

在一场百米赛跑中，明明得了倒数第一名，他告诉妈妈这样的情形。

(1) 丙没有获得第一名。
(2) 戊比丁高了两个名次，但戊不是第二名。
(3) 甲不是第一名也不是最后一名。
(4) 丙比乙高了一个名次。

你能判断出在甲、乙、丙、丁和戊中谁是明明吗？

411．成绩排名

期中考试结束后，公布成绩。小明不是第一名；小王不是第一名，也不是最后一名；小芳在小明后面一名；小丽不是第二名；小刚在小丽后两名。

那么，你知道这五人的名次各是多少吗？

412．谁和谁配对

有三个男青年 A、B、C，即将与甲、乙、丙三位姑娘结婚。有好事者想知道他们谁和谁是一对，于是前去打听。

他先问 A，A 说他要娶的是甲姑娘；他又去问甲，甲说她将嫁给 C；再去问 C，

C 说他要娶的是丙。这可把这个人弄晕了，原来三个人都没有说真话。你能推测出谁和谁结成了夫妻吗？

413．体重排列

甲、乙、丙、丁四人特别注意各自的体重。一天，她们根据最近称量的结果说了以下一些话。

甲：乙比丁轻。

乙：甲比丙重。

丙：我比丁重。

丁：丙比乙重。

很有趣的是，她们说的这些话中，只有一个人说的是真实的，而这个人正是她们四个人中体重最轻的一个(四个人的体重各不相同)。

请将甲、乙、丙、丁按每个人的体重由轻到重进行排列。

414．宿舍同学

某大学中，甲、乙、丙三人住同一间宿舍，他们的女朋友 A、B、C 也都是这所学校的学生。知情人介绍说："A 的男朋友是乙的好朋友，并在三个男生中最年轻；丙的年龄比 C 的男朋友大。"依据这些信息，你能推出谁和谁是男女朋友吗？

415．她们都来自哪里

北京大学有很多来自不同国家的留学生。莉莉、娜娜和拉拉三名学生，一名是法国人，一名是日本人，一名是美国人。现已知：

(1)　莉莉不喜欢吃面条，拉拉不喜欢吃饺子。

(2)　喜欢面条的不是法国人。

(3)　喜欢饺子的是日本人。

(4)　娜娜不是美国人。

请推测出这三名留学生分别来自哪个国家。

416．六人顺序

甲、乙、丙、丁、戊、己六个人排成一排开始训练。己没有排在最后，而且他和最后一个人之间还有两个人；戊不是最后一个人；在甲的前面至少还有四个人，但他没有排在最后；丁没有排在第一位，但他前后至少都有两个人；丙没有排在最前面，也没有排在最后。

请问：他们六个人的顺序是怎么排的？

417. 教学楼楼层

甲、乙、丙、丁四个同学一起去同一幢教学楼上课。他们四人今天刚好分别上语文、英语、数学、物理四门课。而且这四门课正好分别是在同一幢教学楼的四层中同时进行的。已知：甲去了一层，语文课在四层；乙上英语课；丙去了二层；丁上的不是物理课。那么，你能判断他们分别在几层上什么课程吗？

418. 谁说得对

甲、乙、丙、丁四个人在议论一位明星的年龄。

甲说：她不会超过 25 岁。

乙说：她不超过 30 岁。

丙说：她绝对在 35 岁以上。

丁说：她的岁数在 40 岁以下。

实际上只有一个人说对了。

那么下列说法正确的是(　　)。

A. 甲说得对

B. 明星的年龄在 40 岁以上

C. 明星的年龄在 35～40 岁

D. 丁说得对

419. 谁买了果酒

有四个不同专业的同学住在一个宿舍中。这天他们一起逛街，各自买了一瓶酒。现在知道：甲是学文秘的；学管理的买了一瓶白酒；学建筑的床铺在乙的右边；乙的床铺在甲的右边；丙买了瓶葡萄酒；丁的床铺在学医学的左边；买葡萄酒的床铺在买啤酒的右边。那么，你知道是谁买了果酒吗？

420. 错误的结论

一个正方体的六个面，每个面的颜色各不相同，并且只能是红、黄、绿、蓝、黑、白这六种颜色。如果满足：

(1) 红色的对面是黑色。

(2) 蓝色和白色相邻。

(3) 黄色和蓝色相邻。

那么下面结论错误的是(　　)。

A. 红色与蓝色相邻

B. 蓝色的对面是绿色

C. 黄色与白色相邻

D. 黑色与绿色相邻

421．他们是做什么的

一次聚会上，你遇到了甲、乙和丙三个人，你想知道他们三人分别是干什么的，但三人只提供了以下信息：三人中一位是律师、一位是推销员、一位是医生；丙比医生年龄大，甲和推销员不同岁，推销员比乙年龄小。

根据上述信息可以推出的结论是(　　)。

A. 甲是律师，乙是推销员，丙是医生

B. 甲是推销员，乙是医生，丙是律师

C. 甲是医生，乙是律师，丙是推销员

D. 甲是医生，乙是推销员，丙是律师

422．老师的教学

三位老师，李老师、向老师、崔老师，他们分别担任生物、物理、英语、体育、历史和数学六科中两门课程的教学工作。我们已经知道：

(1) 物理老师和体育老师是邻居。

(2) 李老师在三人中年龄最小。

(3) 崔老师、生物老师和体育老师三个人经常一起从学校回家。

(4) 生物老师比数学老师年龄要大一些。

(5) 假日里，英语老师、数学老师与李老师喜欢一起打排球。

你知道三位老师各担任哪两门课程的教学工作吗？

423．盖房子的故事

　　一个村子里住着老乔、老李、大周三户人家，三人都有一个要结婚的儿子，于是他们就决定一起买砖盖房子。谁知道大周家里有事，只有老乔和老李两人把砖买了回来，老乔买了 3000 块砖，老李买了 5000 块砖。本来大周还想自己买，结果发现其他两家的砖完全够盖三间房子了。于是三人将房子盖好后，大周给了两家人 4000 元作为报酬。

　　老乔和老李为了这 4000 元发生了争执。老李说："我家有 5000 块砖，你家 3000 块，我应该得到八分之五，就是 2500 元。"老乔则坚持认为应该平分了这 4000 元，每家 2000 元。

　　争执不下，他们找到了村长，村长说："老乔，老李肯给你 1500 元，你应该接受。如果按公平分的话，老李应该拿 3500 元，你得 500 元。"

　　为什么会这样呢？

424．盒子里的东西

　　在桌子上放着 A、B、C、D 四个盒子。每个盒子上都有一张纸条，分别写着一句话。

　　A 盒子上写着：所有的盒子里都有水果。

　　B 盒子上写着：本盒子里有香蕉。

　　C 盒子上写着：本盒子里没有梨。

　　D 盒子上写着：有些盒子里没有水果。

　　如果这里只有一句话是真的，你能断定哪个盒子里有水果吗？

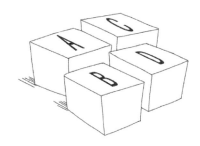

425．两兄弟

　　小姨带着她的双胞胎儿子来看望小红，两个小孩除了一个人穿红衣服、一个人穿蓝衣服外，其他都一模一样。小红看了很高兴，左瞅瞅、右瞅瞅，就问他们谁是哥哥、谁是弟弟。穿红衣服的小孩说："我是哥哥。"另一个穿蓝衣服的小孩说：

"我是弟弟。"小姨在旁边咯咯地笑："小红,他们中至少有一个在撒谎。"那么,你能帮小红判断出谁是哥哥吗?

426．几个酒徒比酒量

一群酒徒聚在一起要比酒量。先上了一瓶酒,各人平分。这酒特别厉害,一瓶喝下来,当场就倒了几个。接着再来一瓶酒,在余下的人中平分,结果又有人倒下。虽然现在能坚持的人已经很少,但总要决出胜负来。于是又来一瓶酒,还是平分。这下总算有了结果,全倒了。只听见最后倒下的酒徒中有人说道:"嘿,我正好喝了一瓶。"

你知道一共有多少个酒徒在一起比酒量吗?

427．距离最短

从 A 点到 B 点,走哪条弧线距离最短?

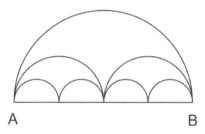

428．面积大小

请问:下图中,左边的内切圆的面积,与右边的四个内切圆的面积和,哪个更大?

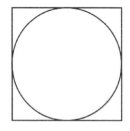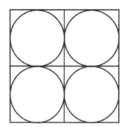

429．剔除的数字

在下面的表格里有 16 个数字,现在请你剔除掉其中 4 个,使得每行、每列的数字和都是 60。你能做到吗?

20	15	25	20
15	25	20	25
20	25	15	15
25	20	15	20

430. 最短距离

在一个圆锥形物体上的 A 点处爬着一只蚂蚁，它想从圆锥上绕一圈再回到 A 点，请问：图中给出的路线是它的最短距离吗？

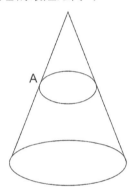

431. 阴影面积

下图中，假设长方形 ABCD 的面积为 1，E、F 分别为两边的中点，不用计算，你能确定阴影部分的面积是多少吗？

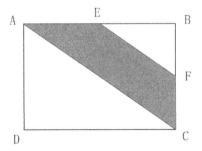

432. 内接图形

如下图所示，一个正方形内部有一个内接圆，在圆的内部再内接一个正方形。请问：大小两个正方形的面积之比是多少？

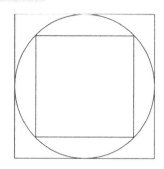

433．重叠的面积

如下图所示，这个直角三角形的直角顶点正好与正方形的中心重合，请问：当三角形绕着正方形的中心旋转的时候，重叠的面积什么时候最大？

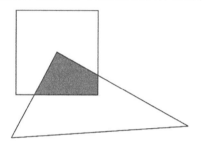

434．折叠立方体

请观察下面的图形，这个展开图可以折叠成哪一个立方体？

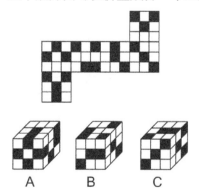

435．拉绳子

如下图所示，用力拉这根绳子的两端，请问：最后绳子会挂在中间的钉子上吗？

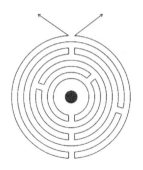

436．绳结

请看下面两个绳结图，用力拉绳子的两端，这两个结会怎么样？是结死还是打开？

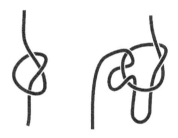

437．玻璃杯

下面是两只一样的圆锥形玻璃杯，只不过大玻璃杯比小玻璃杯高一倍。请问：一大杯饮料可以倒满多少小杯？

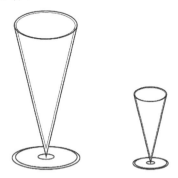

438．内接正方形

如下图所示，在一个直角三角形中，可以做出几种内接正方形？哪个正方形的面积最大？

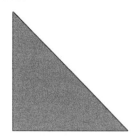

439．找圆心

下图中有一个圆，以及一块比这个圆大一些的正方形纸板，你能用最简单的办法找出这个圆的圆心吗？

440．接铁链

有六条长短不一的铁链，现在想把它们连在一起，组成一个 29 环的长链。请问：最少需要切开几个铁环？

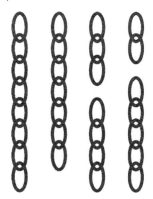

441．换牌

A、2、3、4、5 五张扑克牌按顺序摆成一排，每相邻的四张可以两两互换位置，请问：怎么用三次互换使其变成 5、4、3、2、A 的顺序？

442. 扑克占卜

　　富美子小姐用 25 张扑克占卜。她把 25 张扑克背面朝上排成一个 5×5 的方阵，然后由左上角的扑克开始翻开。如果是黑桃，就接着翻开它下面的那张牌。如果是红桃，就翻开它上面的牌。如果是方块，就翻开左边的牌。如果是梅花，就翻开右边的牌。然后重复同样的操作。最后翻过来的扑克越多，就表明越吉利。富美子小姐把所有的扑克都顺利地翻了过来，直到右下角的终点。

　　请问：除了右下角的那一张，其余的 24 张中红色的和黑色的扑克哪种更多？多了多少张？

第九章

逻辑思维

443. 美国硬币

美国货币中的硬币有 1 美分、5 美分、10 美分、25 美分、50 美分和 1 美元这几种面值。一家小店刚开始营业，三兄弟来到店里吃饭。当这三兄弟站起来付账的时候，出现了以下的情况：

(1) 连同店家在内，这四个人每人都至少有 1 枚硬币，但都不是面值为 1 美分或 1 美元的硬币。

(2) 这四人中没有一人有足够的零钱可以兑开任何 1 枚硬币。

(3) 老大要付的账单款额最大，老二要付的账单款额其次，老三要付的账单款额最小。

(4) 三兄弟无论怎样用手中所持的硬币付账，店主都无法找清零钱。

(5) 但是如果三兄弟相互之间等值调换一下手中的硬币，则每个人都可以付清自己的账单而无须找零。

(6) 当这三兄弟进行了两次等值调换以后，他们发现手中的硬币与各人自己原先所持的硬币没有一枚面值相同。

随着事情的进一步发展，又出现如下的情况：

(7) 在付清了账单以后，三兄弟其中一人又买了一些水果。本来他手中剩下的硬币足够付款的，可是店主却无法用自己所持的硬币找清零钱。

(8) 于是，他只好另外拿出 1 美元的纸币付了水果钱，这时店主不得不把他手中的全部硬币都找给了他。

现在，请你计算一下，这三兄弟中谁用 1 美元的纸币付了水果钱？

444. 长针和短针

从前有一位老钟表匠，为火车站修理一只大钟。

但是由于他年老眼花，修钟的时候不小心把长短针装反了。修完的时候是上午 6 点，他就把短针指在"6"上，长针指在"12"上，完成以后，钟表匠就回家去了。

人们看到这座钟一会儿 7 点，过了不一会儿就 8 点了，都很奇怪，立刻去找老钟表匠。

等老钟表匠赶到，已经是下午 7 点多了。他掏出怀表一对，钟准确无误，怀疑大家是有意捉弄他，一生气就回去了。

这钟还是 8 点、9 点地跑得飞快，人们只好又去找钟表匠。

这时老钟表匠已经休息了，于是决定第二天再去。等到第二天早晨到了火车站已经是早上 8 点多了，他拿出怀表一对，时间仍旧准确无误。

请你想一想，老钟表匠第一次对表的时候是 7 点零几分？第二次对表又是 8 点零几分呢？

445．倒班制度

某大学要求学生毕业前都要去公司实习。

一个寝室有三名学生，碰巧的是，他们在同一时间去了同一家公司实习。

这个公司会轮流上班和休息，具体哪天上班，哪天休假都是已经安排好的。

现在已知：

(1)　一星期中只有一天三位实习员工同时值班。

(2)　没有一位实习员工连续三天值班。

(3)　任意两位实习员工在一个星期中同一天休假的情况不超过一次。

(4)　第一位实习员工在星期日、星期二和星期四休假。

(5)　第二位实习员工在星期四和星期六休假。

(6)　第三位实习员工在星期日休假。

请问：这三位实习员工在星期几可以同时值班？

提示：先判定星期日、星期二和星期四是谁值班；然后判定在题目中没有提到的三天中分别是谁休假。

446．传递信息

电话在我们生活中应用得越来越多了，但是直到现在，在非洲的一些偏远的地区还没有普及电话。

某地区一共有六个小镇，这些小镇之间的电话线路还很不完备。现在已知：

A 镇同其他五个小镇之间都有电话线路。

B 镇、C 镇只与四个小镇有电话线路。

D、E、F 三个镇则只同三个小镇有电话线路。

而且，这些镇之间的电话线路都是直通的，也就是无法中转。

如果在 A 镇装个电话交换系统，A、B、C、D、E、F 六个小镇都可以互相通话。

但是，电话交换系统要等半年之后才能建成。在此之前，两个小镇之间必须装上直通线路才能互相通话。

另外，我们还知道 D 镇可以打电话到 F 镇。

请问：E 镇可以打电话给哪三个小镇呢？

447．动物的数量

一条巷子里住着 5 户人家，家家都爱养小动物。

每户至少有 1 只兔子、1 只猫和 1 只狗，但所养的任何一种动物都不会超过 5 只，而且没有任何两家所养动物的总数一样，就是连每一种的数量也各不相同。

其中：

(1) 李家养了 2 只兔子，动物总数名列第三。

(2) 王家养猫最多，有 5 只，罗家养了 3 只猫，狗和兔子更多。

(3) 刘家养的兔子和狗要比曾家养的兔子和王家养的狗更多。

问题：每家养的动物各有多少？

448．男女数量

一家人共有兄弟姐妹 7 人，年龄从大到小排列分别为甲、乙、丙、丁、戊、己、庚。现在知道 7 人情况如下：

(1) 甲有 3 个妹妹。

(2) 乙有 1 个哥哥。

(3) 丙是女的，她有 2 个妹妹。

(4) 丁有 2 个弟弟。

(5) 戊有 2 个姐姐。

(6) 己也是女的，但她和庚没有妹妹。

请问：这 7 个人中谁是男性谁是女性？

449．哪两人在同一组

电视台举行逻辑能力大赛，有 5 个小组进入了决赛(每组有两名成员)。决赛时，进行 4 项比赛，每项比赛各组分别出一名成员参赛，第一项比赛的参赛者是吴、孙、赵、李、王，第二项比赛的参赛者是郑、孙、吴、李、周，第三项比赛的参赛者是赵、张、吴、钱、郑，第四项比赛的参赛者是周、吴、孙、张、王，另外，刘某因故四项均未参赛。

请问：谁和谁是同一个小组的？

450．飞机绕行地球

有一种飞机，加满一箱油以后，可以绕地球飞行半圈。

现在我们想让这架飞机可以绕地球飞行整整 1 圈后安全降落在原来起飞时的

飞机场。这样我们就要在飞机飞行的途中给这架飞机加油。

我们没有专门的加油机，只有若干架一样的这种飞机。这种飞机每架只有 1 个油箱，任意两架飞机之间都可以相互加油(注意是相互)。

而且我们只有这一个机场(中途没有其他飞机场)，也就是说所有的飞机都只能从这个机场起飞，并且所有飞机必须全部安全返回这个机场，不允许在中途降落或因没油而坠机。

那么，为了使 1 架飞机可以绕地球 1 圈回到起飞时的飞机场，我们至少需要出动几架飞机？

451．房子的号码

陈婧和宇华两人是好朋友。一次，陈婧搬家到了苏州街上，这条大街上房子的编号是从 13 号到 1300 号。

宇华想知道陈婧所住的房子的号码。于是他问陈婧，但是陈婧并没有直接告诉他答案。于是，宇华做了一些猜测，然后向陈婧确认：

宇华问道：它小于 500 吗？

陈婧作了答复，但她讲了谎话。

宇华问道：它是个平方数吗？

陈婧作了答复，也没有说实话。

宇华问道：它是个立方数吗？

陈婧回答了并讲了真话。

宇华说道：如果我知道第二位数是不是 1，我就能告诉你那所房子的号码。

陈婧告诉了他第二位数是不是 1，宇华也讲了他所认为的号码。

但是，宇华说错了。

请问：陈婧住的房子是几号？

452．日期问题

一天，7个小朋友在一起讨论今天是星期几。

小红：我知道后天星期二。

小华：不对，今天是星期三。

小江：你们都错了，明天是星期二。

小波：今天既不是星期一也不是星期二，更不是星期三。

小明：我确信昨天是星期四。

小芳：不对，明天是星期四。

小美：不管怎样，昨天不是星期六。

他们之中只有一个人讲对了，是哪一个呢？今天到底是星期几？

453．合租的三家人

有三户人家合租了一个复式别墅。这三户人家都是三口之家：丈夫、妻子和孩子。他们的名字已在下表中列出来了：

丈夫	老张、老王、老李
妻子	丁香、李平、杜丽
孩子	美美(女)、丹丹(女)、壮壮(男)

现在只知道老张和李平家的孩子都参加了学校的女子篮球队训练；老王的女儿不叫丹丹；老李和杜丽不是一家的。

你能根据上面的条件说出这每家分别是哪3人吗？

454．每个人的课程

一个大学生宿舍住了5个人，这五个人要按照学校的规定去上课。学校对音乐、体育和美术课有下面的规定：每个人每周三门课最少要各上一个小时，但最多不能超过5个小时。等五个人选完课时，发现没有任何两个人选的课的课时总数是相同的，并且就连每种课的课时大家也都是各不相同。

惊讶之余，甲说：我的音乐课每周2个小时，三门课总课时数我排第三。

乙说：我的体育课时最多，一周有5个小时，丙有3个小时的体育课，不过他的音乐和美术课时更多。

丁说：我的音乐课和美术课的课时要比戊的音乐和美术课时都多。

问题：每个人分别各选了几个课时的课？

455．女子比赛结果

全国运动会举行女子 5000 米比赛，辽宁、山东、河北各派了 3 名运动员参加。比赛前，4 名体育爱好者聚在一起预测比赛结果。甲说：“辽宁队训练就是有一套，这次的前三名非她们莫属。”乙说：“今年与去年可不同了，金、银、铜牌辽宁队顶多拿 1 块。”丙说：“据我估计，山东队或者河北队会拿奖牌的。”丁说：“第一名如果不是辽宁队，就该是山东队了。”比赛结束后，发现 4 个人只有一人言中。

以下哪项最可能是该项比赛的结果？（　　）

A. 第一名辽宁队，第二名辽宁队，第三名辽宁队

B. 第一名辽宁队，第二名河北队，第三名山东队

C. 第一名山东队，第二名辽宁队，第三名河北队

D. 第一名河北队，第二名辽宁队，第三名辽宁队

456．三项全能

校运动会上，老师统计了班上 4 个人的成绩。

(1) 有优秀、良好、及格 3 个等级的评分。

(2) 有 1 人三项比赛的成绩都是优秀。

(3) 有 1 人某项比赛的成绩是优秀，某项比赛的成绩是良好，某项比赛的成绩是及格。

(4) 有 2 人两项相同比赛的成绩都是优秀。

(5) 跳远成绩中没有良好。

(6) 长江和雷雷的跳远成绩相同。

(7) 一婧的跳高成绩和雷雷的铅球成绩相同。

(8) 宇华成绩中有一项是及格。

(9) 长江的铅球成绩和宇华的跳高成绩相同。

请列出四人的成绩表。

457．担任什么职务

甲、乙、丙三人是同班同学，其中一个是班长，一个是学习委员，一个是体育委员。现在可以知道丙比体育委员年龄大，学习委员比乙年龄小，甲和学习委员不同岁。你知道他们三个人分别担任什么职务吗？

458．住在哪里

一位女士在伦敦机场，看见五位先生正在候机室里聊天，他们身旁各放着自己

的手提箱。一只箱子上面写着法国巴黎的地址，另一只上面标的是印度新德里，其余三只箱子上面的地名分别为美国的芝加哥、纽约和巴西的巴西利亚。她开始不知道他们各住何处，听了下面的对话才明白。

A 先生："我外出旅行频繁，到过北美洲多次，可未去过南美洲，下个月打算去巴黎。"

B 先生："到时我从南美洲动身与你在那儿会面，去年我到芝加哥旅行了一趟。"

C 先生："去年我到过美国芝加哥。"

D 先生："我从未到过那儿，从护照上看你们四位都来自不同的国家。"

E 先生："是啊，我们住在四大洲的 5 个地方。"

你知道他们每一个人住在哪里吗？

459．玻璃球游戏

几个男孩在一起玩玻璃球。每个人要先从盒子里拿 12 个玻璃球。盒子中绿色的玻璃球比蓝色的少，而蓝色的玻璃球又比红色的少。因此，每个人红的要拿得最多，绿的要拿得最少，并且每种颜色的玻璃球都要拿。小明先拿了 12 个玻璃球，其他的男孩子也都照着做。盒子中只有三种颜色的玻璃球，且数量也刚好够大家拿。

几个男孩子最后把球看了一下，发现拿法全都不一样，而且只有小强有 4 个蓝色球。

小明对小刚说："我的红球比你的多。"

小刚突然说："咦，我发现我们 3 个人的绿色球一样多啊！"

"嗯，是啊！"小华附和说，"咦，我怎么掉了一个球！"说着把脚边的一个绿球捡了起来。

几个男孩手里总共有 26 颗红色的玻璃球。请问这里有多少个男孩？各种颜色的球各有多少个？

460．老朋友聚会

甲、乙、丙、丁四个人上大学的时候在一个宿舍住，毕业 10 年后他们又约好回母校相聚。老朋友相见分外热情和热闹。四个人聊起来，知道了这么一些情况：只有三个人有自己的车；只有两个人有自己喜欢的工作；只有一个人有了自己的别墅；每个人至少具备一样条件；甲和乙对自己的工作条件感觉一样；乙和丙的车是同一牌子的；丙和丁中只有一个人有车。如果有一个人三种条件都具备，那么，你知道他是谁吗？

461．谁的狗

有四个孩子，他们分别叫黄黄、花花、黑黑和白白。他们每个人都养了一条狗，狗的名字也叫黄黄、花花、黑黑和白白。当然一个人绝不能与他的狗叫同一个名字，例如，叫花花的狗绝不会是花花的。

(1) 我们还知道花花的狗并不和那只叫花花的狗的主人叫同一个名字。

(2) 黄黄的狗并不和叫黑黑的狗的主人用一个名字。

(3) 黑黑的狗并不和白白的主人叫同一个名字。

(4) 白白的狗也不叫花花。

谁能说清楚哪条狗是属于哪个孩子的？

462．体育项目

三个朋友去郊区参加运动，教练让他们抽运动项目，三人抽完之后，教练不让他们看到每个人抽了什么项目，就自己拿过来看了后说："在骑马、踢球、打枪三个项目中，你们每人抽到一项，你们能猜到自己抽到什么项目吗？"

甲想了想说："我抽到的是骑马。"

乙说："丙抽到的肯定不是踢球。"

丙说："我抽到的不是打枪。"

教练说："你们刚才的猜测中只有一个人是正确的，并且你们三个人中，有两个人抽到了同一个项目。"

你能判断出这三个朋友各抽到了哪个项目吗？

463．五个儿子

一个老财主，一辈子积攒了不少钱财。他有五个儿子，在儿子成家立业之后，财主将自己所有的财产分给了五个儿子，自己仅留了少量生活所用。若干年后，突遇一个灾荒之年，可怜的父亲要面临断炊了，所以不得不求助于五个儿子。

但是，经过了这么多年，有的儿子赚了不少，也有的儿子将家财败光了。他不知道现在哪个儿子有钱，但他知道，他们兄弟之间彼此都知道底细。

下面是他们五兄弟说的话。其中有钱的说的都是假话，没钱的说的都是真话。

老大说："老三说过，我的四个兄弟中，只有一个有钱。"

老二说："老五说过，我的四个兄弟中，有两个有钱。"

老三说："老四说过，我们兄弟五个都没钱。"

老四说："老大和老二都有钱。"

老五说："老三有钱，另外老大承认过他有钱。"

你能帮助这位老父亲判断出这几个儿子中谁有钱吗？

464. 开箱子

有一个探险家在一个山洞里发现了两个箱子和一封信，信上说："这两个箱子其中之一装有满箱的珠宝，另一个中装有毒气。如果你足够聪明，按照箱子上的提示就能找到宝物。"

这时探险家看到两个箱子上都有一张纸条，第一个箱子上写着："另一个箱子上的纸条是真的，珠宝在这个箱子里。"第二个箱子上写着："另一个箱子上的话是假的，珠宝在另一个箱子里。"

请问：他应该打开哪个箱子才能获得珠宝呢？

465. 地理考试

地理考试卷上画了五大湖的图形，每个图形都编了号，要求填出其中任意两个湖名。有甲、乙、丙、丁、戊五名学生，答案如下：

甲填：3 是太湖，2 是巢湖。

乙填：4 是鄱阳湖，2 是洪泽湖。

丙填：1 是鄱阳湖，5 是洞庭湖。

丁填：4 是洞庭湖，3 是洪泽湖。

戊填：2 是太湖，5 是巢湖。

结果他们每人只对了一半。根据以上条件，下列正确的选项是（　　）。

A. 1 是鄱阳湖，2 是太湖

B. 2 是洪泽湖，3 是洞庭湖

C. 3 是太湖，4 是洞庭湖

D. 4 是巢湖，5 是洞庭湖

466．哪一天一起营业

某个地区有一家超市，一家银行，一家百货，其中有一天是一起营业的。

已知：

(1)　这三家单位一周都工作四天；

(2)　星期天都休息；

(3)　不会连续三天营业；

(4)　有人连续做了六天的观察：

第一天，百货关门。

第二天，超市关门。

第三天，银行关门。

第四天，超市关门。

第五天，百货关门。

第六天，银行关门。

请问：哪一天三家单位一起营业？

467．养金鱼

陈先生非常喜欢养金鱼，他有五个儿子，一年的春节，五个儿子回家来，分别送给陈先生一缸金鱼。巧的是每缸中都有 8 条，而且颜色分别为黄、粉、白、红。这四种颜色的金鱼的总数一样多。但是这五缸金鱼看起来却各有特色，每一缸金鱼中不同颜色的金鱼数量不都相同，而且每种颜色的金鱼至少有一条。

五个儿子送的金鱼的情况如下。

大儿子送的金鱼中，黄色的金鱼比其余三种颜色的金鱼加起来还要多。

二儿子送的金鱼中，粉色的金鱼比其余任何一种颜色的金鱼都少。

三儿子送的金鱼中，黄金鱼和白金鱼之和与粉色金鱼和红色金鱼之和相等。

四儿子送的金鱼中，白色金鱼是红色金鱼的两倍。

小儿子送的金鱼中，红色金鱼和粉色金鱼一样多。

请问：每个儿子送的金鱼中，四种颜色的金鱼各有几条？

468．大学里的孩子

一所大学的新生宿舍中住进了三名大一学生，他们分别来自不同的省份，而且他们家长的职业也各不相同。现在知道：

(1) 这三个学生分别是毛毛、医生的儿子和从四川考来的孩子；

(2) 牛牛不是公务员的儿子，壮壮也不是教师的儿子；

(3) 从山东考来的不是公务员的儿子；

(4) 从广州考来的不是牛牛；

(5) 从山东考来的不是壮壮。

根据上面的条件，说说这三个孩子分别来自哪儿，他们的家长又分别是什么职业。

469．谁是金奖

在金马奖的评奖会上，A、B、C、D、E、F、G 和 H 八个人竞争一项金奖。由一个专家小组投票，票数最多的将获金奖。

如果 A 的票数多于 B，并且 C 的票数多于 D，那么 E 将获得金奖。

如果 B 的票数多于 A，或者 F 的票数多于 G，那么 H 将获得金奖。

如果 D 的票数多于 C，那么 F 将获得金奖。

如果上述断定都是真的，并且事实上 C 的票数多于 D，并且 E 并没有获得金奖，以下哪项一定是真的？（　　　）

A．H 获金奖

B．F 的票数多于 G

C．A 的票数不比 B 多

D．B 的票数不比 F 多

470．赚了多少钱

一个商人以 50 元卖出了一辆自行车，然后又花了 40 元买了回来，这样显然他赚了 10 元钱，因为原来的自行车又回到他的手里，又多了 10 元钱。现在他把他花 40 元买来的自行车以 45 元钱又卖了出去，这样他又赚了 5 元，前后加起来一共赚了 15 元。

但是，有一个人却认为：这个人以一辆价值 50 元的自行车开始，第二次卖出以后他有了 55 元，也就是说他只赚了 5 元钱。而 50 元卖一辆车是一次纯粹的交换，表明不赚也不赔；只有当他以 40 元买进而以 45 元卖出的时候，才赚了 5 元钱。

而另外一个人却认为：当他以 50 元卖出并以 40 元买进时，他显然是赚了 10 元钱；而当他以 45 元卖出时，则是纯粹的交换，不赚也不赔。所以他赚了 10 元钱。

似乎每个人说的都有道理，那么你认为谁才是正确的呢？

471．出门踏青

有四个同事商量着周末出去踏青。甲说："乙不会去颐和园的。"乙说："丙会去圆明园。"丙说："丁是不会去玉渊潭的。"丁说："我周六早上 8 点就出门。"可是结果表明，他们中只有一个人说的是对的，不过他们中确实有人去了颐和园，有人去了圆明园，有人去了玉渊潭，而且我们知道去玉渊潭的人说的是错的。那么，谁去了玉渊潭？

472．猜数字

老师在一张纸上写了四个数字，对甲、乙、丙、丁四位同学说："你们四位是班上最聪明，最会推理、演算的学生。今天，我出一道题考考你们。我手中的纸条上写了四个数字，这四个数字是 1、2、3、4、5、6、7、8 中的任意四个。你们先猜猜各是哪四个数字。"

甲说：2、3、4、5。

乙说：1、3、4、8。

丙说：1、2、7、8。

丁说：1、4、6、7。

听了四人猜的结果后，老师说："甲和丙两同学猜对了 2 个数字，乙和丁同学只猜对了 1 个数字。"你能推导出纸条上写了哪几个数吗？

473. 猜颜色

有五个外表一样的药瓶，里边分别装有红、黄、蓝、绿、黑五色的药丸，现在由甲、乙、丙、丁、戊五个人来猜药丸的颜色。

甲说：第二瓶是蓝色，第三瓶是黑色。

乙说：第二瓶是绿色，第四瓶是红色。

丙说：第一瓶是红色，第五瓶是黄色。

丁说：第三瓶是绿色，第四瓶是黄色。

戊说：第二瓶是黑色，第五瓶是蓝色。

事实上，五个人都只猜对了一瓶，并且每人猜对的颜色都不同。请问：每瓶分别装了什么颜色的药丸？

474. 三个家庭

有三个家庭，每个家庭共有 3 名成员，参加一场游戏。这九个人中，有 3 个成年妇女 R、S、T，两个成年男人 U、V 和四个孩子 W、X、Y、Z。

已知：

(1) 同性别的成年人不是出自同一个家庭；

(2) W 与 R 不在同一个家庭；

(3) X 与 S 或 U 一家，或者同时与 S，U 一家。

问题 1：如果 R 是某家的唯一的大人，那么她家里的其他两个成员一定是(　　)。

A. W 和 X　　　　　　　B. W 和 Y　　　　　　　C. X 和 Y

D. X 和 Z　　　　　　　E. Y 和 Z

问题 2：如果 R 和 U 是其中一个家庭的两个成员，那么谁将分别是第二个家庭和第三个家庭的成员？(　　)

A. S，T，W；V，Y，Z　　　　　　B. S，W，Z；T，V，X

C. S，X，Y；T，W，Z　　　　　　D. T，V，W；S，Y，Z

E. W，X，Y；S，V，Z

问题 3：下列哪两个人与 W 在同一家庭？(　　)

A. R 和 Y　　　　　　　B. S 和 U　　　　　　　C. S 和 V

D. U 和 V　　　　　　　E. X 和 Z

问题 4：下列哪一个判断一定是对的？(　　)

A. 有一个成年妇女跟两个孩子在同一家庭

B. 有一个成年男人跟 W 同一家庭

C. R 和一个成年男人同一家庭

D. T 一家只有一个孩子

E. 有一个家庭没有孩子

问题 5：如果 T、Y 和 Z 是同一家庭，那么下列哪些人是另一家庭的成员？(　　)

A. R，S，V　　　　　　B. R，U，W　　　　　　C. S，U，W

D. S，V，W　　　　　　E. U，V，X

475. 社团成员

A、B、C、D、E、F 和 G 七名同学在大学里住在同一个宿舍，他们分别加入了学校的两个社团，围棋社和曲艺社，此外，我们还知道以下几点信息。

(1) 每个人必须在围棋社或曲艺社工作。

(2) 没有人能够既服务于围棋社又服务于曲艺社。

(3) A 不能与 B 或 E 在同一个社团工作。

(4) C不能与D在同一个社团工作。

问题1：如果C在围棋社，下列哪一条必定是正确的？（　　）

A. A在围棋社　　　　　B. B在曲艺社　　　　　C. D在曲艺社

D. F在围棋社　　　　　E. G在曲艺社

问题2：如果围棋社只有两个人，下列人员当中谁有可能是其中之一？（　　）

A. B　　　　　B. C　　　　　C. E　　　　　D. F　　　　　E. G

问题3：如果G与F或D不在同一个社团，下列哪一条是错的？（　　）

A. A与D在一起　　　　B. B与C在一起　　　　C. C与F在一起

D. D与F在一起　　　　E. E与G在一起

问题4：原先的条件再加上下列哪一条限制，可以使社团的成员分配只有一种可能？（　　）

A. A和G必须在围棋社，而C必须在曲艺社

B. E必须在围棋社，而F和G必须在曲艺社

C. B和G必须在围棋社

D. C和另外4个人必须在围棋社

E. D和其他3个人必须在曲艺社

476．销售果汁

一家饮料公司销售果汁，为了促销，他们将三瓶果汁装成一箱打包出售。已知：果汁共有葡萄、橘子、草莓、桃子、苹果5种口味，并且必须按照以下条件装箱：

(1) 每箱必须包含两种或3种不同的口味。

(2) 含有橘子果汁的箱里必定至少装有一瓶葡萄果汁。

(3) 含有葡萄果汁的箱里必定至少装有一瓶橘子果汁。

(4) 桃子果汁与苹果果汁不能装在同一箱内。

(5) 含有草莓果汁的箱里必定至少有一瓶苹果果汁，但是，含有苹果果汁的箱里不一定有草莓果汁。

问题1：下列哪一箱果汁是符合题设条件的呢？（　　）

A. 一瓶桃子果汁、一瓶草莓果汁和一瓶橘子果汁

B. 一瓶橘子果汁、一瓶草莓果汁和一瓶葡萄果汁

C. 两瓶草莓果汁和一瓶苹果果汁

D. 三瓶桃子果汁

E. 三瓶橘子果汁

问题2：除了一种情况外，下列各个装箱均符合题设条件。这种情况是（　　）。

A. 葡萄果汁和桃子果汁　　　　　　B. 桃子果汁和苹果果汁

C. 橘子果汁和桃子果汁　　　　　　D. 草莓果汁和苹果果汁

问题3：下面哪一箱加上一瓶草莓果汁后便可符合题设条件？（   ）

A. 一瓶桃子果汁和一瓶橘子果汁   B. 一瓶葡萄果汁和一瓶橘子果汁

C. 两瓶苹果果汁   D. 两瓶橘子果汁

E. 两瓶葡萄果汁

问题4：一瓶橘子果汁、一瓶桃子果汁，再加上一瓶什么果汁，便可装成一箱（   ）。

A. 葡萄果汁   B. 橘子果汁   C. 草莓果汁

D. 桃子果汁   E. 苹果果汁

问题5：一瓶橘子果汁再加上下列哪两瓶果汁即可装成一箱？（   ）

A. 一瓶橘子果汁与一瓶草莓果汁   B. 一瓶葡萄果汁与一瓶草莓果汁

C. 两瓶橘子果汁   D. 两瓶葡萄果汁

E. 两瓶草莓果汁

问题6：一箱符合条件的果汁，不能含有下列哪两瓶果汁？（   ）

A. 一瓶草莓果汁和一瓶桃子果汁   B. 一瓶葡萄果汁和一瓶橘子果汁

C. 两瓶橘子果汁   D. 两瓶葡萄果汁

E. 两瓶草莓果汁

问题7：一箱符合条件的果汁，不能含有下列两瓶什么果汁？（   ）

A. 橘子果汁   B. 葡萄果汁   C. 苹果果汁

D. 草莓果汁   E. 桃子果汁

477．成绩高低

期末考试的成绩已经出来了，在八名同学之中，他们的语文和数学成绩有以下关系：

(1) A 比 B 数学成绩差；

(2) C 比 D 语文成绩好；

(3) E 比 F 语文成绩差；

(4) F 比 G 数学成绩好；

(5) H 比 D 数学成绩好。

问题1：如果 G 比 H 数学成绩好，那么可以推出(   )。

A. F 比 D 数学成绩差   B. F 比 D 数学成绩好   C. F 比 E 数学成绩差

D. F 比 E 数学成绩好   E. C 比 F 数学成绩好

问题2：如果 D 和 F 语文成绩一样好，那么下列哪一组判断是错误的？（   ）

A. C 130 分，D 125 分   B. F 130 分，H 120 分   C. E 130 分，C 125 分

D. B 130 分，A 130 分   E. G 130 分，A 130 分

问题3：下列哪一种条件可以保证 A 与 F 数学成绩同样好？（   ）

A. D 和 B 数学成绩一样好

B. G 和 H 数学成绩一样好，D 和 B 数学成绩一样好

C. G、H、B 和 D 数学成绩一样好

D. 以上没有一条是对的

问题 4：下列哪一条推论是对的？（　　）

A. D 至少不比其中三人数学成绩差或语文成绩差

B. F 至少比其中一人数学成绩好和语文成绩好

C. 如果再加入一个人——X，他比 H 数学成绩好，比 A 数学成绩差，那么 B 比 D 数学成绩好

D. 如果附加人员 Y 比 G 数学成绩好，那么他也比 F 数学成绩好

E. 以上均为错

478．选修课程

某大学的同一个宿舍中有 I、J、K、L、M、N 和 O 七个人，他们选修了三种课程。这三种课程分别是：经济学、心理学和博弈论。为了便于分组讨论，学校要求：经济学课程一个宿舍中必须有 3 至 4 人一起选修；心理学必须有 4 人或 6 人一起选修；博弈论课程必须 2 人以上才能选修。

选修这三门课程还有以下条件限制：

(1) 每人必须参加 3 种课程中的两种。

(2) I 必须选修经济学课程。

(3) K 必须选修博弈论课程。

(4) N 必须选心理学。

(5) M 必须选修 I 选修的两种课程。

(6) O 必须选修 L 选修的两种课程。

问题 1：如果 K 和 N 选修的两种课程相同，下列哪一个判断是错误的？（　　）

A. I 选修经济学课程　　　　　　　B. N 选修经济学课程

C. K 选修博弈论课程　　　　　　　D. N 选修博弈论课程

E. K 选修心理学课程

问题 2：如果 I 和 N 选修博弈论课程，且有 4 个人选修经济学课程，除了 I 和 M 外，还有谁选修经济学课程？（　　）

A. J 和 K　　　　B. J 和 N　　　　C. K 和 N

D. K 和 O　　　　E. L 和 N

问题 3：如果 N 是唯一既选修经济学又选修心理学的人，那么下列哪个判断肯定是对的？（　　）

A. L 选修经济学课程　　　　　　　B. M 选修心理学课程

C. K 选修心理学课程　　　　　D. N 选修博弈论课程

E. I 选修博弈论课程

479．成绩排名

一个班级前七名同学的学习成绩相差不大，很难排出名次。但是，在一次期末考试中，这 7 个人 P、Q、R、S、T、U 和 V 的分数各不相同，老师给出了如下信息：

(1) V 的分数比 P 高；

(2) P 的分数比 Q 高；

(3) 或者 R 是第一名，T 最后一名；或者 S 是第一名，U 或 Q 是最后一名。

问题 1：在这次考试中，如果 V 是第五名，下列哪一条一定是对的？（　　）

A. S 是第一名　　　　B. R 是第二名　　　　C. T 是第三名

D. Q 是第四名　　　　E. U 是最后一名

问题 2：在这次考试中，如果 R 是第一名，V 最差是第几名？（　　）

A. 第二名　　　　B. 第三名　　　　C. 第四名

D. 第五名　　　　E. 第六名

问题 3：在这次考试中，如果 S 是第二名，下列哪一条有可能是对的（　　）

A. P 在 R 之前　　　　B. V 在 S 之前　　　　C. P 在 V 之前

D. T 在 Q 之前　　　　E. U 在 V 之前

问题 4：在这次考试中，如果 S 是第六名，Q 是第五名，下列哪一条有可能是对的？（　　）

A. V 是第一名或第四名　　　　　　B. R 是第二名或第三名

C. P 是第二名或第五名　　　　　　D. U 是第三名或第四名

E. T 是第四名或第五名

问题 5：在这次考试中，如果 R 是第二名，Q 是第五名，下列哪一条必定是对的？（　　）

A. S 是第三名　　　　B. P 是第三名　　　　C. V 是第四名

D. T 是第六名　　　　E. U 是第六名

480．星光大道

在歌唱比赛星光大道上采取的是淘汰制，一次比赛中，有 H、J、K、L、M、N 和 O 七位评委，针对 1 号、2 号、3 号三名选手进行表决。按比赛规定，至少有 4 位评委通过，一名选手才能晋级。每个评委都必须对这三名选手作出表决，不能弃权。

已知：

（1）H 淘汰了这三名选手；

（2）其他每位评委至少通过一名选手，也至少淘汰一名选手；

（3）J 淘汰 1 号选手；

（4）O 淘汰 2 号和 3 号选手；

（5）L 和 K 持同样态度；

（6）N 和 O 持同样态度。

问题 1：下列哪位评委一定通过了 1 号选手？（　　）

A. J 　　　　B. K 　　　　C. L 　　　　D. M 　　　　E. O

问题 2：通过了 2 号选手的最多人数是（　　）人？

A. 2 　　　　B. 3 　　　　C. 4 　　　　D. 5 　　　　E. 6

问题 3：下面的断定中，哪一个是错的？（　　）

A. J 和 K 通过了同一选手　　　B. J 和 O 通过了同一选手

C. J 一票通过，两票淘汰　　　　D. K 两票通过，一票淘汰

E. N 一票通过，两票淘汰

问题 4：如果 3 个选手中某一个选手晋级，下列哪一位评委肯定通过呢？（　　）

A. J 　　　　B. K 　　　　C. M 　　　　D. N 　　　　E. O

问题 5：如果 M 的意见跟 O 一样，那么，我们可以确定（　　）。

A. 1 号选手将晋级　　　　　　B. 1 号选手将被淘汰

C. 2 号选手将晋级　　　　　　D. 2 号选手将被淘汰

E. 3 号选手将晋级

问题 6：如果 K 通过 2 号和 3 号选手，那么，我们可以确定（　　）。

A. 1 号选手将晋级　　　　　　B. 1 号选手将被淘汰

C. 2 号选手将晋级　　　　　　D. 2 号选手将被淘汰

E. 3 号选手将晋级

481. 杂技演员

5 个成人杂技演员 M、N、O、P、Q 和 5 个儿童杂技演员 V、W、X、Y、Z，按以下规则在进行四层叠罗汉表演。

（1）第一层，即最底层有 4 个人，第二层有 3 个人，第三层有 2 个人，第四层，即最高的一层只有 1 个人。

（2）除了第一层的演员站在地上，其他人都站在下一层相邻两人肩上。

（3）任何一个杂技演员摔倒时，站在他肩上的其他两个杂技演员同时摔倒。

（4）儿童杂技演员既不能站在底层，也不能站在双肩都被其他杂技演员踩的位置上。

问题 1：如果 X 站在 V 的肩上，且 M 和 W 肩并肩地站在同一层，那么下面哪种排列可能是第二层的排列？（　　）

A. V，M，W　　　　B. V，W，M　　　　C. X，M，W

D. Y，N，Z　　　　E. Y，O，V

问题 2：如果 Q 和 W 站在 N 的肩上，这时 M 跌倒了，M 跌倒后会造成其他人的跌倒，那么不跌倒的还剩下哪些人？（　　）

A. N，O，P，Q，V 和 W　　　　B. N，O，P，V，X 和 Y

C. N，P，V，W，X 和 Y　　　　D. O，P，Q，V，X 和 Y

E. O，P，Q，W，X 和 Y

问题 3：如果 V 和 W 站在不同的层次上，且 X 和 Z 站在同一层，那么 Y 可以站在哪层？（　　）

A. 第二层　　　　　B. 第三层　　　　　C. 第四层

D. 第二层、第三层　　E. 第三层、第四层

问题 4：如果 V 和 W 站在 O 的肩上，且 M，N 和 P 站在同一层，同时 M 是 N 和 P 之间唯一的一个演员，那么下列哪一判断肯定正确？（　　）

A. 如果 M 跌倒，那么所有的 5 个儿童演员也一定跌倒

B. 如果 N 跌倒，那么肯定有 4 个儿童演员也同时跌倒

C. 如果 O 跌倒，那么肯定有 2 个儿童演员也同时跌倒

D. 如果 P 跌倒，那么肯定有 3 个儿童演员也同时跌倒

E. 如果 Q 跌倒，那么肯定有 3 个儿童演员也同时跌倒

问题 5：如果 W 站在 V 的肩上，V 站在 M 的肩上，那么下列哪一推断不可能正确？（　　）

A. N 和 V 肩并肩地站在同一层上

B. W 和 X 肩并肩地站在同一层上

C. X 和 Y 肩并肩地站在同一层上

D. M 站在 N 和 P 那一层，而且是唯一站在他们之间的杂技演员

E. M 站在 Y 和 Z 那一层，而且是唯一站在他们之间的杂技演员

问题 6：如果 W 站在 N 和 P 的肩膀上，X 站在 M 和 V 的肩膀上，那么下列哪一推断肯定正确？（　　）

A. M 站在 V 和 W 那一层，并且是唯一站在他们之间的杂技演员

B. N 站在 P 和 Q 那一层，并且是唯一站在他们之间的杂技演员

C. O 站在 P 和 Q 那一层，并且是唯一站在他们之间的杂技演员

D. Q 站在 N 和 O 那一层，并且是唯一站在他们之间的杂技演员

E. P 站在 N 和 O 那一层，并且是唯一站在他们之间的杂技演员

问题 7：如果 N 和 Y 站在 M 的肩上，Z 站在 P 和 O 的肩上，那么下列哪一对演员肯定肩并肩地站在同一层上？（　　）

A. M 和 O   B. M 和 P   C. N 和 Z

D. P 和 Q   E. W 和 X

482. 十张扑克牌

在一副扑克牌中抽出 10 张，其中 1 张 J、2 张 Q、3 张 K、4 张 A。将这 10 张牌排成一个三角形：第一排 1 张扑克牌，第二排两张扑克牌，第三排 3 张扑克牌，第四排 4 张扑克牌。它们的排列还须满足下列条件：

(1) 第四排没有 A；

(2) 每排相同内容的扑克牌不得超过两张；

(3) A 不能与 K 放在同一排。

问题 1：下列哪一种排列符合以上条件？(   )

A. 每排有 1 张 A   B. 第一、第二、第三排各有 1 张 K

C. 所有的 A 和 Q 都放在前三排   D. 所有的 A 放在第二排和第三排

E. 第三排内有两张 K

问题 2：第二排必须由下列哪几张扑克牌组成？(   )

A. 两张 A   B. 两张 K   C. 1 张 A 和 1 张 K

D. 1 张 K 和 1 张 J   E. 1 张 J 和 1 张 Q

问题 3：下列哪几张扑克牌可以组成第三排？(   )

A. 1 张 K 和两张 A   B. 1 张 K 和两张 Q   C. 1 张 Q 和两张 A

D. 1 张 Q 和两张 K

E. 1 张 J 和 1 张 A 和 1 张 Q

问题 4：在所有的排列中，两张 Q 在哪几种排列中可以排在一行内？(   )

A. 第二排   B. 第三排   C. 第四排

D. 第二排，第四排   E. 第三排，第四排

问题 5：如果所有的 A 被排在第二排和第三排，那么下列哪一判断必定是正确的？(   )

A. 在两张 A 中间夹着一张 J

B. 第一排是 1 张 K

C. 当 1 张 K 放在第四排时，1 张 Q 在同一排内毗邻于它

D. 第三排中有 1 张 J

E. 第三排中有 1 张 Q

问题 6：如果有 1 张 A 排在第三排中，那么下列哪一判断是错误的？(   )

A. 当一张 Q 放在第三排时，同排有 1 张 A 毗邻于它

B. 第三排中间那 1 张是 A

C. 第一排是 1 张 A

D. 第二排的两张扑克牌都是 A

E. 第三排中间那张是 J

问题 7：任何一种排列都肯定有下列哪种情况出现？（　　）

A.1 张 A 在第一排　　　　　　B.J 在第三排　　　　C. 有 1 张 Q 在第三排

D. 两张 Q 都放在第四排　　　E. 有两张 K 在第四排

483. 巧抓乒乓球

两个人比赛抓球，规则如下。

(1)　在桌子上放100个乒乓球，两个人轮流拿球装入自己的口袋。

(2)　每次拿球至少要拿1个，但最多不能超过5个。也就是可以拿1个、2个、3个、4个或者5个。

(3)　拿到最后一个球，即第100个乒乓球的人为胜利者。

请问：如果你是先拿球的人，第一次时你该拿几个球？以后怎么拿才能保证你能得到第100个乒乓球？

484. 打扫卫生

一间宿舍里有六名学生 A、B、C、D、E 和 F。他们约定，在一个星期中，六个人轮流打扫卫生，这样除了星期日大家一起休息外，其余每天都由一个人打扫卫生。打扫卫生的顺序按以下条件排列。

(1)　B 在星期二或者在星期六打扫卫生。

(2)　如果 A 在星期一打扫卫生，那么 C 就在星期四打扫卫生。若 A 不在星期一打扫卫生，F 也不在星期五打扫卫生。

(3)　如果 E 不在星期三打扫卫生，那么 A 在星期三打扫卫生。

(4)　如果 A 在星期四打扫卫生，那么 D 在星期五打扫卫生。

(5) 如果 B 在星期二打扫卫生，那么 E 在星期五打扫卫生。

(6) 如果 F 在星期六打扫卫生，那么 D 在星期四打扫卫生。

问题1：下列哪一个打扫卫生的顺序符合从星期一到星期六的打扫卫生条件？( )

A. D、B、A、E、C、F   B. B、A、F、C、E、D

C. F、E、B、C、D、A   D. C、B、A、D、E、F

E. A、B、D、C、E、F

问题2：如果 D 在星期六打扫卫生，那么 C 在哪一天打扫卫生？( )

A. 星期一   B. 星期二   C. 星期三

D. 星期四   E. 星期五

问题3：如果 A 在星期一打扫卫生，那么下列哪个人在星期二打扫卫生？( )

A. B   B. C   C. D   D. E   E. F

问题4：如果 B 在星期二打扫卫生，那么 F 可能在哪一天打扫卫生？( )

A. 星期一   B. 星期四   C. 星期一或星期四

D. 星期四或星期六   E. 星期一或星期四或星期六

485．两卷胶卷

在一次选举中，一家报社的摄影师交给报社两卷胶卷，其中一卷彩色胶卷，一卷黑白胶卷。这两卷胶卷拍的是关于某一个候选人的情况。

(1) 如果这个候选人在选举中获胜，那么这家报社的编辑们将用 X 卷。

(2) 如果这个候选人落选，编辑们将采用 Y 卷。

(3) Y 卷中的底片只有 X 卷的一半。

(4) X 卷是彩色片。

(5) X 卷中大部分的底片都已报废无用。

问题1：如果这家报社没有刊登候选人的彩色照片，那么下列哪个判断必定正确？( )

A. 编辑们用了 X 胶卷   B. 这个候选人在选举中没有获胜

C. Y 卷中没有一张有用的底片   D. 这个候选人在选举中获胜

E. Y 卷中大部分底片没有用

问题2：如果 Y 卷中所有的底片都有用，那么下列哪一陈述肯定正确？( )

A. Y 卷中有用的底片比 X 卷中有用的底片多

B. Y 卷中有用的底片只是 X 卷中有用的底片的一半

C. Y 卷中有用的底片比 X 卷中有用的底片少

D. Y 卷中的底片与 X 卷中的底片一样多

E. Y 卷中有用的底片是 X 卷中有用的底片的两倍

问题 3：如果这个候选人在选举中获胜，那么下列哪一陈述为真？（　　）

(1)　彩色胶卷将被采用。

(2)　如果这个候选人落选，那么这家报社所用的彩色照片与黑白照片一样多。

(3)　不采用黑白片。

A. 只有(1)是对的　　　　B. 只有(3)是对的　　　C. 只有(1)和(2)是对的

D. 只有(1)和(3)是对的　　E. 只有(2)和(3)是对的

486．出国考察

为了学习和借鉴发达国家的教育方法，某校建立了一个 5 人考察团，准备出国考察。考察团成员必须由两名老师代表、两名学生代表和 1 名校领导组成。

已知：

(1)　老师代表必须在 M、N 和 O 三人中产生；

(2)　学生代表必须在 P、R 和 S 三人中产生；

(3)　或者 J，或者 K 必须作为校领导带队；

(4)　P 不能和 S 一同选入考察团；

(5)　O 不能和 P 一同选入考察团；

(6)　除非 K 选入考察团，否则 N 就不能选入考察团。

问题 1：下列哪个名单中的人员可以一同选入考察团？（　　）

A. J，M，N，R，S　　　B. J，N，O，R，S　　　　C. K，M，N，P，R

D. K，M，N，P，S　　　E. K，N，O，P，R

问题 2：下列人员中，谁必定会被选入考察团？（　　）

A. J　　　　B. M　　　　C. N　　　　D. P　　　　E. R

问题 3：设 P 和 R 被选为学生代表。此时，X、Y、Z 三人各作了一个判断。那么，谁的判断和分析肯定正确？（　　）

X：K 被选入考察团

Y：M 和 N 被选为老师代表

Z：J 被选入考察团

A. 只有 X 对　　　　　　B. 只有 Y 对　　　　　C. 只有 Z 对

D. 只有 X 和 Y 对　　　　E. 只有 Y 和 Z 对

问题 4：如果 J 已被选入考察团，下列名单中哪四个人可同时被选入考察团？（　　）

A. M，N，P，R　　　　B. M，N，R，S　　　　C. M，O，P，R

D. M，O，R，S　　　　E. N，O，R，S

问题 5：如果 N，R 和 S 三人已被确定为考察团成员，下列哪一条关于其余两名考察团成员的判断是准确的？（　　）

A. M 和 O 是可以补齐考察团成员的两个人

B. K 和 O 是可以补齐考察团成员的两个人

C. K 和 M 是可以补齐考察团成员的两个人

D. 或者 M 和 O，或者 K 和 O 有可能补上考察团的空缺

E. 或者 K 和 M，或者 K 和 O 有可能补上考察团的空缺

问题6：如果 J 必须被选入考察团，那么下列名单中哪一个不可能入选？（　　）

A. M　　　　　B. O　　　　　C. P　　　　　D. R　　　　　E. S

487．操场上的彩旗

在操场上有 6 根旗杆，排列在同一条直线上，从左至右分别编号 1～6。现在有 5 面旗子——一个黄的、一个绿的、一个红的、一个白的、一个蓝的，需挂在这些旗杆上。一根旗杆上只能挂一面旗子，这样不管怎样安排，都会留下一个空余的旗杆。而且旗子必须按以下条件挂在旗杆上。

(1) 绿旗子必须离红旗子近离蓝旗子远。

(2) 黄旗子必须挂在紧挨着蓝旗子左边的旗杆上。

(3) 白旗子不能与蓝旗子毗邻。

(4) 红旗子不能挂在 1 号旗杆上。

问题1：下列各组从左至右的旗子安排除了一组之外，均符合以上条件，请指出不符合条件的那一组(　　)。

A. 绿旗子、红旗子、白旗子、空旗杆、黄旗子、蓝旗子

B. 绿旗子、红旗子、空旗杆、黄旗子、蓝旗子、白旗子

C. 绿旗子、白旗子、红旗子、黄旗子、蓝旗子、空旗杆

D. 白旗子、空旗杆、黄旗子、蓝旗子、红旗子、绿旗子

E. 空旗杆、绿旗子、白旗子、红旗子、黄旗子、蓝旗子

问题2：如果绿旗子必须挂在紧邻黄旗子左边的旗杆上，那么下列哪种从左至右的安排是符合条件的？(　　)

A. 红旗子、绿旗子、黄旗子、蓝旗子、空旗杆、白旗子

B. 白旗子、红旗子、空旗杆、绿旗子、黄旗子、蓝旗子

C. 空旗杆、红旗子、绿旗子、黄旗子、蓝旗子、白旗子

D. 空旗杆、白旗子、红旗子、绿旗子、黄旗子、蓝旗子

E. 空旗杆、红旗子、白旗子、绿旗子、黄旗子、蓝旗子

问题3：如果改变已知条件，使红旗子挂在 1 号旗杆上。如果只有一种可能，这种可能是(　　)。

A. 绿旗子、白旗子、黄旗子、蓝旗子

B. 绿旗子、黄旗子、蓝旗子、白旗子

C. 绿旗子、蓝旗子、黄旗子、白旗子

D. 白旗子、黄旗子、蓝旗子、绿旗子

E. 白旗子、绿旗子、黄旗子、蓝旗子

488. 乘出租车

罗伯特家与吉姆家是好朋友，两家经常一起聚餐。一次他们准备去一家离住处比较远的地方聚餐，于是一同乘出租车。这两家的家庭成员共 9 人，他们是——

罗伯特(父)、玛丽(母)，以及他们的 3 个儿子：托米、丹、威廉；吉姆(父)、埃伦(母)，以及他们的两个女儿：珍妮、苏珊。

此外，还已知：

(1) 他们打了 3 辆出租车，每辆出租车上可以坐 3 个人。

(2) 每辆出租车上至少要有 1 个父母辈的人。

(3) 每辆出租车上不能全是同 1 个家庭的成员。

问题 1：如果两个母亲(玛丽与埃伦)在同一辆出租车上，而罗伯特的 3 个儿子分别坐在不同的出租车上，下面的哪一个断定一定是正确的呢？(　　)

A. 每辆出租车上都有男也有女

B. 有一辆出租车上只有女的

C. 有一辆出租车上只有男的

D. 珍妮和苏珊两姐妹坐在同一辆出租车上

E. 罗伯特与吉姆这两个父亲坐在同一辆出租车上

问题 2：如果埃伦和苏珊乘坐同一辆出租车，下面哪一组人可以同乘另一辆出租车呢？(　　)

A. 丹、吉姆、珍妮　　　　　　　B. 丹、吉姆、威廉

C. 丹、珍妮、托米　　　　　　　D. 吉姆、珍妮、玛丽

E. 玛丽、罗伯特、托米

问题 3：如果吉姆和玛丽在同一辆出租车上，下列的 5 种情况中，只有 1 种情况是不可能存在的。到底是哪一种情况呢？(　　)

A. 丹、埃伦和苏珊同乘一辆出租车

B. 埃伦、罗伯特和托米同乘一辆出租车

C. 埃伦、苏珊和威廉同乘一辆出租车

D. 埃伦、托米和威廉同乘一辆出租车

E. 珍妮、罗伯特和苏珊同乘一辆出租车

问题 4：罗伯特家的 3 个儿子乘坐不同的出租车。对此，P、Q、R 三人作出 3 种断定：

P 断定：吉姆家的两个女儿不在同一辆出租车上；

Q 断定：吉姆和埃伦夫妻俩不在同一辆出租车上；

R 断定：罗伯特和玛丽夫妻俩不在同一辆出租车上。

问哪一种判断肯定是正确的呢？（　　）

A. 只有 P 的断定对　　　　　　　　B. 只有 Q 的断定对

C. P 和 Q 的断定对，R 的断定错　　D. P 和 R 的断定对，Q 的断定错

E. P，Q，R 的断定都对

问题5：途中，吉姆和两个男孩子下了车，准备去买点东西，而剩下的 6 个人则乘坐两辆出租车继续去餐馆。如果题设的其他已知条件不变，下面哪一组的孩子们可能直接到餐馆？（　　）

A. 丹、珍妮、苏珊　　　　　　　　B. 丹、苏珊、威廉

C. 丹、托米、威廉　　　　　　　　D. 丹、托米、苏珊

E. 苏珊、托米、威廉

489. 生病的人

已知：

(1) 一个得了 G 病的病人，会表现出发皮疹和发高烧，或者喉咙痛，或者头痛等症状，但不会同时有后两种症状；

(2) 一个得了 L 病的病人，会表现出发皮疹和发高烧等症状，但既不会喉咙痛，也不会头痛；

(3) 一个得了 T 病的病人，至少会表现出喉咙痛、头痛和其他可能产生的症状中的某种症状；

(4) 一个得了 Z 病的病人，至少会表现出头痛和其他可能产生的症状中的某种症状，但决不会发皮疹；

(5) 没有人会同时患上所列 G，L，T，Z 四种疾病之中的两种以上。

问题1：如果一个病人既喉咙痛又发烧，那么这个病人肯定（　　）。

A. 得了 Z 病　　　　B. 得的不是 G 病　　　　　C. 得的不是 L 病

D. 发了皮疹　　　　E. 头也痛

问题2：如果有一个病人，患了以上某种不发皮疹的疾病，那么他肯定（　　）。

A. 发烧　　　　　　B. 头痛　　　　　　　　　C. 喉咙痛

D. 得了 T 病　　　　E. 得了 Z 病

问题3：如果病人米勒没有喉咙痛的症状，那么他肯定（　　）。

A. 得了 L 病　　　　B. 得了 Z 病　　　　　　C. 得的不是 G 病

D. 得的不是 Z 病　　E. 得的不是 T 病

问题4：如果病人罗莎患上了以上某种疾病，但她既不发烧又不喉咙痛，那么，下列哪个判断肯定是对的？（　　）

(1) 她头痛；

(2) 她得了 Z 病；

(3) 她发了皮疹。

A. 只有(1)是对的 　　　　B. 只有(2)是对的 　　　　C. 只有(3)是对的

D. 只有(1)和(2)是对的 　　E. 只有(2)和(3)是对的

问题 5：如果病人哈里斯患了以上某种疾病，但他没有发烧，那么，他肯定会有下列哪种症状？（　　）

(1) 头痛；

(2) 发皮疹；

(3) 喉咙痛。

A. 只有(1)是对的 　　　　B. 只有(2)是对的 　　　　C. 只有(3)是对的

D. 只有(1)和(2)是对的 　　E. 只有(2)和(3)是对的

问题 6：如果某个病人患了以上某种疾病，只表现出发烧和头痛两种症状，那么，他得的肯定是（　　）。

A. G 病 　　　　　　　　B. L 病 　　　　　　　　C. T 病

D. Z 病 　　　　　　　　E. 可能是 G 病，也可能是 T 病

490．密码的学问

一种密码只由字母 K、L、M、N、O 组成。密码的字母由左至右写成。符合下列条件才能组成密码文字。这组字母是：

(1) 密码文字最短为两个字母，可以重复；

(2) K 不能为首；

(3) 如果在某一密码文字中有 L，则 L 就得出现两次以上；

(4) M 不可为最后一个字母，也不可为倒数第二个字母；

(5) 如果这个密码文字中有 K，那么一定有 N；

(6) 除非这个密码文字中有 L，否则 O 不可能是最后一个字母。

问题 1：下列哪一个字母可以放在 L、O 后面形成一个由 3 个字母组成的密码文字？（　　）

A. K 　　　　B. L 　　　　C. M 　　　　D. N 　　　　E. O

问题 2：如果某一种密码只有字母 K、L、M 可用，且每个字只能用两个字母组成，那么可组成密码文字的总数是几？（　　）

A. 1 　　　　B. 3 　　　　C. 6 　　　　D. 9 　　　　E. 12

问题 3：下列哪一组是一个密码文字？（　　）

A. KLLN 　　B. LOML 　　C. MLLO 　　D. NMKO 　　　E. ONKM

问题 4：K、L、M、N、O 五个字母能组成几个由三个相同字母组成的密码文字？（　　）

A. 1　　　　　B. 2　　　　　C. 3　　　　　D. 4　　　　　E. 5

问题5：只有一种情况除外，以下其他4种方法可以使密码文字MMLLOKN变成另一个密码文字。这种例外情况是(　　)。

A. 用N替换每个L　　　　　　　B. 用O替换第一个M

C. 用O替换N　　　　　　　　　D. 把O移至N右边

E. 把第二个M移至K的左边

问题6：下列五组字母中，有一组不是密码文字，但是只要改变字母的顺序，它也可以变成一个密码文字。这组字母是(　　)。

A. LLMNO　　　　　　B. LLLKN　　　　　　C. MKNON

D. NKLML　　　　　　E. OMMLL

问题7：下列哪一组密码能用其中的某个字母来替换这个密码中的字母X，从而组成一个符合规则的密码文字？(　　)

A. MKXNO　　　　　　B. MXKMN　　　　　　C. XMMKO

D. XMOLK　　　　　　E. XOKLLN

491．两对三胞胎

M、N、O、P、Q和R是两对三胞胎。此外，我们还知道以下条件。

(1) 同胞兄弟姐妹不能婚配。

(2) 同性不能婚配。

(3) 六人中，四人是男性，二人是女性。

(4) 没有一对三胞胎是同性兄弟或姐妹。

(5) M与P结为夫妇。

(6) N是Q的唯一的兄弟。

问题1：下列哪一对人中，谁和谁不可能是兄弟姐妹关系？(　　)

A. M和Q　　　　　　B. O和R　　　　　　C. P和Q

D. P和R　　　　　　E. R和Q

问题2：在下列何种条件下，R肯定为女性？(　　)

A. M和Q是同胞兄弟姐妹　　　　B. Q和R是同胞兄弟姐妹

C. P和Q是同胞兄弟姐妹　　　　D. O是P的小姑

E. O是P的小叔

问题3：下列哪个判断肯定错？(　　)

A. O是P的小姑　　　　B. Q是P的小姑　　　　C. N是P的小叔

D. O是P的小叔　　　　E. Q是P的小叔

问题4：如果Q和R结为夫妇，下列哪一判断肯定正确？(　　)

A. O是男的　　　　　　B. R是男的　　　　　　C. M是女的

D. N 是女的　　　　　　　　E. P 是女的

问题 5：如果 P 和 R 是兄弟关系，那么下列哪一判断肯定正确？（　　）

A. M 和 O 是同胞兄弟姐妹　　　　B. N 和 P 是同胞兄弟姐妹

C. M 是男的　　　　　　　　D. O 是女的

E. Q 是女的

492．展厅之间的通道

　　某博物馆的负责人正走进一个临时分为七个房间——R、S、T、U、X、Y 和 Z 的画展的预展厅。这个展厅只有一个入口(也是出口)，从入口大门进去之后，他们首先到达房间 R，并且只能通过 R 出入展览馆。但是，一旦在展览馆内，他们即可自由地选择从一个房间到另一个房间去。所有连接七个房间的通道是：R 和 S 之间有一条通道；R 和 T 之间有一条通道；R 和 X 之间有一条通道；S 和 T 之间有一条通道；X 和 U 之间有一条通道；X 和 Y 之间有一条通道；Y 和 Z 之间有一条通道。

　　问题 1：下面哪间房间，是博物馆负责人不可能从入口进去的第三间房间？（　　）

A. S　　　　B. T　　　　C. U　　　　D. Y　　　　E. Z

　　问题 2：如果有一条两个房间之间的通道被关掉，而所有的房间仍能让人们进去参观，那么，被关掉的通道是可以通向下列哪一间房间的？（　　）

A. S　　　　B. U　　　　C. X　　　　D. Y　　　　E. Z

　　问题 3：假如有一位参观者觉得没有必要重复走来走去，而只想参观完所有的房间后就离开，这在目前条件下当然是不可能的。那么，请问这位参观者下列哪一间房间必须进去两次？（　　）

A. U　　　　B. S　　　　C. T　　　　D. Z　　　　E. Y

　　问题 4：有人建议开出一条新的通道，然后在 Z 房间设一个出口，使参观者可以从 R 开始参观一直到 Z 结束，不重复走任何一间房间。那么新开的通道应该在哪两个房间之间？（　　）

A. R—U　　　　B. S—Z　　　　C. T—U　　　　D. U—Y　　　　E. U—Z

493．买工艺品

　　五个艺术品收藏家 S、T、U、V 和 W，去拍卖会买工艺品。此次拍卖共有 7 个工艺品，编号分别为 1～7 号。五人购买的工艺品符合以下特点。

　　(1) 没有一个工艺品可以分给多个人同时购买，没有一个买者可以买 3 个以上工艺品。

　　(2) 谁买了 2 号工艺品，就不能买其他工艺品。

(3) 没有一个买者可以既买3号工艺品，又买4号工艺品。

(4) 如果S买了1个工艺品或数个工艺品，那么U就不能买。

(5) 如果S买2号工艺品，那么T必须买4号工艺品。

(6) W必须买6号工艺品，而不能买3号工艺品。

问题1：如果S买了2号工艺品，那么谁必须买3号工艺品？（　　　）

A. S　　　　　　B. T　　　　　　C. U　　　　　　D. V　　　　　　E. W

问题2：如果S买了2号工艺品，其他三位买者各买两个工艺品，那么，三人当中没人能同时买下列哪两个工艺品？（　　　）

A. 1号工艺品和3号工艺品　　　　　B. 1号工艺品和6号工艺品

C. 1号工艺品和7号工艺品　　　　　D. 4号工艺品和5号工艺品

E. 6号工艺品和7号工艺品

问题3：如果U和V都没有买工艺品，谁一定买了3个工艺品？（　　　）

A. 只有S买了3个工艺品　　　　　B. 只有T买了3个工艺品

C. 只有W买了3个工艺品　　　　　D. S和T每人都买了3个工艺品

E. S和W每人都买了3个工艺品

494．谁养鱼

此题源于1981年柏林的德国逻辑思考学院，98%的测验者无法解答此题。

有五间房屋排成一列；所有房屋的外表颜色都不一样；所有的屋主都来自不同的国家；所有的屋主都养不同的宠物，喝不同的饮料，抽不同牌子的香烟。

(1) 英国人住在红色房屋里。

(2) 瑞典人养了一只狗。

(3) 丹麦人喝茶。

(4) 绿色的房子在白色的房子的左边。

(5) 绿色房屋的屋主喝咖啡。

(6) 吸PallMall香烟的屋主养鸟。

(7) 黄色屋主吸Dunhill香烟。

(8) 位于最中间的屋主喝牛奶。

(9) 挪威人住在第一间房屋里。

(10) 吸Blend香烟的人住在养猫人家的隔壁。

(11) 养马的屋主在吸Dunhill香烟的人家的隔壁。

(12) 吸BlueMaster香烟的屋主喝啤酒。

(13) 德国人吸Prince香烟。

(14) 挪威人住在蓝色房子隔壁。

(15) 只喝开水的人住在吸 Blend 香烟的人的隔壁。

请问：谁养鱼？

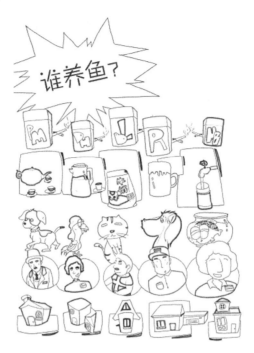

495．左邻右舍

张先生、李太太和陈小姐三人住在一幢公寓的同一层上。一人的房间居中，另外两人分别在两旁。

(1)　他们每人都只养了一只宠物：不是狗就是猫；每人都只喝一种饮料：不是茶就是咖啡；每人都有一种体育爱好：不是网球就是篮球。

(2)　张先生住在打网球者的隔壁。

(3)　李太太住在养狗者的隔壁。

(4)　陈小姐住在喝茶者的隔壁。

(5)　没有一个打篮球者喝茶。

(6)　至少有一个养猫者打篮球。

(7)　至少有一个喝咖啡者住在一个养狗者的隔壁。

(8)　任何两人的相同嗜好不超过一种。

请问：谁的房间居中？

提示：判定哪些嗜好组合可以符合这三人的情况，然后判定哪一个组合与住在中间的人相符合。

496．读书的顺序

甲、乙、丙、丁、戊5人在同一所学校上学，他们都非常喜欢读书，尤其是小说。

每有一本新书，他们都会相互交换着阅读。

一次，他们5人每人买了一本小说，约定读完之后相互交换。

这5本书的厚度和他们的阅读速度都差不多，因此5人能在相同的时间交换图书。

经过数次交换之后，这5个人每人都读完了这5本书。

现在已知：

(1) 甲最后读的书是乙读的第二本书；

(2) 丙最后读的书是乙读的第四本书；

(3) 丙读的第二本书甲在一开始就读了；

(4) 丁最后读的书是丙读的第三本书；

(5) 乙读的第四本书是戊读的第三本书；

(6) 丁第三次读的书是丙一开始读的那一本。

根据以上情况，如果以甲读书的顺序为1、2、3、4、5，推出其他4人的读书次序。

497．名字与职业

张三、李四、王五、赵二、孙六在上大学是住在同一个宿舍，大家关系很好。他们毕业以后，分别当上了老板、理发师、医生、教师和公司职员(名字和职业不是相互对应的)。

现在知道：

(1) 老板不是王五，也不是赵二；

(2) 教师不是赵二，也不是张三；

(3) 王五和孙六住在同一栋公寓，对面是公司职员的家；

(4) 李四、王五和理发师经常一起出去旅游；

(5) 张三和王五有空时，就和医生、老板一起打牌；

(6) 而且，每隔十天，赵二和孙六一定要到理发店修个脸；

(7) 但是，公司职员则一向自己刮胡子，从来不到理发店去。

问题：请将这五个人的名字和职业对应起来。

498．夏日的午后

夏日的午后，一家四口人分别在做不同的事情。他们当中有一个人在乘凉，一个人在洗澡，一个人在打电话，还有一个人在看书。

(1) 爸爸没有在乘凉，也没有在看书。
(2) 妈妈没有在打电话，也没有在乘凉。
(3) 如果爸爸没有在打电话，那么弟弟没有在乘凉。
(4) 姐姐既没有在看书，也没有在乘凉。
(5) 弟弟没有在看书，也没有在打电话。

请问：他们各自在做什么呢？

499．喝酒与疾病

以前有几项研究表明，喝酒会增加患心脑血管疾病的风险。而一项最新的、更为可靠的研究得出的结论是：喝酒与心脑血管疾病的发病率无关。估计这项研究成果公布以后，可以放心喝酒的人将会大大增加。

上述推论基于以下哪项假设？（　　）

A. 尽管有些人知道喝酒会增加患心脑血管疾病的可能性，却照样大喝特喝
B. 人们从来也不相信喝酒会更容易患心脑血管疾病的说法
C. 现在许多人喝酒是因为他们没有听说过喝酒会导致心脑血管疾病的说法
D. 现在许多人不敢喝酒完全是因为他们相信喝酒会诱发心脑血管疾病

500．争论

小王、小李、小张准备去爬山。天气预报说，今天可能下雨。围绕天气预报，三个人争论起来。

小王："今天可能下雨，那并不排斥今天也可能不下雨，我们还是去爬山吧。"
小李："今天可能下雨，那就表明今天要下雨，我们还是不去爬山了吧。"
小张："今天可能下雨，只是表明今天不下雨不具有必然性，去不去爬山由你们决定。"

对天气预报的理解，三个人中（　　）。

A. 小王和小张正确，小李不正确
B. 小王正确，小李和小张不正确
C. 小李正确，小王和小张不正确
D. 小张正确，小王和小李不正确
E. 小李和小张正确，小王不正确

答　案

1. 因为每两个人相差的数量相等，第一个与第十个、第二个与第九个、第三个与第八个、第四个与第七个、第五个与第六个，每两个兄弟分到银子的数量的和都是 20 两，而第八个兄弟分到 6 两，这样可求出第三个兄弟分到银子的数量为 20−6=14(两)。而从第三个兄弟到第八个兄弟中间有 5 个两人的差。

由此便可求出每两人相差的银子为(14−6)÷5=1.6(两)。

2. 七桥问题(Seven Bridges Problem)是一个著名的古典数学问题。

欧拉用点表示岛和陆地，两点之间的连线表示连接它们的桥，将河流、小岛和桥简化为一个网络，把七桥问题化成判断连通网络能否一笔画的问题。他不仅解决了此问题，且给出了连通网络可一笔画的充要条件：它们是连通的，且奇顶点(通过此点弧的条数是奇数)的个数为 0 或 2。七桥所形成的图形中，没有一点含有偶数条弧，因此上述的任务无法完成。

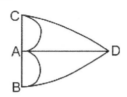

欧拉的这个方法非常重要，也非常巧妙，它正表明了数学家处理实际问题的独特之处——把一个实际问题抽象成合适的"数学模型"。这种研究方法就是"数学模型方法"。这并不需要运用多么深奥的理论，但想到这一点，却是解决难题的关键。

欧拉通过对七桥问题的研究，不仅圆满地回答了哥尼斯堡居民提出的问题，而且得到并证明了更为广泛的有关一笔画的三条结论，人们通常称之为欧拉定理。对于一个连通图，通常把从某节点出发一笔画成所经过的路线叫作欧拉路。

人们又通常把一笔画成回到出发点的欧拉路叫作欧拉回路。具有欧拉回路的图叫作欧拉图。

1736 年，欧拉在交给彼得堡科学院的《哥尼斯堡 7 座桥》的论文报告中，阐述了他的解题方法。他的巧解，为后来的数学新分支——拓扑学的建立奠定了基础。

3. 这列高铁准点驶入北京站的时间是第二天的 2:48。

首先，时针和分针都指在分针的刻度线上，让我们仔细看看钟(手表也一样)的结构：每个小时之间有四个分针刻度，在相邻两个分针刻度线之间对时针来说要走 12 分钟，这说明这个时间必定是 n 点 $12m$ 分，其中，n 是 0 到 11 的整数，m 是 0 到 4 的整数，即分针指向 $12m$ 分，时针指向 $5n+m$ 分的位置。又已知分针与时针的间隔是 13 分或者 26 分，要么 $12m-(5n+m)=13$ 或 26，要么 $(5n+m)+(60-12m)=13$ 或 26，即要么 $11m-5n=13$ 或 26，要么 $60-11m+5n=13$ 或 26。这是一个看起来不可解的方程。但由于 n 和 m 只能是一定范围内的整数，就能找出解来(重要的是，不要找出一组解便止步，否则此类题是做不出来的)。

张教授便是以此思路找出了所有三组解(若不细心便会在只找到两组解后就宣称此题无解)。

已知：$m=0$、1、2、3、4；$n=0$、1、2、3、4、5、6、7、8、9、10、11。

由于只有固定的取值范围，不难找到以下三组解：(1)$n=2$，$m=4$；(2)$n=4$，$m=3$；(3)$n=7$，$m=2$。

即这样三个时间：(1)2:48；(2)4:36；(3)7:24。

面对这三个可能的答案，张教授当然得问一问乘务员了。乘务员的回答却巧妙地暗设了机关：

正面回答本来应该是 4 点前或是 4 点后。但若答案是 4 点后，乘务员的变通回答便不对了，因为这时张教授还是无法确定是 4:36 还是 7:24。而乘务员的变通回答却昭示道：若正面回答，便能确定答案。这意味着正面回答只能是 4 点以前。

即正点到站的时间是 2:48。

4. 只需要算一算抽完第 39 根香烟后要等多久才能抽第 40 根香烟，即可知道。要等的时间为：536870912 秒=149130.8 小时=6213.8 天，超过 17 年了。

能在这么长的时间不抽烟，想不戒怕不成吧！

5. 有三种不同的项链。不同的项链可以由两颗绿色珠子之间的红色珠子的数目来表示：0 个、1 个或 2 个(3 个和 2 个是一样的)。

6. 很简单，在原方阵各格中的数字上都加上 1，就行了。

3	10	5
8	6	4
7	2	9

7. 由上面三层苹果个数的规律可以推知，第一层至第五层的苹果个数分别为：1、3、6、10、15。每一层比上一层多出的苹果个数与其层数相等。所以，一共需要 35 个苹果。

8. 1、3、9、27、81 砝码是可以放在天平左右两个托盘里的，等号左边代表被称物，右边代表砝码：

1=1

2=3-1

3=3

4=3+1

5=9-3-1

6=9-3

7=9-3+1

8=9-1

9=9

10=9+1

11=9+3-1

......

120 克的重量之内都可以表示出来。

9. 冰雹数列(数字的循环出现就像在旋风中翻滚的冰雹颗粒)到现在为止还没有一个一般性的答案。但是从 1 到 26 这些数字的测试来看，发现它们都很快地陷入此循环。

如果从 7 开始，你会得到：

7、22、11、34、17、52、26、13、40、20、10、5、16、8、4、2、1、4······数字 27 的变化则有些奇特：

在第 77 步时它增加到 9232，然后才开始减少，在第 111 步时开始 1—4—2—1—4—2 的循环。

从 1 到 1 兆的数字都被测试过，最后它们都呈现如此的循环，但是这仍然证明不了任何一个数都具备这一性质。

10. 这是因为表把 1~31 的数，变成以 2^n 表示。

例如：$11=2^0+2^1+2^3=1+2+8$。

将一个数由十进制改成二进制，将含有 $2^0(=1)$ 的项放在 A 表；

含有 $2^1(=2)$ 的项放在 B 表；

含有 $2^2(=4)$ 的项放在 C 表；

含有 $2^3(=8)$ 的项放在 D 表；

含有 $2^4(=16)$ 的项放在 E 表。

这样就造出此表。

也就是说，A 表代表 1，B 表代表 2，C 表代表 4，D 表代表 8，E 表代表 16。

如果你想的数在 A、C、E 中都有，只要把 A、C、E 代表的数字 1、4、16 相加即可，也就是 21。

11. 一周是 7 天，200 天中有 28 周零 4 天。今天是星期二，那么 196 天后应该是星期二，再往后 4 天，就是星期六。

12. 单数运动员出列时，教练要下 5 次令，最后才会只剩下 1 个人。此人在下 5 次令之前排序为 2，在下 4 次令之前排序为 4，在下 3 次令之前排序为 8，在下 2 次令之前排序为 16，在下 1 次令之前排序为 32，即 32 号运动员。

双数运动员出列时，很简单是 1 号运动员。所以前者是 32 号运动员，后者是 1 号运动员。

13. 各有 9 个。镜子中照出的物体是和原物体左右相反的，而阿拉伯数字中，除了 0 以外，只有 1 和 8 左右相反后仍可以表示数字。因此，苹果和梨的个数的乘积一定是 81，而它们的和是 18，可知苹果和梨一定是各有 9 个。

14. 47。这同样是一个有名的数列，叫鲁卡斯数列，是仿斐波纳契数列，从第三个数字开始，每个数都等于它前面两个数之和。最神奇的是任意取两个相邻的数，然后用大数去除以小数，得到的结果是一个接近"黄金比例"1.618……的数，而且越到后面越接近。

15. 5。将上一行数列去掉最大和最小数，然后反向排列得下一列。其实无论第一行的数如何排列，因为要去掉最大和最小的数，最后肯定剩下中间数：5。

16. 至少 62 人及格。

第 1 题做错：20 人

第 2 题做错：28 人

第 3 题做错：16 人

第 4 题做错：12 人

第 5 题做错：44 人

因第 4 题做错而不及格最多 12 人(人最少)，要不及格至少还要做错另外两道，另外两道做错分配为：

(1) 先取错得最多的第 5 题，44-12=32 最多(第 1 题做错 20，第 2 题做错 28，第 3 题做错 16)。

(2) 余下的一道错题的 12 人次在 1、2、3 中选，要均匀，第 2 题做错选 8 人次(第 1 题做错 20，第 2 题做错 20，第 3 题做错 16)，剩下 4 人次，选 2 人次第 1 题，选 2 人次第 2 题，结果剩下：第 1 题做错 18，第 2 题做错 18，第 3 题做错 16。

同上方法：因第 3 题做错而不及格最多 16 人(人最少)，先取错得最多的第 5 题剩 32-16=16，再取第 1 题做错 8(剩 10)，第 2 题做错 8(剩 10)。结果剩下：第 1 题做错 10，第 2 题做错 10，第 5 题做错 16。

同上方法：因第 1 题做错而不及格最多 10 人(人最少)，先取错得最多的第 5 题剩 16-10=6，再取第 2 题做错 10 结果剩下：第 5 题做错 6。所以最后最多不及格人数为 12+16+10=38(人)，即至少及格人数 100-38=62(人)。

还有一种解法：

假设做对一题得 20 分，满分为 100 分，60 分为及格。

由题意得出 100 人的总分为：(80+72+84+88+56)×20=7600。

7600 分给 100 个人要使不及格人数最多的分配方案：

先每人分得 40 分，消耗了 40×100=4000(分)，还余下 3600 分要集中分配给尽可能少的人。

因为有 56 个人可能得 100 分，则给这 56 人补足 100 分，还余下 3600-56×60=240(分)，可以分给 6 个人每人 40 分，这样这 100 人中，56 人得 100，6 个人得 80，其余 38 人得 40，即至少有 56+6=62(人)及格。

17. 规律就是：从第二列开始，表示上一列某个数字的个数。

例如：第一列只有 1，第二列则为 1，1 表明第一列是 1 个 1；

而第三列的 2，1 则表示第二列为 2 个 1；

第四列的 1，2，1，1 表示第三列为 1 个 2，1 个 1。

依此类推。

这样我们根据这个规律就可以推理出：

第八列为：1，1，1，3，2，1，3，2，1，1

第九列为：3，1，1，3，1，2，1，1，1，3，1，2，2，1

至于什么时候可以出现 4 这个数字，答案是永远也不会出现 4。

如果出现 4，说明上一行有 4 个相同的数字，这是不可能出现的。

例如：如果出现 1，1，1，1 代表的是 1 个 1，接着还是 1 个 1，这样的话，当然会表示为 2，1 了。

18. 简单地说结论就是：任意一个多位数，正着写和倒着写的差值结果中各个数位数字相加一定是 9 的倍数。

根据这个结论就可以确定偷走的数字是什么了。

当你偷走一个数字，报出其余数字之和时(仍然以前面说过的 16 举例)，我们会这样想：9 的所有倍数中大于 16 而又最接近 16 的是多少？当然是 18……那偷走的数字就一定是 18-16=2。

19. 先把 2 与 15 相乘，3 与 10 相乘，这样原算式就变成了 30^3=27000。

20. 小明从东站到西站，每隔 3 分钟会遇到一辆从西站到东站的车。也就是说，从小明遇到一辆从西站到东站的车，到他遇到第二辆从西站到东站的车这段时间是 3 分钟，自己乘坐的车也开了 3 分钟，所以两辆车的发车间隔就是 3+3=6(分钟)。

21. A：有 5 个面，9 条棱，6 个顶点。

B：有 6 个面，12 条棱，8 个顶点。

C：有 7 个面，13 条棱，8 个顶点。

D：有 7 个面，15 条棱，10 个顶点。

22. 白色皮子 20 块。每块黑色皮子都与 5 块白色皮子相连，而每块白色皮子又都与三块黑色皮子相连，所以白色皮子数为 5×12÷3=20(块)。

23. 它的规律是 4N+2。因此，下一个图形中白色地砖会用到 4×4+2=18(块)。

24. 想得到 6 个切点，需要 4 个圆。

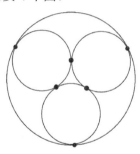

想得到 9 个切点，则需要 6 个圆。

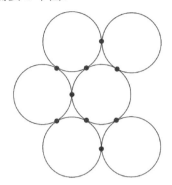

25. 选择④。其他都是既轴对称又中心对称，只有④只是中心对称。

26. 共有 12 种连法，如下图所示。

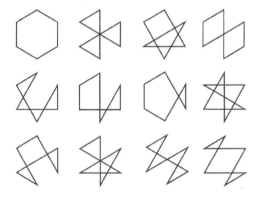

27. 移动方法如下图所示。

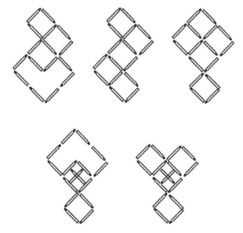

28. 1×1 的正方有 2 个，2×2 的正方形有 5 个，3×3 的正方形有 2 个，所以含有星星的正方形一共有 9 个。

29.

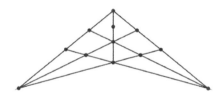

30. 先把白纸的一个角沿 45° 折起来，然后如 A 图所示，画出三条边，然后打开折叠的纸片，这样在白纸上只剩下两条平行的直线了。继续画剩下的线条，就可以笔不离纸画出这个图形了。

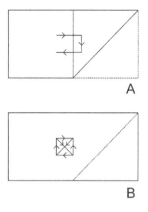

31. 至少需要 5 张。

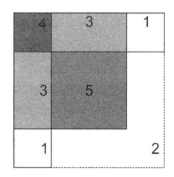

32. 这是把 1～9 九个数字放在一个"井"字形的框中，每一个数字的边框形状，所以 6 应该是下图的形状。

6

33. 这张图里的 3 种图案排列，是从右上角开始向下数的一个由外到里形成逆时针旋涡状循环，所以问号处应该是瓶子。

34. 根据(2)和(3)，经过反复试验，可以发现，只有四对硬币组能满足这样的要求：一对中的两组硬币各为 4 枚，总价值相等，但彼此间没有一枚硬币面值相同。

各对中每组硬币的总价值分别为：40 美分、80 美分、125 美分和 130 美分。具体情况如下(S 代表 1 美元，H 代表 50 美分，Q 代表 25 美分，D 代表 10 美分，N 代表 5 美分的硬币)：

DDDDDDDHQQQHDDDS

QNNNQNQQNDDSQNHH

根据(1)和(4)，可以看出，只有 30 美分和 100 美分能够分别从两对硬币组中付出而不用找零。但是，在标价单中没有 100。因此，圈出的款额必定是 30。

35. 每一次往外拿出来两个球后，甲盒里的白球只有两种结果。

① 少两个。

② 一个不少。

甲盒里的黑球也只有两种结果。

① 少一个。

② 多一个。

根据以上可得知：如果一开始甲盒中的白球数量为单数，那么最后一个白球是永远拿不出去的，最后两球一黑一白的概率为 100%。

如果白球为双数，那么白球就会剩两个或一个不剩，最后两球一黑一白的概率为 0%。

36. 先数出 30 张牌后还剩 24 张，假设接下来数出的三列牌第一张分别是 a、b、c，则三列分别有(11-a)、(11-b)、(11-c)张牌，三列一共有 33-(a+b+c)张，剩下 24-(33-(a+b+c))=(a+b+c)-9 张牌。因此，数(a+b+c)张牌后必然是开始记住的第九张。

37. 9 应该是红桃。所有的红桃牌都是能一笔写完的，黑桃的牌则不行。

38.

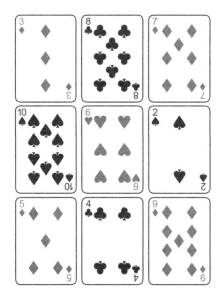

39. 黑桃 5。每一竖排的牌加起来都等于 9。而花色的变化顺序是 DBACEGIHF 的蛇形顺序。

40. 黑桃 10。

每一竖列扑克牌上的点数之和均为 20，每行的四张牌花色各异。

41. 方块 9。

每行中红色的扑克牌的点数减去黑色扑克牌的点数，即为右边红桃的点数。并且，每一行中均包括有四种花色。

42. 黑桃 7，这张牌上下颠倒了。因为每一行三张牌的朝上黑桃数目减去朝下黑桃数目都是 3。

43. 小陈的分类标准是：表面符号中心对称的放上边一组，不对称的放下边一组。梅花 5 是不对称的，所以放下边一组。

44. 方块 8。

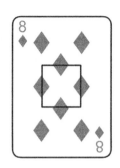

45. 这个问题其实很简单，关键点在于不计狗转弯的时间而且速度恒定。也就是说，只要计算出小狗跑这段路程一共所需要的时间就可以了，这段时间正好是 50 分钟，那么小狗跑了 10 公里。

46. 根据(2)，老大有 3 枚 25 美分的硬币。因此，根据(1)，他持有的硬币是下列三种情况之一(Q 代表 25 美分，D 代表 10 美分，N 代表 5 美分)：

QQQDDN，QQQDNNN，或 QQQNNNNN。

于是，根据(1)，每个人的硬币枚数只可能是 6 枚、7 枚或者 8 枚。反复试验表明，用只包括两枚 25 美分硬币的 6 枚硬币组成 1 美元，和用只包括一枚 25 美分硬币的 8 枚硬币组成 1 美元都是不可能的。因此，每人身上都带有 7 枚硬币。各种不同的组合如下(H 代表 50 美分)：

六枚硬币	七枚硬币	八枚硬币
QQQDDN	QQQDNNN	QQQNNNNN
QQ?????	QQDDDDD	QQDDDDNN
QHDNNN	QHNNNNN	Q???????
HDDDDD	HDDDDNN	HDDDNNNN

然后根据(3)，每份账单的款额(以美分为单位)是以下各数之一：5，10，15，20，25，30，35，40，45，50，55，60，65，70，75，80，85，90，95，100。依次假定每份账单的款额为上列各数，我们发现：除了款额为 5、15、85 或 95 美分之外，四人都能不用找零。如果款额为 5、15、85 或 95 美分，唯独是有两枚 25 美分硬币的老二需要找零。因此，老二需要找零。

47. 在以下各表中，A 代表甲，B 代表乙，C 代表丙，D 代表丁，G 代表研究生学历，W 代表至少两年的工作经验，V 代表会用 Office 软件，R 代表有符合要求的证书，X 代表满足要求，O 代表不满足要求。

根据(4)和(5)可以得到下面的结果。

	A	B	C	D
G				
W				
V		X	X	
R				X

接着，根据(2)和(3)，得到下列填好了一部分的四张表。

Ⅰ

	A	B	C	D
G	X	X		
W			X	X
V		X	X	
R				X

Ⅱ

	A	B	C	D
G	X	X		
W			O	O
V		X	X	
R				X

Ⅲ

	A	B	C	D
G	O	O		
W			X	X
V		X	X	
R				X

IV

	A	B	C	D
G	O	O		
W			O	O
V		X	X	
R				X

在表Ⅳ中，没人能同时满足 G 和 W 这两项要求，所以根据(1)，把表Ⅳ排除。

根据(1)，可在表Ⅰ、Ⅱ和Ⅲ中填上一些 O，从而得到：

Ⅰ

	A	B	C	D
G	X	X	O	
W		O	X	X
V	O	X	X	O
R			O	X

Ⅱ

	A	B	C	D
G	X	X	O	
W			O	O
V	O	X	X	
R				X

Ⅲ

	A	B	C	D
G	O	O		
W		O	X	X
V		X	X	O
R			O	X

还是根据(1)，在表Ⅰ、Ⅱ和Ⅲ中，都可以各填上一个 X，其余的位置填 O，从而得到：

Ⅰ

	A	B	C	D
G	X	X	O	O
W	X	O	X	X
V	O	X	X	O
R	O	X	O	X

II

	A	B	C	D
G	X	X	O	O
W	O	X	O	O
V	O	X	X	O
R	O	X	O	X

III

	A	B	C	D
G	O	O	X	
W		O	X	X
V		X	X	O
R			O	X

根据(1)，由于在表III中没人能同时满足 G 和 V 这两项要求，所以把表III排除。

I

	A	B	C	D
G	X	X	O	O
W	X	O	X	X
V	O	X	X	O
R	O	X	O	X

II

	A	B	C	D
G	X	X	O	O
W	O	X	O	O
V	O	X	X	O
R	O	X	O	X

至此，已可看出，只有乙能比其他三人满足更多的要求，所以被雇用的是乙。

48. 甲的话和丁的话是矛盾关系，这样的两个命题，必然一真一假，所以不正确的一定在甲和丁之间。又因为只有一句是不正确的，这就意味着乙和丙都是正确的。丙参加了，这就意味着丁(我们班所有同学都没有参加)是不正确的，而且乙也参加了。

49. 小刘、小陈、小李三个人的年龄分别是 23、25、22。

主要抓住小刘和小李说的话，他们的话中有两处明显的矛盾。

如此便可依次判断出他们的年龄了。

50. 小明跑 400 米所用的时间是 400÷3(秒)，在这段时间里，哥哥可以跑 400÷3×4=1600÷3(米)，所以哥哥要退后 1600÷3-400=400÷3(米)。

51. 首先看(1)和(5)，德国人是医生，而 D 没有学过医，所以可以排除 D 是德国人。

根据条件(3)C 比德国人大，可以确定 C 也不是德国人，那么德国人不是 A 就是 B。

而题目中表明，B 是法官，德国人是医生，那么德国人就只能是 A 了。

同时，根据第二个条件，也可以排除 C 是美国人，因为美国人年纪最小，不可能比别人大。

B 是法官，而美国人是警察，也可以排除美国人是 B 的可能性。

这样，美国人就只能在 A 和 D 中选择。

A 已经确定为德国人，那么 D 就是美国人了。

B 是英国人的朋友，那么也可以排除 B 是英国人。

A 是德国人，D 是美国人，而且又肯定 B 不是英国人，那么，C 就只能是英国人了。

所以，我们可以推理出来：C 是英国人。

52. 第一队遇见第二队时，第一队已经吃掉了 1 天的粮食，所剩下的只够第一队自己吃 4 天；但第二队加入之后只能吃 3 天，也就是说第二队在 3 天里吃的粮食等于第一队 9 个人一天吃的粮食，所以第二队有 3 个人。

53. 15 艘。

因为横渡 1 次的时间为 7 天 7 夜，并且每天中午都会有 1 艘船从乙岸起航，所以，某一时刻在海上的从乙岸起航的船有 7 艘。从甲岸驶出的这艘船，在中午开出时，就会遇见进港的 1 艘来自乙岸的船，而这时，还在海上的从乙岸起航的船一共有 7 艘，当船在海上航行 7 天 7 夜时会有 7 艘船从乙岸起航，这些船都会被遇到。所以，一共有 1+7+7=15(艘)船会被遇见。

54. 由条件(1)可知 a 对面可能是 A、C、D，但条件(3)说 D 右边的人是位女士，所以不可能是 D，因此，由条件(1)可知，那个位置是 B。

现在就剩下 A 和 C 了，已知只有一对被隔开，假如是 A 的话(自然地 A 夫妇肯定被隔开了)，那么 B 右边就是 b，而 b 和 c 之间只有一个位置，不论放谁都会产生第二对被隔开的，与只有一对被隔开矛盾，所以就知道只能是 C。

现在知道了 3 个位置上的人：a 对面是 C，C 右边是 B。

下面就用 c 去坐各个位置，看和提供的条件是否产生矛盾就可以了。

假设 C 与 c 不被隔开，则 c 在 C 的左边，由条件(2)得知：D 坐在 a 的左边。

由条件(3)可知，a 坐在 A 先生左边第二位置上的女士的对面，也就是 A 坐在

D 的左边。但是 A 左边第二个位置上坐的是已知的 C，不是一位女士，所以与假设矛盾。

因此，被隔开的就只能是 C 夫妇了。

其他情况也可以用这个方法推出。

55. 所有扑克牌的情况如下：

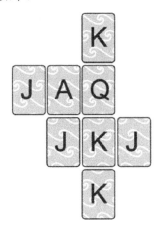

56. 一半油的重量为 3.5-2=1.5(千克)，所以油重为 2×1.5=3(千克)，瓶子为 3.5-3=0.5(千克)。

57. 设在开始时买了 x 个鸡蛋，添了两个后变成 $x+2$ 个；

开始时每个鸡蛋的价格是 12÷x 元；

后来每个鸡蛋的价格是 12÷($x+2$)元；

所以每个鸡蛋便宜了 12÷x-12÷ ($x+2$)元；

因为这样一来，每打(12 个)鸡蛋的价钱就比当初的要价降低了 1 元。

也就是说：[12÷x-12÷($x+2$)]×12=1

解得：x=16

所以开始时我买了 16 个鸡蛋。

58. 30 个。

设原有李子数为 x，则可得如下公式。

第一次取走的李子数为：x÷2+1

第二次取走的李子数为：[x-(x÷2+1)] ÷2+1

第三次取走的李子数为：{x-(x÷2+1)-[x-(x÷2+1)] ÷2+1}÷2+3

因为三次取完之后，篮子里没有剩余了，也就是说把三个算式加起来应该正好等于 x，这样就组成了一个方程。

解得：x=30

所以篮中原有 30 个李子。

59. 原来金宝箱里有 40 件珠宝，银宝箱里有 30 件珠宝。

算法如下：

首先，我们设在金宝箱中原来有 x 件珠宝，在银宝箱中原来有 y 件珠宝。

根据题意，我们可以得到下面两个式子：

$x-25\%x-5=25\%x+5+10$

$y-20\%y-4=2\times(20\%y+4)$

把这两个式子组成方程组，很容易就能得出答案。

解得：$x=40$；$y=30$

即原来金宝箱里有 40 件珠宝，银宝箱里有 30 件珠宝。

60. 这是一个等比数列问题，又叫"盈不足术"。

第一日，大、小鼠各打 1 尺，共计 2 尺；第二日，大鼠打 2 尺，小鼠打 0.5 尺，共计 2.5 尺，差 0.5 尺；第三日，大鼠打 4 尺，小鼠打 0.25 尺，共计 4.25 尺，多 3.75 尺。二日不足，三日则盈，需用 0.5÷4.25=0.12(日)，所以共用 2.12 日。大鼠打 1+2+4×0.12=3.48(尺)；小鼠打 1+0.5+0.25×0.12=1.53(尺)。

61. 条件这么多，一下子满足所有的条件很困难，我们把条件归类，逐条去满足。

首先，根据(1)、(2)、(5)三个条件，可以列举出四个加数互不相同，且最大加数不超过 7，总和为 17 的所有情况。

1+3+6+7=17

1+4+5+7=17

2+3+5+7=17

2+4+5+6=17

其次，再根据(3)、(4)两个条件不难看出，每人四发子弹的环数分别如下。

甲：1，3，6，7

乙：2，3，5，7

丙：2，4，5，6

从上面分析可以看出，甲与丙的相同环数为 6。

另外，还有一个简单的方法：

分别用甲 1、甲 2、甲 3、甲 4 来表示甲四发子弹的环数。假设甲 1、甲 2 和乙 1、乙 2 相同，乙 3、乙 4 和丙 1、丙 2 相同。所以甲 3、甲 4、乙 1、乙 2、乙 3、乙 4、丙 3、丙 4，这 8 个数除了重复的那个数外，应该是从 1 到 7。而这 8 个数的和是 17+17=34。所以重复的应该是 34-(1+2+3+4+5+6+7)=6。

62. "A 声称 B 否认 C 说 D 说谎了" = "A 声称 B 认为 C 说 D 说真话"

这个条件有以下的几种可能。

D 真 C 真 B 真 A 真，概率 1/81；

D 真 C 假 B 假 A 真，概率 4/81；

D 真 C 假 B 真 A 假，概率 4/81；

D 真 C 真 B 假 A 假，概率 4/81；

D 假 C 假 B 真 A 真，概率 4/81；

D 假 C 真 B 假 A 真，概率 4/81；

D 假 C 真 B 真 A 假，概率 4/81；

D 假 C 假 B 假 A 假，概率 16/81。

这样，D 说了真话的概率是：

(1+4+4+4)÷(1+4+4+4+4+4+16)=13/41。

63. 可以确定的顺序是 D、C、x、x、B。

因为 D 挨着 E，而 E 和 A 又隔一个按钮，所以只能 E 在 D 的后面，而第一个不确定的 x 处为 A，第二个不确定的 x 处，只能是 F 了。

因此，六个按钮上面的标号是：D、E、C、A、F、B。

64. 3 胜 1 败。

5 个班级胜的场数和败的场数应该是一样的，前 4 个班胜了 7 场，败了 9 场。也就是说五班胜的场数应该比败的场数多 2 场。又因为每个班都要比赛 4 场，所以成绩应该是 3 胜 1 败。

65. 一样多。第二次取出的那勺水，因为它和第一勺体积相等，都设为 a。假设这勺混合液中酒精所占体积为 b，那么倒入第一瓶酒精的水的体积为 $a-b$。第一次倒入水的酒精为 a，第二次舀出 b 体积酒精，则水里还剩 $a-b$ 体积酒精。所以酒精瓶里的水和水瓶里的酒精一样多。

66. 这是个集合问题。

40+31-46=25 人都做对。

40-25=15 人只做对 A。

31-25=6 人只做对 B。

67. 这段对话发生在上午 9:36。

设现在的时间为 x，则根据题中已知条件可以列出如下方程：$x÷4+(24-x)÷2=x$。解得：$x=48/5$，也就是上午 9 点 36 分。注意：从文中时间的叙述可以看出他们的对话发生在上午。如果不考虑这一点，也可以设想时间是在下午，那么，下午 7:12 同样是一个正确的答案。

68. 选 C。首先看(3)，由于有三种牌共 20 张，如果其中有两种总数超过了 19，也就是达到了 20 张，那么另外一种牌就不存在了，这是与题干相矛盾的，由此可见(3)的说法正确，这样可以排除选项 A；(1)的论述不正确，可以举例来说明，假设三种牌的张数分别是 6、6、8，就推翻了(1)的假设，所以(1)不正确，这样 B、D 都可以排除了。

69. 因为 4 个人共得到 10 朵玫瑰花，如果：

乙+丙=5 的话，丁+甲=5；

乙+丙≠5 的话，丁+甲≠5。

所以，甲和丙或者都说了实话，或者都撒了谎。

假设她们都说了实话，甲≠2，丙≠2。由于丙的发言是真实的，丁≠3。

假设乙的话是真的(乙≠2)，由于丙+丁=5，可得乙+甲=5，丁的话是假的，所以丁=2。因此，丙=3，甲的话就变成假的了。

因此，乙的话是假的，乙=2。由于乙+甲≠4。所以丁的话是假的，丁=2。

由于甲的话是真的，所以丙=3。那么，丙+丁=5，就成了乙有2朵花却又说了真话，这是自相矛盾的。

由此推知，前面的假设是不成立的。

她们都撒了谎，即甲=2，丙=2。由丙的发言(假的)可知，丁≠3。

所以，乙的发言是假的，乙=2，剩下的丁就是4。

她们各自得到的玫瑰花数量具体如下。

甲：2朵。

乙：2朵。

丙：2朵。

丁：4朵。

70. 10元2斤的苹果每斤价格是5元，10元3斤的苹果每斤价格是3.33元，它们的平均价格是4.16元，而不是店主想的4元，所以他少卖了10元。

71. 三个女儿的年龄加起来等于13，有以下几种可能。

女儿一	女儿二	女儿三	年龄的积
1	1	11	11
1	2	10	20
1	3	9	27
1	4	8	32
1	5	7	35
1	6	6	36
2	2	9	36
2	3	8	48
2	4	7	56
2	5	6	60
3	3	7	63
3	4	6	72
3	5	5	75
4	4	5	80

下属已知道经理的年龄，但仍不能确定经理三个女儿的年龄，所以经理只能是

36 岁。

三个女儿的年龄分别为 1、6、6 或 2、2、9。又因为经理说只有一个女儿在托儿所，所以只能是 1、6、6 了。

72. 显而易见，阿基里斯当然会超过乌龟，这是我们的常识。

但是从逻辑上讲，这个问题的错误在于：人们把阿基里斯追赶乌龟的路程任意地分割成无穷多段，而且认为，要走完这无穷多段路程，就非要无限长的时间不可。

其实并不是这样，因为这被分割的无限多段路程，加起来还是那个常数而已。要确定具体的超越点也是很容易的。

设乌龟跑了 s 千米后可以被追上，此时阿基里斯跑了 $s+12$ 千米。

则 $(s+12)/s=12/1$

解得 $s=12/11$ 千米。

这些哲学谜题在我国古代也有，例如"一尺之棰，日取其半，万世不竭"，是讲一根棍棒，每天用掉一半，那么永远也用不完。但是我们要注意物质和空间是不同的，空间的无限分割更复杂。根据当代物理学原理，物质的无限分割有两方面，一方面是宏观物质不能无限分割，分割到分子或者原子的时候，物质就不能保持自身了。但是从物质起源看，到目前仍然不了解物质无限分割的界限，这是物理学上有关物质结构的问题。

73. 第四架天平平衡。

设球体的重量=A，锥体的重量=B，长方体的重量=C，正方体的重量=D

由图中情况可得：

$2A+3B=D$	①
$C=4B+A$	②
$D+A=3B+C$	③

①+②得：

$2A+3B+C=A+4B+D$

即 $A+C=B+D$	④

③+④得：

$2A+C+D=4B+C+D$

即 $A=2B$	⑤

④+⑤得：

$2A+C=3B+D$	⑥

由⑥可知第四架天平平衡。

74. 这个问题看似很麻烦毫无头绪，其实只要列出方程来计算，还是很简单的。

首先，我们设舅舅今年 x 岁，妈妈 y 岁。

"你妈妈现在的年龄是我过去某一年的年龄的两倍"，在这一年，舅舅的年龄：$y\div2$ 岁，妈妈的年龄：$y-(x-y\div2)=3y\div2-x$ 岁。

"在过去的那一年，你妈妈的年龄又是将来某一年我的年龄的一半"，在这个时刻，舅舅的年龄：$3y-2x$ 岁。

"你妈妈过去当她的年龄是我的年龄三倍时"，这时：

妈妈的年龄是$(3y-2x)÷3=y-2x÷3$ 岁；

舅舅的年龄是$(y-2x÷3)÷3=y÷3-2x÷9$ 岁；

因为是同一年，所以有等式：

$x-(y÷3-2x÷9)=y-(y-2x÷3)$

化简为：$5x=3y$

因为 $x+y=48$，

解得 $x=18$。

所以舅舅现在的年龄是 18 岁。

75. 甲会的是汉语和日语；

乙会的是法语和汉语；

丙会的是英语和法语；

丁只会汉语。

因为甲与丙、丙与丁不能直接交谈，又因为有一种语言四人中有三人都会，那么就应该是甲、乙、丁三人都会某一种语言。

因为丁不会日语，所以日语应该不是三人都会的语言。

甲会日语，但是没有人既会日语又会法语，那么甲不会法语，所以法语也不应该是三人都会的。

乙不会英语，英语也不应该是三人都会的。

那就只能是甲、乙、丙三人都会汉语。

根据条件可知，甲会的是汉语和日语，丁会汉语。

甲和丙不能直接交流，那么丙会的就是英语和法语。

乙可以和丙直接交流，乙不会英语，那乙就应该会法语。

所以，乙会的就是法语和汉语。

76. (1) 有 8 人只买了猪肉。

(2) 有 2 人三样都买了。

(3) 一共有 35 个顾客。

(4) 有 10 人只买了两样。

(5) 有 11 人买了鸡肉。

77. (1)薯片(2)牛奶(3)饼干(4)苹果(5)果汁(6)面包(7)蛋糕。

78. 看上去好像是第一种方案更好一些，其实只要你仔细计算一下就会发现，方案二更有利。

我们不妨对比一下：

年　份	方　案　一	方　案　二
第一年	20000	10000+10125=20125
第二年	20500	10250+10375=20625
第三年	21000	10500+10625=21125
第四年	21500	10750+10875=21625

79. 每个小朋友从开始行动到相聚需要走 600 厘米，所以需要的时间为 20 秒。

80. 设六张扑克的前五张组合成的五位数是 a，第六张扑克是 b，则组合出来的六位数是 10a+b，并且满足(10a+b)×4=a+100000b。将此式简化后得到 a=2564b。因为 a 是五位数，所以 b 最小是 4，最大是 9。将 b 的可能取值一个个代入并去掉含有数字 0 的取值(因为扑克牌里没有 0)，即可得到另一个满足题设的六位数：179487×4=717948。

81. 不管是哪种灯，都只有一个大灯，所以两种大灯一共有 16 个。而由小灯用掉 66 个可以算出，第一种灯有 10 个，第二种灯有 6 个。

82. 先让两艘游艇都装满燃料，同时向一个方向航行，行到 40 公里处的时候，把一艘游艇上剩余的燃料的一半(也就是 40 公里所用的燃料)交给另一艘游艇，然后，自己用剩余的燃料返回码头。另一艘游艇继续航行 120 公里直到没油。刚才回到码头的游艇装满油后，从相反方向去接另一艘游艇，在 40 公里处遇到，把游艇上剩余的燃料的一半(也就是 40 公里所用的燃料)交给另一艘游艇，然后两艘游艇同时返回码头即可。

83. 因为 4 号是星期六，所以这个月中，5 号、12 号、19 号、26 号这四天都是星期日。又因为在接下来的四个星期中每个星期都出差一次，所以得到的补助应该是这四个数分别加上星期数。也就是说，他这个月可以领到的出差补助为：4+5+12+19+26+3+4+5+5=83(元)。

84. 我们观察甲和乙的成绩，他们只有 3、5、9 三题答案不同，而得分差了 10 分。说明这三题中，甲做对了 2 道，乙做对了 1 道，而剩下的 7 道题中，甲、乙有同一道题做错了。再看甲和丁，他们的 3、5、9 三题答案完全相同，而丁只得了 20 分，说明丁做对的 2 道题目都在 3、5、9 中，即其余 7 道题都是错的。从而可以确定这 7 道题的正确答案分别是：

题号	1	2	3	4	5	6	7	8	9	10
正确答案	√	×	未知	√	未知	×	√	×	未知	√

再看丙，2、4、6、8 四题都对了，也就是说，其余的题都是错的，从而可以确定 3、5、9 的答案。

题号	1	2	3	4	5	6	7	8	9	10
正确答案	√	×	×	√	√	×	√	×	×	√

85. 设两列火车分别为甲和乙。

(1) 两列火车先停下来。甲车分出 20 节车厢，然后甲车头带着 20 节车厢驶入岔道。

(2) 乙车驶过岔道，与甲车剩余的 20 节车厢相连。

(3) 甲车退出岔道，驶向岔道右侧。

(4) 乙车断开 40 节车厢，并与甲车头所带的 20 节车厢相连，驶向岔道右侧。

(5) 乙车头带着甲车剩余的 20 节车厢倒退驶入岔道。

(6) 乙车头将甲车剩余的 20 节车厢留在岔道，连上岔道右侧乙车自己的 40 节车厢。

(7) 甲车将乙车的 40 节车厢断开，乙车头将自己的 40 节车厢带走，驶向岔道左侧。

(8) 甲车头带着自己的 20 节车厢退入岔道，连上岔道内停留的 20 节车厢，驶向右侧。

这样，两列火车就可以继续前进了。

86. 因为三角形 CDE 与三角形 BAE 相似，所以 CD：AB=DE：AE

即 1.8：AB=2：5

AB=4.5 米

所以这盏灯离地面有 4.5 米。

87. 滑轮转动一周，传送带上的物体运动的距离为滑轮的周长，即 20π 厘米。

88. 需要 10 步: (1) 把奶导入 E 中; (2) 油导入 D 中; (3) 酒导入 B 中; (4) 水导入 A 中; (5) 奶导入 C 中; (6) 油导入 E 中; (7) 酒导入 D 中; (8) 水导入 B 中; (9) 奶导入 A 中; (10) 油导入 C 中。

89. 需要搬动 17 次。搬动的次序为: (1) 钢琴; (2) 书架; (3) 酒柜; (4) 钢琴; (5) 办公桌; (6) 床; (7) 钢琴; (8) 酒柜; (9) 书架; (10) 办公桌; (11) 酒柜; (12) 钢琴; (13) 床; (14) 酒柜; (15) 办公桌; (16) 书架; (17) 钢琴。

90. 因为 AB：BC：CD=2：1：4，所以可以推出 BC：AC：BD=1：3：5。又因为它们的面积差为 48，而正三角形的面积比等于边长比的平方，所以可以求出两个三角形的面积分别为 27、75。从而得出阴影部分的面积为 75×1/25=3。

91. 天平平衡时两边的力与力臂的乘积应相等，因此可以得到:

18×3=? ×9

所以问号处的物体应该为 6。

92. 程菲是体操运动员；张宁是羽毛球运动员；刘国梁为乒乓球运动员；孙鹏为网球运动员。

因为刘国梁在张宁对面，所以在孙鹏对面的只能是程菲，这样，程菲就是体操运动员。因为刘国梁在张宁对面，同时刘国梁右边是女的，所以程菲就在刘国梁右边。程菲就在刘国梁右边，张宁在刘国梁对面，所以张宁在程菲右边，题目中"羽毛球运动员在程菲右边"，张宁就是羽毛球运动员。程菲就在刘国梁右边，张宁在程菲右边，那肯定孙鹏在张宁右面，刘国梁就在孙鹏右面。而"乒乓球运动员在网球运动员右边"，所以刘国梁为乒乓球运动员，孙鹏为网球运动员。

93.(1)　三男四女；

(2)　小明称呼他们为爷爷、奶奶、爸爸、妈妈、姐姐、妹妹。

94. 这道逻辑思维题看似复杂，如果我们能够借鉴数学中解方程的方法，进行假设来解决问题，就会很轻松地得到答案。

因为预言家是 4 个徒弟中的 1 个，也就是说这个人可能是 A、B、C 或者 D。

设：B 的预言是正确的。如果 B 的预言是正确的，那么 C 将成为预言家。这样，C 的预言也是正确的。结果就将有两个预言家。这是不符合题设条件的。因此，B 的预言是错的，他没有当上预言家。

因为 B 的预言是错的，所以 C 后来也没有成为预言家。C 的预言也是错的。C 曾经预言："D 不会成为建筑师。"既然这个预言是错的，那么 D 日后将成为建筑师，而不是预言家。

排除了 B、C、D，就推出预言家一定是 A。

这时，只剩下武士和医生两个职业了，因为 A 的预言是正确的，所以 B 不能成为武士，只能是医生了。

这样，4 个人的职业分别就是：A 成为预言家；B 成为医生；C 成为武士；D 成为建筑师。

95. 四份分别是 6、12、3、27。

设最后都为 x，则第一份为 $x-3$，第二份为 $x+3$，第三份为 $x/3$，第四份为 $3x$，总和为 48，求得 $x=9$。这样就可以知道原来每一份各是多少了。

96. 最少有 0 位，如下表所示，1 表示符合条件，0 表示不符合。

	1	2	3	4	5	6	7	8	9	10
北京人	1	1	1	1	1	1	0	0	0	0
20 岁以上	1	1	1	0	0	0	1	1	1	1
北大毕业	1	0	0	1	1	1	1	1	1	1
男性	0	1	1	1	1	1	1	1	1	1

由此表可见，没有人同时符合这四个要求。

97.7 个人的观点如下：小红：一月；小华：三月；小刘：二月；小童：四月；小明：五月；小芳：四月到十二月；小美：除了十一月外的其他月。

综上所述，除了十一月外，都不止一个人说到，所以，现在是十一月，小芳说得对。

98. 根据(3)、(4)可知，下午下雨的日子比上午下雨的日子多一天，而且上午或下午下雨的情况有 7 次，所以上午下雨 3 次，下午下雨 4 次。

所以红红一共住了 4+5=9(天)。

99. 是乙。如果是甲、丁、戊三人中的一个人的话，那么乙和丙就都猜对了，与题目矛盾。如果是丙的话，那么甲和乙的话就是正确的。如果是乙的话，只有丙说的话是正确的。

100. 四人的滞留时间之和是 20 天。

根据(1)得知，时间最长的是丁，有 6 天，根据(2)和(3)来看，丁虽然入住时间最长，也是从 2 日住到 7 日。

假设乙和丙分别滞留了 4 天以下，因为丁是 6 天以下，甲若是 6 天以上，就不是最短的，所以乙和丙都是 5 天。

根据(3)可知，丙是从 1 日住到 5 日。如果乙是从 3 日入住的话，7 日离开，那就与丁重合了，所以乙是从 4 日住到 8 日。剩下的甲就是从 3 日到 6 日(滞留了 4 天)。

因此，甲是 3 日入住 6 日离开的；乙是 4 日入住 8 日离开的；丙是 1 日入住 5 日离开的；丁是 2 日入住 7 日离开的。

101. 不能。由(1)知，标有日期的信——用粉色纸写的；由(2)知，小王写的信——以"亲爱的"开头；由(3)知，不是小赵写的信——不用黑墨水；由(3)知，收藏的信——不能看到；由(5)知，只有一页信纸的信——标明了日期；由(6)知，不是用黑墨水写的信——做标记；由(7)知，用粉色纸写的信——收藏；由(8)知，做标记的信——只有一页信纸；由(9)知，小赵的信——不以"亲爱的"开头。

综上所知：小王写的信——不是小赵写的信——不是用黑墨水——做了标记——只有一页信纸——标明了日期——用粉色写的——收藏起来——小李不能看到。所以，小李不能看到小王写的信。

102. 副经理姓张。

过程：

由条件(1)老陈住在天津，和条件(6)与副经理同姓的人住在北京，可知：副经理不姓陈。

由条件(5)副经理的邻居的工龄是副经理的 3 倍，和条件(2)老张有 20 年工龄，因为 20 不是 3 的倍数，所以副经理的邻居不是老张，而是老孙。

回到条件(6)与副经理同姓的人住在北京，而老孙是副经理的邻居，再由条件(3)可知，老孙住在北京和天津之间。

因此，由条件(1)和以上结论可知，老张住在北京。

再结合条件(6)可得出结论，副经理姓张。

103. 答案为：菲利普是歌手；罗伯特是大学生；鲁道夫是战士。

分析：因为根据条件(2)，可以知道菲利普不是大学生，而根据(3)也可以知道鲁道夫不是大学生，所以罗伯特是大学生。而根据(1)，罗伯特的年龄比战士的大，条件(2)中，罗伯特比菲利普的年龄小，那么，鲁道夫就应该是战士。因此，菲利普是歌手。

104. 赵和孙属于相同年龄档，李和周不属于相同年龄档，三位是"80后"，两位是"90后"。所以赵和孙是"80后"。

钱和周的职业相同，孙和李的职业不同，两位在学校工作，其他三位在工厂工作。所以钱和周在工厂工作。因此，在学校工作的"90后"只有小李一人了。所以小王的同乡是小李。

105. 根据(3)和(5)，如果小明数学满分，那他英语也满分。根据(5)，如果小明物理满分，那他英语也满分。根据(1)和(2)，如果小明既不物理满分也不数学满分，那他也是英语满分。因此，无论哪一种情况，小明总是英语满分。

根据(4)，如果小刚语文满分，那他也英语满分。根据(5)，如果小刚物理满分，那他也英语满分。根据(1)和(2)，如果小刚既不物理满分，也不数学满分，那他也是英语满分。因此，无论哪一种情况，小刚总是英语满分。

于是，根据(1)，小华英语没有满分。再根据(4)，小华语文也没有满分。从而根据(1)和(2)，小华既数学满分又物理满分。

再根据(1)，小明和小刚语文都满分。于是(2)和(3)，小明数学没有满分。从而根据(1)，小刚数学满分。最后，根据(1)和(2)，小明应该物理满分，而小刚物理没有得到满分。

106. 从(1)、(2)和(3)中说的话入手：

(1)中说 B 是我父亲的兄弟，(2)中说 E 是我的岳母，(3)说 C 是我女婿的兄弟。说明 B 和 C 是兄弟关系，B 是 E 的女婿。那么(2)是 B 说的，(3)是 E 说的。(4)中说 A 是我兄弟的妻子。

B 已经说过话，说明第(4)句是 C 说的，A 是 B 的妻子。那么关系很明确了：

岳母 E，女儿 A，女婿 B，女婿兄弟 C。

(1)中说 B 是我父亲的兄弟，说明(1)是 C 的子女说的，女婿兄弟的子女是 D。所以本题选 B。

107. 老四和老六是兄弟。

解题过程：

设兄弟俩所买艺术品的件数和为 N，单价为 x。

则姐妹所买的艺术品的件数为 1+2+3+4+5+6-N=21-N，姐妹所买艺术品的单价为 2x。

因为 6 个人一共花了 1000 元钱，我们可以列出方程：

2x(21-N)+Nx=1000

解得：

$42-N=1000/x$

因为 N 为两兄弟所买件数，所以取值范围一定是在 3～11。42-N 的取值范围为 31～39。

x 为兄弟所买单品价格，所以 1000/x 是个整数或者 2 位以内的有限小数。

这样，只有 42-N=32 时，1000/x 才符合条件。

此时 N=10。

而 1、2、3、4、5、6 六个数字中，和能等于 10 的只有 4+6，也就是说，老四和老六是兄弟俩。

108. 假设乙说了实话，那么 D 是丙的弟弟。丁说只有 D 的哥哥也就是丙说了实话，与假设矛盾，所以乙说的不是实话。

假设丙说了实话，那么也就是说，丙是 D 的哥哥，这就与乙说的相同，也出现了两句实话。

假设甲说了实话，那么甲是 D 的哥哥。其他人说的都是假话，所以丁的弟弟就是 C，丙的弟弟不是 D，也不是 C，只能是 A 或 B；而甲说，乙的弟弟不是 A，那么只能是 B，所以丙的弟弟就是 A 了。

因此得出：甲和 D，乙和 B，丙和 A，丁和 C 是亲兄弟。

109. 假设是赵风或者孙海寄的，那么(2)、(3)、(6)都是错的，所以不可能是赵和孙。

因此可以知道，(1)肯定是错的，(3)和(5)有一个是错的，而只有两句是错的，那么(2)和(4)肯定是对的。所以这个人就是王强了。

110. 四件小商品的单价分别为 1 元、1.50 元、2 元、2.25 元。

由题意可知，另外三件商品的价格和为 5.75 元，积为 6.75 元。而在价格中，最多只有两位小数。所以只有两种可能：

(1) 只有一个价格是小数，其他的价格都是奇数。

此时小数一定是 a.75 的形式，另外两个奇数只能在 1、3、5 中选，但无论怎么组合都达不到和为 5.75，积为 6.75 的结果，可以排除。

(2) 两个价格是小数，一个形如 a.25，一个形如 b.5，另一个为偶数。

因为和为 5.75，所以偶数只有 2 和 4。

如果偶数是 4，无法得到乘积为 6.75 的结果，可以排除；如果偶数是 2，那么可以得出另外两个数为 1.5 和 2.25。

因此，四件小商品的单价分别为 1 元、1.50 元、2 元、2.25 元。

111. 甲和乙考了满分的都是数学，丙考了满分的是语文。

112. 是 B 的名字。

很明显，因为 A 说是 C 的名字，C 说不是自己的名字，这两个判断是矛盾的。所以 A 与 C 两人之中必定有一个人是正确的，一个是错误的。

因为如果 A 正确的话，那么 B 也是正确的，与老师说的"只有一人猜对了"矛盾。

所以 A 必是错误的。

这样，只有 C 是正确的。不是 C 的名字。

因为老师说"只有一人猜对了"，那么说明其他三个判断都是错误的。

我们来看 B 的判断，B 说不是他的名字，而 B 的判断又是错的，那么他的相反判断就是正确的，即是 B 的名字。

所以老师手上写的是 B 的名字。

113. 李四说的是真的。

证明：如果张三说的是真的，那么李四说的是假的，如果王五说的是真的，那么张三说的是假的，矛盾。

如果李四说的是真的，那么王五说的是假的，于是张三李四中至少有一个说的是真的，若张三说的是真的，那么李四说的就是假的，矛盾；若张三说的是假的，那么李四说的是真的，成立。

如果王五说的是真的，那么张三李四说的都是假的，由张三说的是假的，可知李四说的是真的，矛盾。

所以李四说的是真的。

114. 如果 F 排在 E 后面的话，那顺序就是 CEBFA，这样剩下的条件(4)和条件(5)无法同时满足，所以 F 肯定是在 E 的前面。

这样 BCEF 四个人的顺序是 CF(FC)EB，因为 E 不是第五个，所以 A 和 D 不能都在 E 前面，两人也不能都在 B 的后面，所以顺序是 CF(FC)AEBD(DEBA)，无论哪种组合，第四位都是 E。

115. 假设小猴子的话是假的，那么小猴子摘的桃少于大猴子，大猴子就只有 1 个，这是矛盾的。

所以，小猴子的话是真的，小猴子摘的桃子大于或者等于大猴子摘的桃子，大猴子摘的桃不可能是 1 个。

假设中猴子的话是假的，中猴子摘的桃少于小猴子，小猴子是 2 个，所以中猴子就是 1 个。

那么，大猴子的话就成了假的，而且必须是大猴子摘的桃少于中猴子，这与上面的假设矛盾。

所以，中猴子的话是真的，中猴子摘的桃子数大于或者等于小猴子摘的桃子数，小猴子摘的桃子不可能是 2 个。

根据上面的假设可知，可能性有以下几种：

(1) 大猴子 2 个、小猴子 3 个、中猴子 3 个。

(2) 大猴子 3 个、小猴子 3 个、中猴子 3 个。

在(2)的情况下，大猴子和中猴子是同样的，但是，大猴子又撒了谎，这是不可能的。

所以，(1)是正确答案。

即大猴子摘到 2 个桃子、小猴子摘到 3 个桃子、中猴子摘到 3 个桃子。

116. 假设这 5 枚一样面值的硬币是 1 分的，那么剩下的 7 枚硬币的和就应该是 3 角 1 分。

$x+y=7$

$2x+5y=31$

没有整数解。

假设这 5 枚一样的硬币是 2 分的，那么剩下的 7 枚硬币的和应该是 2 角 6 分。

$x+y=7$

$x+5y=26$

也没有整数解。

假设这 5 枚一样的硬币是 5 分的，那么剩下的 7 枚的和应该是 1 角 1 分。

$x+y=7$

$x+2y=11$

解得，

$x=3$，$y=4$。

满足条件。

所以这 5 枚硬币一定是 5 分的。

117. 先看丙说的三句话：假设这三句话全部为真话，则丙没有兄弟姐妹，又有一个儿子，这样他说的话应该真假交替，矛盾。

假设这三句话全部为假话，则丙有兄弟姐妹，这样他不可能全部说假话，矛盾。

假设第一句是假话，第二句是真话，则丙既有兄弟姐妹又有儿子，应该全部说真话，矛盾。

所以丙说的三句话只能是第一句真话、第二句假话、第三句真话。同理可知丁说的三句话也是第一句真话、第二句假话、第三句真话。如此由丙的第三句话知道甲有一个儿子，由丁的第三句话知道甲是丁的兄弟。

甲既有兄弟姐妹又有儿女，故甲说的三句全是真话。由甲说的话可知丙是甲的妻子，乙是甲的儿子，戊是甲的姑姑。所以五个人的关系是：甲(自己)，乙(儿子)，丙(妻子)，丁(姐妹)，戊(姑姑)。正确答案是 A 项。

118. 因为每个人都说对了一个，所以假设 2 号是泰山，那么 3 号就不是华山。而戊所说的 2 号是华山，5 号是泰山就都不正确了。所以甲说的后半句是正确的，也就是 3 号是华山。根据丁的话，确定 4 号是恒山。根据乙的话，确定 2 号是嵩山。再根据戊的话，确定 5 号是泰山。最后 1 号是衡山。

所以，1、2、3、4、5 号分别是衡山、嵩山、华山、恒山、泰山。

119. 答案 B。(2)和(3)这两个命题中要么一个真，要么两个真，但必有一真，所以，题干所说"三个判断中只有一个是真的"必在(2)和(3)之中，从而可推出(1)必为假，根据"主任懂日语"为假，可推出"主任不懂日语"是客观事实，由此可推(2)必为真。如果(2)为真，根据题干，那么(3)就为假。如果"有人懂日语"为假，可推出命题的矛盾命题"所有人不懂日语"为真，从而推出"副主任不懂日语"。

120. 假设甲说的是实话，那么乙在说谎；乙说丙在说谎，那么丙就在说实话；丙说甲乙都在说谎，就成了谎话。矛盾。

假设甲在说谎，那么乙说的是实话；乙说丙在说谎，那么丙就在说谎；丙说甲乙都在说谎，确实是谎话。成立。

所以甲和丙在说谎，而乙说了实话。

121. 红桃。

分别假设每种花色，然后推理是否有矛盾即可。

122. 由(2)、(3)、(5)知道 A、C 都不可能会偷考卷。

由(1)知道 A、B、C 至少有 1 个人偷了考卷，那么一定是 B。

由(4)知道只有 B 一人，没人与他同案。

123. 先确定哪个瓶子里装的是毒药。

假设甲装的是毒药，那么乙装的就不是矿泉水；根据乙和丙瓶子上的话可知，丙和丁装的也不是矿泉水，只有甲是矿泉水，矛盾。

假设乙装的是毒药，而甲说乙装的是矿泉水，矛盾。

假设丁装的是毒药，丙说丁装的是醋，矛盾。

所以只有一种可能，就是丙装的是毒药。从而得到答案：

甲瓶子：醋。

乙瓶子：矿泉水。

丙瓶子：毒药。

丁瓶子：酱油。

124. (1)是丁讲的；(2)是乙讲的；(3)是戊讲的；(4)是丙讲的。

其中乙和丙是兄弟；甲是乙的妻子；戊是甲的父亲；丁是丙的儿子或女儿。

125. 三家房客的名、姓和所住的楼层如下：

罗杰·沃伦和诺玛·沃伦夫妇住在顶层；

珀西·刘易斯和多丽丝·刘易斯夫妇住在二层；

吉姆·莫顿和凯瑟琳·莫顿夫妇住在底层。

126. 有 2 个天使。

假设甲是魔鬼的话，由此可推断她们几个都是魔鬼，那么，乙是魔鬼的同时又说了实话，存在矛盾。所以甲是天使，而且乙和丙之间至少有一个也是天使。

假设乙是天使的话，从她的话来看，丙就是魔鬼。假设乙是魔鬼的话，从她的话来看，丙就是天使了。所以，无论怎样，都会有 2 个天使。

127. 4 个人说的都有可能是假话，假如甲说的是假话，那么甲不是 A 型，乙是

O 型，丙是 AB 型，丁是 A 型，甲只能是 B 型。其他情况以此类推，都可以确定四人的血型，故选 A。

128. 答案 A。陈述中(2)项如果为真，则(1)、(3)项必为真，这与题干"上述断定只有两个是真的"不一致，所以(2)项必为假，又因为(2)项和(4)项为矛盾命题，即"必有一真一假"，(2)项为假，则(4)项必为真。又根据题干"上述断定只有两个是真的"，(2)、(4)一假一真，所以(1)、(3)必有一真一假。显然，如果(1)真那么(3)必真，这与命题不符，所以(1)为假，(3)为真。

129. 假设"宝宝最爱吃的不是芹菜"为真，"贝贝最爱吃的不是面包"为假，则贝贝最爱吃的就是面包；那么，宝宝所说的"贝贝最爱吃的不是薯片"就成了真话，而"亲亲最爱吃的不是面包"为假话，推出亲亲最爱吃的是面包。这样，贝贝和亲亲都最爱吃面包，产生矛盾，因此，假设错误。所以得出："宝宝最爱吃的不是芹菜"为假话，即宝宝最爱吃的是芹菜。以下推理同上，即可得出它们分别喜欢吃的食物如下：

亲亲：胡萝卜。

宝宝：芹菜。

贝贝：薯片。

130. 假设 A 是这位漂亮女同事的男友。

那么 D、E、G 说了真话，只有三个人，与条件矛盾。

假设 B 是这位漂亮女同事的男友。

那么 D、E、G 说了真话，只有三个人，与条件矛盾。

假设 C 是这位漂亮女同事的男友。

那么 C、E、G、H 说了真话，有四个人，符合条件。

假设 D 是这位漂亮女同事的男友。

那么 D、E、G 说了真话，只有三个人，与条件矛盾。

假设 E 是这位漂亮女同事的男友。

那么 D、E、G 说了真话，只有三个人，与条件矛盾。

假设 F 是这位漂亮女同事的男友。

那么 D、E、G 说了真话，只有三个人，与条件矛盾。

假设 G 是这位漂亮女同事的男友。

那么 A、B、D 说了真话，只有三个人，与条件矛盾。

假设 H 是这位漂亮女同事的男友。

那么 D、E、G 说了真话，只有三个人，与条件矛盾。

假设 I 是这位漂亮女同事的男友。

那么 D、F、I 说了真话，只有三个人，与条件矛盾。

综上所述：

C 是这位漂亮女同事的男友。

131. 甲选修了数学、语文、化学、历史；乙选修了语文、物理、英语、化学；丙选修了数学、物理、英语、历史。

132. 甲对乙说"你是女排队员"，如果乙是女排队员，那么甲说了真话，甲和乙同队，甲也是女排队员；如果乙是女篮，甲说了假话，甲和乙异队，甲是女排队员。所以由甲说的这句话可以推出，甲肯定是女排队员。

因为戊对甲说"你和丙都不是女排队员"，戊说假话，所以戊是女篮。

丁对戊说"你和乙都是女排队员"，丁说假话，丁是女排。

丙对丁说"你和乙都是女篮队员"，丙说假话，丙是女篮。

乙对丙说"你和丁都是女排队员"，乙说假话，乙是女排。

133. 有3个人说了谎话。

因为如果假设甲说的是真的，那么乙说的就是谎话；而如果假设甲说谎了，那么乙说的就是真的。也就是说甲乙两人中必有一人说了谎话。同样，丙和丁也是必有一人说了谎话。戊说丙和丁都说谎了，那么戊说的就一定是谎话。所以有三个人说了谎话。

134. 先看个位数，J+Q+K 的结果个位 K，就是说 J+Q=10。又因为 JJJ、QQQ、KKK 三个数加起来不可能大于 3000，所以 J 是 1 或 2，那么 Q 是 9 或 8。

假设 J=1，111+999+KKK=1110+KKK=199K。看百位和十位，因为 1+K=9，所以 K=8。

假设 J=2，222+888+KKK=1110+KKK=288K。看千位，因为是 2，所以 K 只能是 9。但 1110+999≠2889，所以不成立。

因此，J=1，Q=9，K=8。

135. 硬币：1 个一分，2 个二分，1 个五分；

纸币：2 张一角，1 张两角，1 张五角，2 张一元，1 张两元，1 张五元。

136. 这 5 件首饰的价值由大到小的排列为：A>B=E>D>C。

设其中一个首饰的价值为 x，其余的都以 x 表示，即可比较出价值的大小关系。

137. 如果罗伯特买的是奔驰，那第三句也是对的，所以罗伯特买的不是奔驰，故排除了 B、C。

根据选项，可以确定欧文买的是奔驰，也就是说第 3 句话猜对了，前两句话都是错的，所以叶赛宁买的是皇冠。因此选 A。

138. 假设 A、B、C、D 四个班

列个表，假设 A 的最差情况，胜 1 场，负 2 场。

	A	B	C	D
胜场数	1	X	X	X
负场数	2	X	X	X

填写这些 X 位置的数字，须遵守以下规则，每横行之和为 6，每竖列之和为 3。

有以下两种情况。

(1)

	A	B	C	D
胜场数	1	3	2	0
负场数	2	0	1	3

(2)

	A	B	C	D
胜场数	1	2	1	2
负场数	2	1	2	1

所以能保证附加赛前不被淘汰，但不能保证出线。

139. 本题可假设小李的说法是真，那小张、小王的说法都正确，与题干"只有一个看法正确"矛盾，所以小李的说法错误，同时小王也不对，再由小王的说法可知冠军就是 C。故正确答案为 C。

140. 根据(1)和(2)，如果阿德里安要的是火腿，那么布福德要的就是牛排，卡特要的也是牛排。这种情况与(3)矛盾。因此，阿德里安要的只能是牛排。于是，根据(2)，卡特要的只能是火腿。

因此，只有布福德才能昨天要火腿，今天要牛排。

141. 由(3)和(4)可知黑桃比方块多一张。

假设红桃是 2 张，那么黑桃 4 张，方片 3 张，剩下梅花 4 张，不符合条件(2)。

假设方片是 2 张，那么红桃 3 张，黑桃 3 张，不符合条件(2)。

假设梅花是 2 张，那么根据其他条件，得出红桃 2 张，方片 4 张，黑桃 5 张，共 11 张，但是不符合条件(3)和(4)。

假设黑桃为 2 张，那么红桃 4 张，方片 1 张，剩下梅花 6 张，满足所有条件。

因此，梅花最多，为 6 张。

142. 每个人都恰好去了 3 个国家。因此，根据(1)和(2)，小李去的国家必定是以下组合中的一组：

去泰国，去日本，去荷兰

去泰国，去日本，去南非

去日本，去荷兰，去南非

去荷兰，去美国，去南非

根据(1)和(3)，小王去的国家必定是以下组合中的一组：

去泰国，去美国，去日本

去美国，去日本，去荷兰

去美国，去日本，去南非

去日本，去荷兰，去南非

根据(1)和(4)，小张去的国家必定是以下组合中的一组：

去日本，去荷兰，去美国

去日本，去荷兰，去南非

去荷兰，去美国，去南非

去美国，去泰国，去南非

根据上面的组合并且根据(1)，如果小李去了南非，那么小王和小张都去美国而又去日本，小李就不能去美国或去日本了。这种情况不可能，因此小李没有去南非。

根据上面的组合并且根据(1)，如果小王去了南非，那么小李和小张都去日本，小王不能去日本了。这种情况不可能，因此小王没有去南非。

于是，小张必定是去了南非的人。

143. 由于甲和丁说的内容矛盾，其中必有一假，如果丁说的是假的，那么乙和戊与甲所说均有矛盾，所以只能甲是假的，由此进一步推测出乙和丁都没有考上研究生。答案为A。

144. 选A。

因为三个老师只有一个人猜对了，分别假设张老师、李老师、刘老师猜对了，进行推理，看是否出现矛盾。

145. 选C。

根据(1)(2)可知，录取的是王威或吴刚。由(3)也可知，录取的不是刘大伟和李强。由(1)(4)可知，录取的不是王威。所以只能是吴刚。

146. 选A。

分别假设王明、周志、李刚考第一名，看是否会出现矛盾。

147. 选C。

由(1)可知，甲>张亮。由(2)可知，乙>李明。由(3)可知，李明>丙。

所以，甲是李明，乙是王刚，丙是张亮。

148. 甲家有三个孩子，哥哥、甲、妹妹，一个男孩，两个女孩；乙家有三个男孩，一个女孩；丙家有三个女孩，没有男孩。

149. 选C。

画一个数轴，分别标出每个人所猜测的范围。因为只有一个人说得对，那就说明没有重合的部分，所以她连10分都没考到。

150. 可以至少推算出下图中的结果。

	面包店	花店
街道		
	1号	书店

根据(5)和(6)可以知道，酒吧和文具店在街道的同一边。再看看图就会发现只

有在1号店这一边才有可能。而且，6号店也会在这一边，可知6号店的位置一定是在6号店的左边或右边。而6号店的隔壁是酒吧，所以就知道1号店是酒吧了。

151. 3点。第三个人猜对了。

152. 如果是黑色的，那么三句话都是正确的；如果是银色的，前两句是正确的，第三句是错误的；如果是红色的，三句都是错误的。所以只有银色符合条件。

153. 选C。此题使用假设法，假设张燕做对了，那么王英、李红都做错了，这样，王英说的是正确的，李红、张燕说的都错了，符合条件，答案为C。

154. 两个。以小杜为例，假如小杜去，那么小刘不去，小黄也不去，小冯去，小郭不去；而假如小杜不去，那么小刘去，小黄去，小冯不去，小郭不去。

155. 如果张三考了第一名，那么根据(2)，他的语文成绩就是满分；而根据(8)，他的数学成绩就没有满分。如果张三没有考第一名，那么根据(7)，他的数学成绩就没有满分；而根据(8)，他的语文成绩就是满分。

如果李四考了第一名，那么根据(4)，他的数学成绩就是满分；而根据(8)，他的语文成绩就不是满分。如果李四没有考第一名，那么根据(3)，他的语文成绩就不是满分；而根据(8)，他的数学成绩就是满分。

如果王五考了第一名，那么根据(6)，他的数学成绩就是满分；而根据(8)，他的语文成绩就不是满分。如果王五没有考第一名，那么根据(5)，他的数学成绩就不是满分，而根据(8)，他的语文成绩就是满分。

现在可以得到下表：

如 果	那么他获得满分的科目为
张三考了第一名	语文
张三没有考第一名	语文
李四考了第一名	数学
李四没有考第一名	数学
王五考了第一名	数学
王五没有考第一名	语文

张三不可能考第一名，否则张三和王五的语文成绩就都是满分，从而与(7)矛盾。

王五也不可能考第一名，否则李四和王五的数学成绩就都是满分，从而与(7)矛盾。

如果李四考了第一名，那他倒是唯一数学成绩满分的，与(7)相符合，他也是唯一语文没有满分的，与(8)相符合。因此，李四考了第一名。

156. 假设：(1)、(2)是真实的。

那么：(3)、(4)、(5)、(6)、(7)是假的。

因为：

E 是第二名或第三名，C 比 E 高 4 个名次，A 比 B 高，B 比 G 低两个名次。

B 是第一名，D 比 E 低 3 个名次，A 比 F 高 6 个名次。

(1)和(2)冲突，(3)和(5)冲突，(4)和(5)冲突，(5)和(7)冲突。

得出：(5)是真实的，(1)和(2)至多一个是真实的。

假设：(1)、(5)是真实的。

那么：(2)、(3)、(4)、(6)、(7)是假的。

因为：E 是第二名或第三名，C 比 E 高 4 个名次，A 比 B 高，B 比 G 低两个名次。

B 不是第一名，D 比 E 低 3 个名次，A 比 F 高 6 个名次。

(1)和(2)冲突。

得出：排除(1)是真实的可能性。

假设：(2)和(5)是真实的。

那么：(1)、(3)、(4)、(6)、(7)是假的。

因为：E 没有得第二名或第三名，C 没有比 E 高 4 个名次，A 比 B 高，B 比 G 低两个名次，B 不是第一名，D 比 E 低 2 个名次，A 比 F 高 6 个名次。

(7)与(3)、(4)冲突，(1)与(6)冲突。

因为(5)是真实的，所以得出：(2)不是真实的。

假设：(3)和(5)是真实的。

那么：(1)、(2)、(4)、(6)、(7)是假的。

因为：E 没有得第二名或第三名，C 比 E 高 4 个名次，A 比 B 高，B 比 G 低两个名次，B 不是第一名，D 比 E 低 3 个名次，A 比 F 高 6 个名次。

(2)和(6)冲突。

得出：(3)也不是真实的，(6)才是真实的。

假设：(5)和(6)是真实的。

那么：(1)、(2)、(3)、(4)、(7)是假的。

因为：E 没有得第二名或第三名，C 比 E 高 4 个名次，A 比 B 高，B 比 G 低两个名次，B 不是第一名，D 没有比 E 低 3 个名次，A 比 F 高 6 个名次。

得出：A、C、G、D、B、E、F。

与所给命题没有冲突。

综上：七人的名次分别为 A、C、G、D、B、E、F。

157. 顺序依次是：紫，蓝，黄，银，红，黑，绿，白。

(1) 银色旗子离紫色旗子较近。

(2) 红色旗子与白色旗子隔两面旗子。

(3) 蓝色旗子在紫色旗子边上。

(4) 黄色旗子在银色旗子与蓝色旗子之间。

158. 小赵、小钱、小孙、小吴去了，小李、小周没去。

分析：首先，小钱去的话，小孙也一定去，因此，小李就不去，所以小赵也去。又因为小李不去，所以小周也不去，而小赵、小周、小吴中有两人去，所以只能是小赵、小吴了，小赵、小钱至少有一人去，而小赵、小钱都去了，所以最后答案应该是小赵、小钱、小孙、小吴。

159. 由已知条件可知：

甲拿走的雨伞只可能是丙或戊的。

乙拿走的雨伞只可能是甲或戊的。

丙拿走的雨伞只可能是甲或丁的。

丁拿走的雨伞只可能是甲或乙的。

戊拿走的雨伞只可能是乙或丙的。

假设甲拿走的是丙的，那么戊拿走的只能是乙的，丁拿走的只能是甲的，丙拿走丁的，乙拿走戊的。这样，乙和戊就相互拿了雨伞，与条件不符。

因此，甲只有拿走了戊的，乙拿走了甲的，丙拿走了丁的，丁拿走了乙的，戊拿走了丙的。这样才符合条件。

160. 每个人都知道自己的数或为另外两人之和，或为两人之差。

第一轮 A 回答不知道。来个逆向思维，A 什么情况可以知道自己头上的数。

只有一种可能，那就是 B=C。因为此时 B−C=0，不可能，所以 A 头上的数一定为 B+C。所以，从 A 回答不知道可以推论出 B≠C。

B 回答不知道，同理可得 A≠C。除此之外，B 从 A 回答不知道还可以推论出自己头上的数字与 C 头上的不相等，即 A≠2C。

C 回答不知道，由上面类似的分析可以推论出 A≠B，B≠2A。

此外还可以推出 B−A≠A/2，即 B≠3A/2，和 A≠2B。

最后 A 回答自己头上的数字是 20。

那么什么情况下 A 可以知道自己头上的数字呢？有以下几种情况：

(1) C=2B，此时 A 知道自己头上的数字不可能是 C−B=B，而只能是 C+B=3B。但 20 不能被 3 整除，所以排除了这种情况；

(2) B=2C 与上面类似，被排除；

(3) C=3B/2，此时 A 知道自己头上的数字不可能是 C−B=B/2，因而只能是 A=B+C=5B/2=20，B=8，而 C=3B/2=12；

(4) C=5B/3，此时 A 知道自己头上的数字不可能是 C−B=2B/3。只可能是 8B/3，但求出 B 不是整数，所以排除；

(5) C=3B，此时 A 知道自己头上的数字不可能是 C−B=2B，只可能是 4B，推出 B=5，C=15；

(6) B=3C，此时 A 知道自己头上的数字不可能是 B−C=2C，只可能是 B+C=4C，推出 B=15，C=5。

所以答案有 3 个，B=8、C=12，B=5、C=15，B=15、C=5。

161. 首先，因为三个数的和是 14，所以每个人的数字都一定在 1 到 12 之间。

甲说道："我知道乙和丙的数字是不相等的！"

所以，甲的数字是 12 以内的单数，即 1、3、5、7、9、11 中的一个。

因为只有这样才能确定乙、丙的数字和是个单数，所以肯定不相等。

乙接着说道："不用你说，我早就知道我们三个的数字都不相等了！"

说明乙得到的数字是大于 6 的单数，即 7、9、11 中的一个。因为只有他的数字是大于 6 的单数，才能确定甲的单数和他的不相等。而且一定比自己的小，否则和会超过 14。这样，第三个人的数字就只能是双数了。

而第三个人说他知道每个人手上的数字了，那他根据自己手上的数字能知道前两个人的数字和，又知道其中一个是大于 6 的单数，且另一个也是单数，可知这个和是唯一的，那就是 7+1=8。

如果甲乙两人之和是大于 8 的偶数，比如是 10，就有两种情况 9+1 和 7+3，这样的话，第三个人就不可能知道前两个人手中的数字。12 也是同理。

因此，甲乙两个数之和只能是 8，丙的数字是 6。

这样就知道了甲、乙、丙三个人手上的数字分别是 1、7、6。

162. 这道题看似复杂，其实只要我们想清楚了就很容易得出正确的答案。

我们来看最后的结果：汽车司机提前了 20 分钟到邮局。那么让我们来想一想，这 20 分钟是从哪里省出来的？

当然是汽车不需要开到火车站就可以拿到邮件返回，才节省了 20 分钟的时间。

也就是说，汽车从遇到摩托车手的位置到火车站这段路程来回需要 20 分钟。

因此，从汽车和摩托车相遇时到汽车到达火车站，如果正常的话，汽车司机需要再开车 10 分钟。

这也就是说，按照以往的时间，火车应该在两车相遇后再过 10 分钟到站。

但是汽车和摩托车相遇的时候，火车已经到站 30 分钟了，也就是摩托车手走这段路的时间。

因此，这一天火车比以前提前了 10+30=40(分钟)到站。

163. 不可能，最多到第五个人就能推测出主持人最近一次拿走的花色。

要想让第一个人推测不出来的话，桌上至少要有 1 张黑桃、2 张红桃、3 张方块才行，不然比如桌上没有黑桃的话，就说明 2 张黑桃是一开始没被主持人放到桌上的，1 张黑桃是被主持人拿走的。满足"至少 1 张黑桃、2 张红桃、3 张方块"的情况有以下几种。主持人能让第一个人看到的花色组合：

1 黑 3 红 5 方；1 黑 4 红 4 方；2 黑 2 红 5 方；2 黑 3 红 4 方；2 黑 4 红 3 方；3 黑 2 红 4 方；3 黑 3 红 3 方。

第一个人推测不出后，主持人继续拿走一张牌，并请第二个人转过身来。

当第一个人推测不出的时候，第二个人就知道第一个人看到的花色组合肯定是上面的那几种可能之一。如果第二个人看到剩下的牌是 3 红 5 方,他就推测出第一个人看到的是 1 黑 3 红 5 方,主持人上次拿走的是黑桃。所以主持人拿第二张牌的时候也要考虑这一点。通过组合,主持人的选择有以下几种。

主持人能让第二个人看到的花色组合:

1 黑 2 红 5 方;1 黑 3 红 4 方;1 黑 4 红 3 方;2 黑 2 红 4 方;2 黑 3 红 3 方;3 黑 2 红 3 方。

同样的道理,主持人能让第三个人看到的花色组合:

1 黑 2 红 4 方;1 黑 3 红 3 方;2 黑 2 红 3 方。

而主持人能让第四个人看到的花色组合就只有一种了:1 黑 2 红 3 方。

这样到第五个人的时候,无论上次主持人拿走了什么花色,他都能马上推测出来。

164. 选 B。小李只说明天不下雨就去爬山,并没有说下雨就一定不去。

所以他没有食言。

165. 小狗从第 8 扇门进去,才能 1 次吃完所有的骨头且路线不重复。

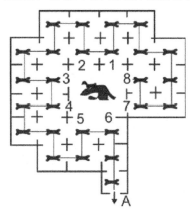

166. 因为只有一个人的预测是正确的,而甲、乙都说 A 有希望,所以 A 不可能。也就是说丁预测正确。所以甲、乙、丙三人预测的都是错误的。所以只有没有提到的 D 被录取了。

167. 2 个。

因为他们卖牛的单价与牛的数量相同,所以卖牛所得的钱是一个平方数。又因为两人平分绵羊后剩下一只,也就是说绵羊数是奇数。而绵羊的单价是 10,所以卖牛的钱也就是这个平方数的十位数字一定是奇数。十几的平方数中,十位是奇数的只有两个 $14^2=196$ 和 $16^2=256$。不管是哪个,山羊的价格都是 6 个金币。也就是说,山羊比绵羊便宜 4 个金币。这样只要哥哥给弟弟 2 个金币就能使两人所得均等了。

168. 15。通过测试,只有 15 符合要求。

169. 首先,我们知道这四个自然数里不可能有 10,因为如果有 10 的话,结果的最后一位应该是 0；其次，这四个自然数不能比 10 大，因为那样，最小的结果也要比 10×10×10×10=10000 大；再次，这四个数不能有 5，因为如果有 5，那么乘以紧挨着 5 的那个自然数，结果最后一位肯定是 0。综上所述，这四个自然数只可能是 1、2、3、4 或者 6、7、8、9。经过检验，发现 1×2×3×4=24，而 6×7×8×9 恰好等于 3024。所以这四个连续的自然数为 6、7、8、9。

170.

	1	1	1	3	1	2	1	3
1	→	0	↓	0	0	1	0	0
3	1	→	0	1	0	0	1	0
1	0	0	0	→	0	0	0	1
1	↑	0	↗	→	0	0	0	1
1	↗	1	0	0	↓	0	0	0
2	0	0	↑	1	1	0	0	←
3	→	0	1	1	↗	1	0	0
1	↗	0	0	→	↗	0	0	1

171.

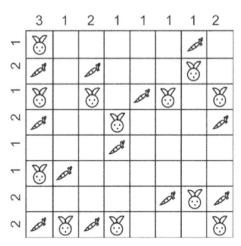

172. 从右下角出发，分别是 9+8+5+6+7，和最大。

173. 只有一条，是 0+2+2+6+3+5+3+6+3=30，其他的路径都不可以，你找出来了吗？

174. 只有一条，是 5+2+6+2+9+2+7+2+5=40，其他的路径都不可以，你找出来了吗？

175. 方法有很多种，只要从奇数条直线的交点处出发即可。下面是其中一种画法。

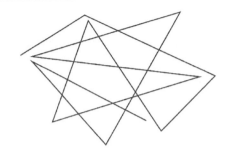

176.

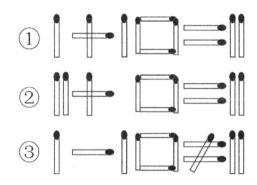

177.

178. 一共有九种不同的路径，可以自己数一下。

179.

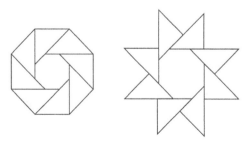

180. 第一个图形画错了。

181. 打开右下角那个铁环即可。

182. 1 与 C，2 与 A，3 与 B 是相通的。

183. 由两根绳子构成的是 C。

184. 选择里面的那个入口。

185. 选择 B。

方法如下图所示。

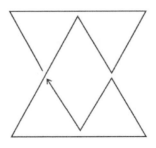

186. 方法如下图所示。

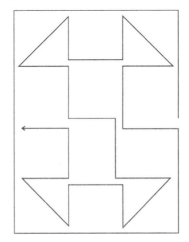

187. 如下图所示，按照序号的顺序走即可。

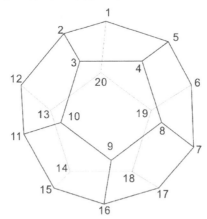

188. 首先按下面的图示剪开，然后把 A 部分向上折叠，竖立起来。接着保持 C 部分贴在桌子上不动，把 B 部分沿虚线翻转 180°，使其背面朝上，就折成了这个看似不可能的图形。

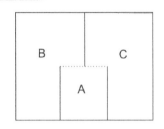

189. 不管砌成直线形还是弯曲形，只要砌的长度相同，那么需要的砖就一样多。

190. 周长最长的是 D。因为只有 D 中的小正方形之间相互接触的面最少(除了两端的正方形都是 2 个)，而其他的图形中都含有接触面为 3 或者 4 的小正方形。

191. 拿走 9 根。

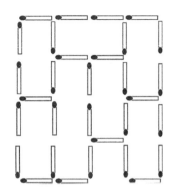

192. 方法如下图所示。

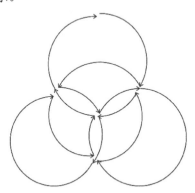

193. 男孩丙说："我和男孩丁共吃了 3 个苹果"，如果丁吃了 1 个的话，丙无论吃了 1 个还是 2 个都不会说这句话，所以丁吃了 2 个苹果，说谎话。

由男孩丁说的两句谎话可以知道：男孩乙吃了 1 个苹果，说真话；男孩丙剩下 3 个苹果。

由男孩乙说的真话可以知道：男孩甲剩下 4 个苹果。

原来四个男孩分别有 4、5、6、7 个苹果，在每个男孩吃掉 1 个或 2 个后，剩下的苹果数还是各自不同，因为已经确定乙吃了 1 个，丁吃了 2 个，所以剩下的苹果数只有两种可能：2、4、5、6 和 2、3、4、6。

因为男孩丙剩下了 3 个苹果，所以排除"2、4、5、6"，得到答案。

男孩甲最初有 6 个，吃了 2 个，剩下了 4 个；

男孩乙最初有 7 个，吃了 1 个，剩下了 6 个；

男孩丙最初有 5 个，吃了 2 个，剩下了 3 个；

男孩丁最初有 4 个，吃了 2 个，剩下了 2 个。

194. 先跳过前六道题，考虑第七题和第八题的关系。如果第八题选 a(简写成 8a)，则只能 7c；如果 8c，则只能 7d；如果 8e，第七题可以任意；第八题不能选 b 和 d，不然第七题没有选项可以满足条件。再看第八题和第九题，因为总共是 10 道题，所以两题的答案也是关联的，根据刚才的推理，第八题的答案只有三种可能，所以第九题也只有对应的三种情况，即 8a9d、8c9b 或 8e9c。这样第七、第八、第九这三道题的答案只可能是 7c8a9d、7d8c9b 或 7? 8e9c。下面逐个进行进一步分析：

(1) 如果是 7c8a9d，则第五题不可能是 b、c 或 d 了。但无论是 5a10a 还是 5e6e，都会使得元音答案个数变成三个，和假设中的 8a 矛盾。

(2) 如果是 7? 8e9c，考虑第二题。

① 2a→3a→1a，这样第一、第二题同为 a，和 2a 矛盾。

② 2b→1a。再看第三、第四题：3a4a 本身矛盾；3b 和 2b 矛盾；3d→7d，和 8e 矛盾；3e4e 和 8e 矛盾；只可能是 3c4c 了。此时已经有 2b3c4c9c 四个辅音答案了，根据 8e9c，剩下的都应该是元音答案。考虑第五题，如果 5a→10a，则一共有三个 a，和 4c 矛盾；如果 5e→6e，则和 2b 矛盾。

③ 2c。考虑第一题，很明显 a、b、c 都不能选，如果 1d→5b 和 9c 矛盾；如果 1e→6b，因为 8e9c 限制了一共有四个辅音答案，而现在已经有了 2c6b9c 三个辅音答案，所以第四、第五两题必须都是元音答案，因为 6b，所以第四题不能选 a，只能是 4e5e，和 6b 矛盾。

④ 2d。考虑第一题，很明显 a、b、d 不能选，如果 1e→6b→5b，矛盾；只能是 1c→4b。再看第三题，显然 a、b、c 都不能选，如果 3d，则和 2d 矛盾，所以只能是 3e→6e→5e。这时 1c2d4b9c 四个辅音已经满了，b 和 d 都只有一个，这样 4b 和 6e 矛盾。

⑤ 2e。考虑第一题，很明显 a、b、e 不能选，如果 1c→4b→3d→7d→6d，因为已经有了 2e8e 两个 e，4b 和 6d 矛盾；那么只能是 1d→5b→9b，亦矛盾。

(3) 这样就只可能是 7d8c9b 了，重新考虑第二题。

① 2a→3a→1a，矛盾。

② 2b→1a。再看第三、第四题：3a4a 本身矛盾；3b 和 2b 矛盾；3e4e 和 8c 矛盾；只能是 3c4c 或 3d4d 了。此时已经有 2b3c(d)4c(d)7d8c9b 六个辅音答案了，根据 8c9b，剩下的都应该是元音答案。再来看第五题，如果 5a→10a，则确定有了

三个 a，两个 b，c 和 d 中有一个是三个，这样第六题无法选择；如果 5e→6e，则和 2b 的"唯一连续"矛盾。

③ 2c。考虑第一题：很明显，a、b、c 三个选项都不能选，如果是 1d→5b→4b，和 1b 矛盾；如果是 1e→6b，则有了五个辅音答案，故第四、第五同时为元音，若 4a 则自身矛盾，若 4e 则和 8c 矛盾。

④ 2e→6d。因为 6d8c，所以 a 和 e 各两个，即 4c→1d→5b。这样就有 1d4c5b6d7d8c9b 共七个辅音答案了，矛盾。

⑤ 只能是 2d 了。考虑第一题：很明显，a、b、d 三个选项都不能选，如果是 1e→6b→5b，则一共有 1e2d5b6b7d8c9b 七个辅音答案，与 8c 矛盾。这样就必须是 1c→4b，有 1c2d4b7d8c9b 共六个辅音答案，剩下的只能是元音答案。3a 与 1c 矛盾，所以是 3e→6e→5e，又由 4b 可知 10a。此时答案 a 有 1 个，答案 b、c、d 各有 2 个，答案 e 有 3 个，和第六题不矛盾。

所以最终答案是：1. c；2. d；3. e；4. b；5. e；6. e；7. d；8. c；9. b；10. a。

195.

(1) 包括这道题在内，所有数字题答案的总和为：144(整数)

(2) 所有是非题里，几个题的答案是"是"？2(整数)

(3) 第一题的答案是所有数字题答案里最大的。是(是/非)

(4) 包括这道题在内，有几道题的答案和本题的答案是相同的？2(整数)

(5) 所有数字题的答案都是正数。非(是/非)

(6) 包括这道题在内，所有数字题答案的平均值为：24(整数)

(7) 第四题的答案大于第二题的答案。非(是/非)

(8) 第一题的答案除以第八题的答案，等于：-12(整数)

(9) 第六题的答案等于第二第四题答案的差，减去第四第八题答案的积。是(是/非)

(10) 本题的答案为：-16(此题可能是是非题，也可能是整数题)

196. 不可能，因为这两个人一定是一男一女，所以无法举行比赛。

用反证法很容易证明。

假设都是男的，那么前排的这个男生左边一定都是男生，也就是这一排男生至少 8 人，同理后排的男生也至少 8 人，这样两排相加就有超过 16 个男生了。

假设都是女生也一样会推出女生超过 16 人。

197. 路线是：A—G—M—D—F—B—R—W—H—P—Z。只有按这条路线走，才能做到从 A 城到 Z 城每个城镇走一次而不重复。

198. 起点是左上角的格子 4↓。那些没有停留的方格呈现的数字为 31。建议倒过来从终点找起。

199. 要想用时最少，可以遵循以下步骤：

(1) 车和人(车 2 人，步行 8 人)同时出发，车行驶了 x 公里后把乘客放下，乘客继续向 B 城进发，车返回直到与 8 人相遇(历时 t1)；

(2) 车与 8 人相遇后，搭上 1 人调头向 B 城方向出发，直到追上最前面的 1 人，将乘客放下，车返回直到与 7 人相遇(历时 t2)；

(3) 重复上述步骤(历时 t3−t8)，直到车搭上最后 1 名步行者到达 B 城(历时 t9)，同时 8 名已经被搭载过的步行者也到达 B 城。这样 10 个人同时出发，又同时到达 B 城，所用时间是最少的。

现在关键是要算出车到底要行驶多少公里把乘客放下，才能使最后 10 个人同时到达 B 城。t1=t2=t3=t4=t5=t6=t7=t8=2x÷(100+5)t9=(1000−2×5×8x÷105)÷100，对于第 1 名乘客，他需要步行的时间是 8×t1+t9−(x÷100)，所以有以下方程 5×[8×t1+t9−(x÷100)]+x=1000，解得 x=567.58 公里。代入可得 t=t1+t2+⋯+t9=8×t1+t9=92.16 (小时)。

200. 从邻居家借一只羊，这样一共有 27 只，把三分之二也就是 18 只分给儿子；剩下 9 只的三分之二——6 只分给妻子；剩下 3 只的三分之二——2 只给女儿。再把剩下的一只还给邻居，这样就分完了。所以三人分别到 18、6、2 只羊。

201. 选 B。命题的逆否命题是真命题。

202. 根据(1)，小王、小李和小赵各比赛了两场；因此，从(4)得知，他们每人在每一次竞赛中至少胜了一场比赛。根据(3)和(4)，小王在第一次竞赛中胜了两场比赛；于是小李和小赵在第一次竞赛中各胜了一场比赛。这样，在第一次竞赛中各场比赛的胜负情况如下：

小王胜小张、小王胜小赵(第四场)

小李胜小刘、小李负小赵(第三场)

根据(2)以及小王在第二次竞赛中至少胜一场的事实，小王必定又打败了小赵或者又打败了小张。如果小王又打败了小赵，则小赵必定又打败了小李，这与(2)矛盾。所以小王不是又打败了小赵，而是又打败了小张。这样，在第二次竞赛中各场比赛的胜负情况如下：

小王胜小张(第一场)，小王负小赵(第二场)

小李负小刘(第四场)，小李胜小赵(第三场)

在第二次竞赛中，只有小刘一场也没有输。因此，根据(4)，小刘是第二场比赛的冠军。

注：由于输一场即被淘汰，各场比赛的顺序如上面括号内所示。

203. 根据条件(1)，化学老师和数学老师住在一起，说明教化学的和教数学的老师不是一个人。

根据条件(3)，数学老师和丙老师是一对优秀的象棋国手，说明丙不是数学老师。

根据条件(4)，物理老师比生物老师年长，比乙老师又年轻，说明生物老师最年轻。

根据条件(2)，甲老师是三位老师中最年轻的，所以甲老师是生物老师，且不是物理老师。

根据条件(5)，三人中最年长的老师住家比其他两位老师远，住得最远的老师是乙，且不是化学老师和数学老师。

从而，我们可以得出以下答案：

老　师	所教课程
甲老师	生物、数学
乙老师	语文、历史
丙老师	物理、化学

204. 由于教授和讲师的总数是 16 名，从(1)和(4)得知：讲师至少有 9 名，男教授最多是 6 名。于是，按照(2)，男讲师必定不到 6 名。

根据(3)，女讲师少于男讲师，所以男讲师必定超过 4 名。

根据上述推断，男讲师多于 4 名少于 6 名，故男讲师必定正好是 5 名。

于是，讲师必定不超过 9 名，从而正好是 9 名，包括 5 名男性和 4 名女性，于是男教授则不能少于 6 名。这样，必定只有 1 名女教授，使得总数为 16 名。

如果把一名男教授排除在外，则与(2)矛盾；把一名男讲师排除在外，则与(3)矛盾；把一名女教授排除在外，则与(4)矛盾；把一名女讲师排除在外，则与任何一条都不矛盾。因此，说话的人是一位女讲师。

205. 是甲和丁。

因为如果乙去了，那么甲肯定没去，而丁也没去。又说是两个人合伙作案，那么丙一定去了，但是根据(3)，丁一定会去，矛盾。所以乙没有去展厅。那么甲去了，丁也去了。所以作案的是甲和丁两人。

206. 从 A、B 中至少去一人，那么可能有的情况：A 去 B 不去，A 不去 B 去或者 A、B 都去。

如果 A 去 B 不去，那么"A、D 不能一起去"则 D 不能去，同时，"B、C 都去或都不去"则 C 不去，"C、D 中去一人"就不成立。与题目矛盾。

如果 A 不去 B 去，那么 C 也会去，D 就不会去，E 也就不去，如果 A、E 都不去，那么 A、E、F 中最多只能有一个人 F 去。与题目矛盾。

所以 A、B 都去，那么 C 也会去，D 不去，E 也不去，所以 A、E、F 中就是 A和 F 两个人去。所以去的人是：A、B、C、F。

207. 根据(1)和(2)，玛丽第一次去健身俱乐部的日子必定是以下二者之一：

A. 汤姆第一次去健身俱乐部那天的第二天。

B. 汤姆第一次去健身俱乐部那天的前六天。

如果 A 是实际情况，那么根据(1)和(2)，汤姆和玛丽第二次去健身俱乐部便是在同一天，而且在 20 天后又是同一天去健身俱乐部。根据(3)，他们再次都去健身俱乐部的那天必须是在二月份。可是，汤姆和玛丽第一次去健身俱乐部的日子最晚也只能分别是一月份的第六天和第七天；在这种情况下，他们在一月份必定有两次是同一天去健身俱乐部：1 月 11 日和 1 月 31 日。因此，A 不是实际情况，而 B 是实际情况。

在情况 B 下，一月份的第一个星期二不能迟于 1 月 1 日，否则随后的那个星期一将是一月份的第二个星期一。因此，玛丽是 1 月 1 日开始去健身俱乐部的，而汤姆是 1 月 7 日开始去的。于是根据(1)和(2)，他们两人在一月份去健身俱乐部的日期分别为：

玛丽：1 日，5 日，9 日，13 日，17 日，21 日，25 日，29 日；

汤姆：7 日，12 日，17 日，22 日，27 日。

因此，汤姆和玛丽相识纪念日为 1 月 17 日。

208. 由(1)和(2)可知，这 19 人由 6 对男女和 7 个单独前来的人组成。由(3)可知，尚未订婚的 A 先生是单独前来的。由(5)可知，处于订婚阶段的男士都是结伴来的。分析(6)，如果结伴来的 6 个男士都是订婚阶段的，那么就有 6 个已婚的男士，而且只能是单独前来的，这就和(7)矛盾。

同理，结伴来的男士中不可能有 5 个处于订婚阶段。如果结伴来的 6 个男士里有 3 个处于订婚阶段，参加舞会的男士中已婚 3 个也是结伴来的，也就是单独来的男士中没有已婚的，这样无论单独来的 A 先生是单身还是已婚都无法满足(7)。

(6)结合(3)可知，结伴来的男士里处于订婚阶段的不可能少于 3 个。

因此，结伴来的 6 个男士里有 4 个处于订婚阶段，有 2 个处于已婚状态。

单独来的男士里有 2 个处于已婚状态，有 2 个处于单身状态。由(3)可知，结伴来的 6 位女士有 4 个处于订婚阶段，有 2 个处于已婚状态。单独来的 7 人里已知有 4 位是男士，由(4)可知剩下 3 位单独来的女士是单身。因此，舞会一共有 9 位女士，其中 2 个已婚，3 个单身，4 个订婚。由(8)可知 B 女士已订婚。

209. A 是意大利人，B 是俄罗斯人，C 是英国人，D 是德国人，E 是法国人，F 是美国人。

分析：由(3)知道 C 不是德国人，由(5)知道 C 不是意大利人，由(6)知道 C 不是美国人也不是法国人。又因为 C 是技师，而根据(2)知道 C 不是俄罗斯人，所以 C 是英国人。根据(1)知道 A 不是美国人，根据(2)和(3)知道 A 不是俄罗斯人也不是德国人。根据(5)知道 A 不是法国人，所以 A 就应该是意大利人。根据(6)知道 B 不是美国人也不是法国人，根据(4)知道 B 不是德国人，所以 B 应该是俄罗斯人。根据(1)、(2)、(3)知道 E 不是美国人也不是德国人，那 E 就应该是法国人。根据(4)知道 F 不是德国人，所以 F 应该是美国人。最后，D 就是德国人。

210. 如下图所示。

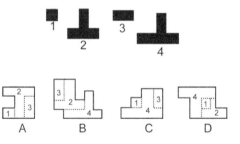

A. 1、2、3；   B. 2、3、4；   C. 1、3、4；   D. 1、2、4。

211. 只要画个简易的图就可以知道他们的位置关系，桌子一边三人为赵、钱、孙，另一边为李、周、吴。再看六个人分别点了什么东西，就能够知道答案：吴点了红烧牛肉。

212. 题目的答案只有一个，如下图所示。

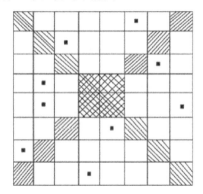

为了避免在试答案的时候毫无头绪，可以用排除法，把确定的棋子的横排、竖排和对角线都划掉，这样就清晰很多了。

然后再分别试验，直至全部放下或者没有地方放为止。

213. 如下图标记所示即可。

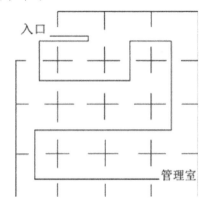

214. 他们各自的巡逻路线如下图所示。

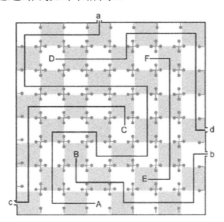

215. 因为长方形的长边为 8，大于 6，所以一定会从长边截取下来两格用来补足其他部位。

具体切割方法如下图所示。

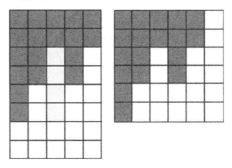

216. 如下图所示。

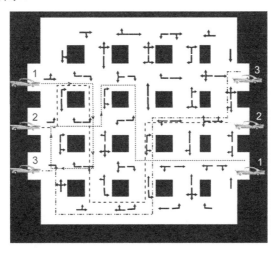

217. A 会上升，B 会下降。

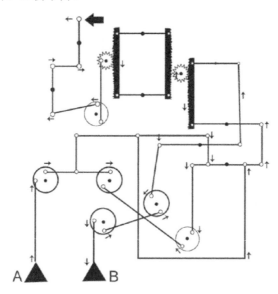

218. 永远不会。可以画个示意图看看。

219. 只需要移动一根。把最下面的火柴向下移动一点就可以了。

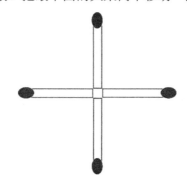

220. 方法一：

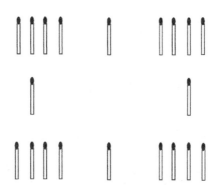

方法二：

221. 如下图移动即可。

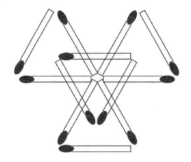

222. 如下图所示。

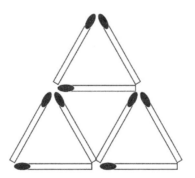

223. 如下图所示。

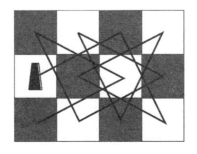

224. 如下图所示。

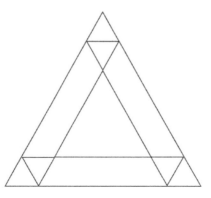

225. 密码是 3975832058。

规律为：第一个数字为表格中第一列黑色方块上方的空格数量；第二个数字为表格中第二列黑色方块下方的空格数量；第三个数字为表格中第三列黑色方块上方的空格数量；第四个数字为表格中第四列黑色方块下方的空格数量；依此类推。

226. 如下图所示。

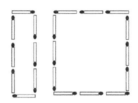

227. 如下图所示。

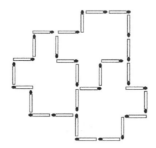

228. 如下图所示。

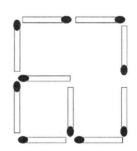

229. 选择 A。

大家可以自己用纸片做做实验。

230. 如下图所示。

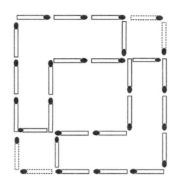

231. 四种。你可以试一试。

232. 如下图所示。

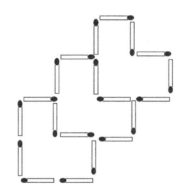

233. 一共有 35 个。

234. 有 14 种。大家可以自己用纸片拼一下试试。

235. A 图形中共有 3 个三角形；B 图形中共有 8 个三角形；C 图形中共有 15 个三角形；D 图形中共有 24 个三角形。

236. 如下图所示。

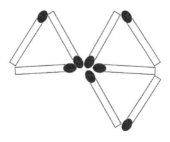

237. 根据正三角形的性质，圆心所在的点距小正三角形的顶点和底边的距离比是 2∶1，同样，圆心所在的点距大正三角形的顶点和底边的距离比也是 2∶1。

而圆心到大正三角形底边的距离，与圆心到小正三角形顶点的距离都等于圆的半径。所以两个正三角形的面积比为4∶1。

238. 如下图所示。

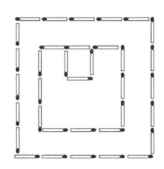

239. 如下图所示，一个大六边形，六个小六边形。

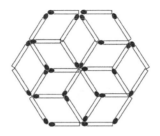

240. 选择 B。

根据各根火柴的前后位置判断。

241. 可以画出 7 种大小不同的正方形，分别如下图所示。

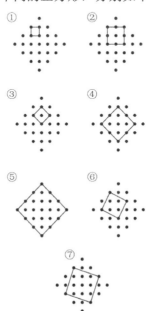

242. 一共有 15 个。

其中, 4×4 的正方形有 1 个; 3×3 的正方形有 2 个; 2×2 的正方形有 4 个; 1×1 的正方形有 8 个。

243. 是编号为 6 的那一根。

244. 这个图形剪开后得到的是一个长方形的环, 你可以试试看。

245. 会的。小三角让这个六边形看上去有些扭曲, 其实它确实是一个标准的正六边形。

246. 如果你一心想用这四块纸板拼接成为正方形, 那么你是做不到的, 唯一的办法就是分别用它们的一条边。

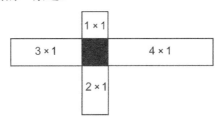

247. 移法如下图所示。别忘了左边还有一个大正方形。

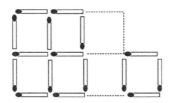

248. 有 24 个正方形。

249. 方法不止一种, 下面只列出一个可能性, 把剩下的四枚棋子移到四个交叉点即可。

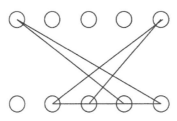

250. 如下图所示。

251. 如下图所示。

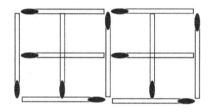

252. 选择 D，你可以自己折叠试一试。

253. 如下图所示。

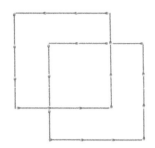

254. 如下图所示。

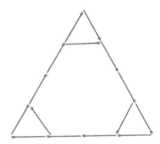

255. 移动 4 根。

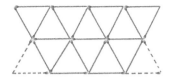

256. 鱼：3 根；猪：2 根。

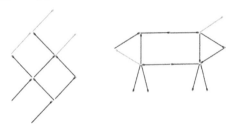

257. 如下图所示。

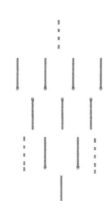

258. 如下图所示。

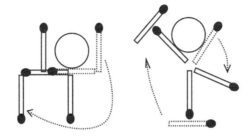

259. 当莱奥纳德·欧拉解决了哥尼斯堡七桥问题后，他发现了解决这类问题的普遍规则。秘密是计算到每个交点或节点的路径数目。如果超过两个节点有奇数条路径，那么该图形是无法一笔画出的。

在这个例子中，路径 4 和 5 是无法画出的。

如果正好有两个节点有奇数条路径，那么问题就有可能得到解决，也就是要以这两个节点分别为起点和终点。路径 7 便是这样的图。为了一笔画出它，你必须从底端的一角出发，并回到另一角。

260. 第一次赚了 100 元，第二次赚了 10 元，所以一共赚了 110 元。

261. 如下图所示。

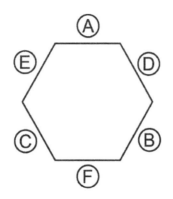

262. 答案为：12111。

如果 6 千、6 百、6 可以写成 6606，也就是：6×1000+6×100+6=6606，对于 11 千、11 百、11，为 11×1000+11×100+11=12111。

263. 每小时慢 10 分钟，即 50 分钟相当于标准时间的 1 小时。这个表的 12 小时相当于标准时间的 12×60/50=14.4(小时)，所以慢了 2.4 小时。

264. 不能。莫比乌斯带只有一个边及一个面。

265. 你将得到一个普通的长方形环——两条横边，两条竖边，且没有扭曲，如下图所示。

266. 将变成两根套在一起的环，一根是和原来那根一样长的莫比乌斯带，另一根是原来两倍长的、扭了两次的环。

267. 移动以后，从右下角剪下来的三角形正好可以补上左上角缺少的部分，这是毋庸置疑的。

但是问题究竟出在了哪里呢？

我们仔细看一下，就会发现，移动之后，沿着剪开的那条线，所有的小正方形的高度都增加了一点点。

我们只看右下角的那个小三角形，它的底边仍然是 1，但是高却变成了 1+1/23，向上移动的时候，每个小正方形都正好增加了 1/23 厘米。

这是因为剪开的时候，并不是从整个大正方形的对角线剪开的。

所以向上滑动的时候，也并不是向上滑动的 1 厘米，而是 24/23 厘米。

也就是说，新的长方形的长其实变成了 24+24/23 厘米，而不是 25 厘米。

所以面积为 23×(24+24/23)=576，没有发生变化。

268. 因为左右两个三角形的腰都不是直线。

我们可以用数学来证明这两个三角形的腰不是直线。

首先，我们来计算一下左图中，左下角的那个小直角三角形的斜率，我们设为 k1。

k1=5/2

然后，我们再来计算一下左图中，上面那个大直角三角形的斜率，我们设为 k2。

k2=8/3

显然 k1 大于 k2，也就是说，左图的那个腰是向上凸出去的。

我们再来看一下右图：

左下角的那个大直角三角形的斜率为 k2。

上面那个小直角三角形的斜率为 k1。

因为 k1 大于 k2，也就是说，右图的那个腰是向下凹进去的。

两个图形的腰一个凸出去，一个凹进来，所以造成两个三角形的大小产生了变化。

269. 只要计算一下①和②两个三角形的斜率就知道，它们并不一样。

也就是说这两个大三角形的斜边并不是一条直线。上面的图中这条线向下凹进去一些，下面的图中这条线向上凸出去一些。

这就形成了下图中的那个空格。

270. 首先，我们来计算一下左图中上面三角形的斜率 k1。

k1=8/3

然后，我们再来看一下右图那个梯形的斜边的斜率 k2。

k2=5/2

将两个斜率不同的图形(一个三角形，一个直角梯形)对接在一起，它们的组合图形不可能是一个三角形，在连接的地方应该是向内凹进去的。

也就是说右图中，中间的那条斜线并不是直线，有些部分是空缺的。只是我们肉眼看上去像是一条直线罢了。

这就解释了为什么会多出一块来。

271. 星期五。用排除法就可以。

住宾馆的朋友下周三外出办事，其他时间都在；可以排除星期三。

税务所星期六休息；可以排除星期六。

博物馆只有在周一、周三、周五开放；可以排除周二、周四、周六、周日。

体检医生每逢周二、周五、周六值班；可以排除周一、周三、周四、周日。

最后剩下的就是可以的，只有星期五了。

272. 本题运用代入法。A 项代入甲得到"录取小方"，代入丙得到"不录取小方"，显然矛盾，C 项代入丙即可推出矛盾；D 项代入乙即可推出矛盾。

故正确答案为 B。

273. 还有 168 页。

因为从第 3 页到 12 页这 10 页撕下来后还剩下 190 页，说明第 3 页与第 4 页在同一张纸上。这样第 88 页前面的 87 页和 107 后面的 108 页也会被撕下，所以还剩下 168 页，而不是 170 页。

274. 原因其实很简单，因为 7、11、13 这三个数的乘积是 101。如果这个三位数是 abc，那么写成 abcabc 后，除以 101，当然还是 abc 了。

275. 第三张是黑桃 A 的概率是 90%，第四张是黑桃 A 的概率是 10%。

276. 一副完整的扑克牌包括两张大小王，共有54张。若把大小王除去，就剩52张，四种花色各13张。

运气最差的时候可能会抽22张都没有6张是相同花色的：每种花色各5张，加上大小王。这样再抽出一张就保证有6张牌的花色相同。因此，至少要抽23张才能保证有6张牌的花色相同。

277. 如下图所示。

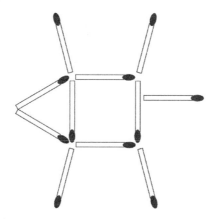

278. 把减号移动最左边去，变成1×11=11。

279. 可以变成NINE(9)。

280. 周长相同的图形中，圆的面积最大，所以用八根火柴摆的多边形中，也是最接近圆的正八边形面积最大了。

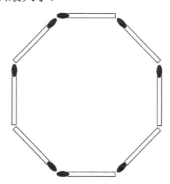

281. 如下图移动即可。

282. 做成立体图形，它们就不平行了。

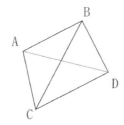

283. 如下图所示。

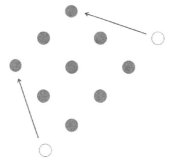

284. 在地球仪上是可以这样的。

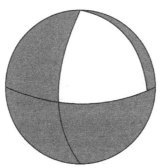

285. 至少移动 3 根火柴，如下图所示。

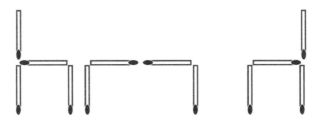

286. 如下图所示。

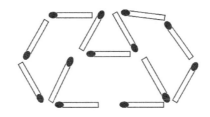

287. 如下图所示。

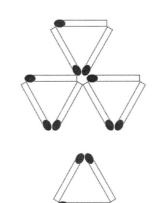

288. 把黑色的四张撕掉。

289. 在上面画一条直线，这样除了三个立着的杯子外，还有两个倒扣的杯子。

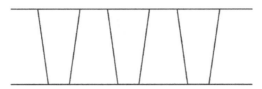

290. 左下角的齿轮逆时针旋转，其他的轮子都顺时针旋转。

291. 最少拿走四根，如下图所示。

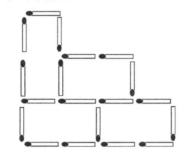

292. 还有几种方法，下面仅举一例，其他的大家可以自己试一试。

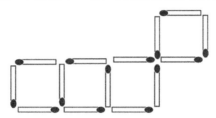

293. 如下图所示。

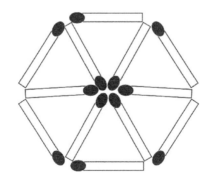

294. 如下图所示。

295. 第一个窗子最牢固，因为它构成了三角形，而三角形最具有稳定性。

296. 如下图所示。

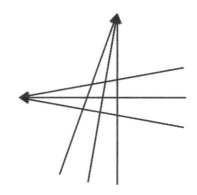

297. 如下图所示。

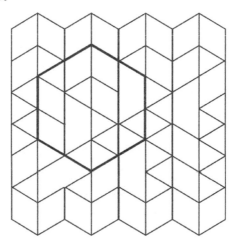

298. 如下图所示。

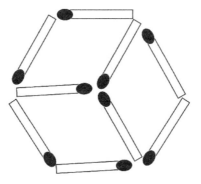

299. 第四个装得最多。因为表面积相同的各个长方体中，立方体的体积最大。

300. 选择 B。

根据三角所在位置，只有 B 符合要求。

301. 换种装法就可以了。

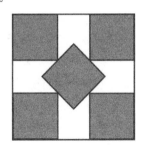

302. 选择 C。
大家可以亲自试一下。

303. 小鸡的英文是 cock。

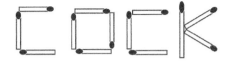

304. 如下图所示。

305. 如下图所示。

306. 如下图所示。

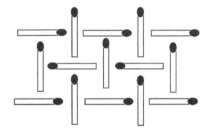

307. 如下图所示。

$$35+52+7+5=99$$

308. B 和 D 两幅图中灰色和白色部分的面积相等，两外两幅图都不相等。

309. 调换棋子是无论如何都做不到的。唯一的办法就是把棋盘转 180°。

310. 选择 C。

剪去的部分是每条边的中间部分。

311. 不需要移动火柴，只要换个角度观察即可。

312. 只要把这个图案从中间横线切开，遮住上半部分你就会发现它的密码。没错，就是六月的英文(JUNE)。

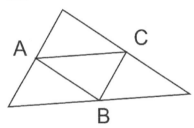

313. 其实也很简答。首先把 ABC 三点连起来，然后过 A 点画一条 BC 的平行线，过 B 点画一条 AC 的平行线，过 C 点画一条 AB 的平行线，三条平行线相交所组成的图形就是所要的三角形。

314. 把大写字母变成小写字母。

315. 如下图所示。

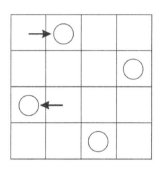

316. 因为木板是同样的，所以只要分别量一下两块木板的重量，就能知道谁面积大了。

317. 把桌上的火柴点燃，然后用其点燃杯子中间的那个火柴头，等 1～2 秒后吹灭，这时它会凝固粘在玻璃杯上，这样就可以移走另一个杯子而使火柴悬空了。

318. 把杯口向下倾斜，直到可以看到杯底的边缘为止，剩下的正好是半杯咖啡。

319. 用两只手指堵住 U 形管的两个口，然后翻转过来，让两个乒乓球到一面去，然后顺势再翻转回来即可。

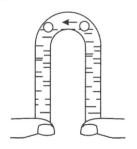

320. 如下图所示。

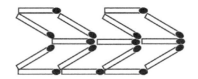

321. 只要用一支铅笔在硬币上面的纸上涂画，就可以拓印出硬币上的日期。

322. 如下图所示。

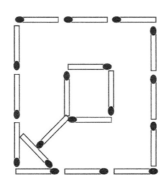

323. 如下图所示。

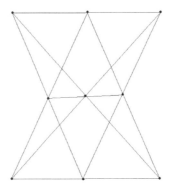

324. 如下图所示。

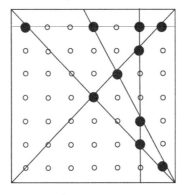

325. 答案如下图所示。

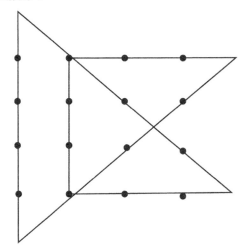

326. 选 D，小丽吃的。可以用排除法，假如是小明吃的，那么第一个人和第三个人说的都是真话。假如是小红吃的，同样第一、三位说了真话。假如是小黄吃的，那第二、三位说了真话；假如是小丽吃的，那么只有第二位说了真话。由此可知：答案为 D。

327. 花甲是 60 岁，重开也就是两个花甲，即 120 岁，又加三七岁月，就是再加上 21 岁，即 120+21=141 岁。古稀为 70 岁，双庆也是两个古稀，即 140 岁，更多一度春秋，就是再加 1 岁，也是 141 岁，所以说这位老寿星的年龄是 141 岁。

328. 设 1 号拿的为 N 个。

A：当 $N \geqslant 49$ 时，根据题意，每人至少要拿一个，无论后面怎么拿，最多能拿 48 颗，1 号必被取消资格。

B：当 $22 \leqslant N \leqslant 48$ 时，无论 N 取何值，2 号都会取 N-1 个，因为 2 号能判断他后面无论怎么取都至少有一人少于他。3 号，则取 N-2 个，因为他知道前面两个人手中绿豆个数的和后，能判断必然有一个人手中的绿豆多于 N-2，并且当他取 N-2 个后，他后面也必然有一个人少于 N-2。4 号同理，取 N-3。轮到 5 号时，无论 5 号取多少，1 号和 5 号都会被取消资格。

C：当 N=21 时，2 号取 20，3 号取 19，这时剩 40 颗。因为抓 19，20，21 都会重复，必被取消资格，而 22 颗是最大，抓 17 颗是舍弃自己救第五人的办法。因为原则是先求保住自己的资格，所以第四人会选择抓 18 颗，最后剩下 22 颗，不管 5 号抓多少都要被取消资格，抓 1～17 是最少，1 号和 5 号被取消资格。取 18 时，1 号、4 号、5 号被取消资格。取 19 时，1 号、3 号、4 号、5 号被取消资格，只有 2 号分到宝物。选 20 时，1 号、2 号、4 号、5 号被取消资格，只有 3 号分到宝物。选 21 时，1 号、4 号、5 号被取消资格。而只有 5 号抓 22 的时候，1 号才能分到宝物，这时 4 号、5 号被取消资格。当 5 号意识到自己必定被取消资格的时候，必然要多拖几个人下水，所以最有可能出现的情况就是：取 19，这样 1 号、3 号、4 号、5 号被取消资格，只有 2 号分到宝物。或者选 20，这样 1 号、2 号、4 号、5 号被取消资格，只有 3 号分到宝物。

D：当 $2 \leqslant N \leqslant 20$ 时，无论 N 取何值，2 号取绿豆有 2 种可能，$N-1$ 或 $N+1$。因为，如果 2 号取的绿豆和 1 号之差超过 1 个，即 $N-2$ 或 $N+2$，3 号就能判断前面至少有一个人手中的绿豆是 $\geqslant(N+N+2)/2$ 或 $\geqslant(N+N-2)/2$，取 $N+1$ 或 $N-1$ 是 3 号最佳的选择，这样 3 号就必定分到宝物。所以 2 号肯定得紧贴着 1 号的数取豆。

D1：若 $N=20$，2 号取 21 时，3 号取 19，此时剩 40 颗，回到 C 的情况。

D2：若 $N=20$，2 号取 19 时，3 号取 18，4 号取 17，此时剩 26，5 号必被取消资格，回到 C 的情况。取 1 到 16 时，1 号、5 号被取消资格。

取 17 时，1 号、4 号、5 号被取消资格。取 18 时，1 号、3 号、4 号、5 号被取消资格。取 19 时，1 号、2 号、4 号、5 号被取消资格。取 20 时，1 号、4 号、5 号被取消资格。取大于或等于 21 时，4 号、5 号被取消资格。

所以最有可能出现的情况就是：取 18，1 号、3 号、4 号、5 号被取消资格，2 号分到宝物。

取 19，1 号、2 号、4 号、5 号被取消资格，3 号分到宝物。

依此类推……

若 $N=6$，2 号取 5，3 号取 4，4 号取 3，回到 D2 的情况，5 号必被取消资格。最有可能出现的情况就是：取 4，1 号、3 号、4 号、5 号被取消资格，2 号分到宝物。取 5，1 号、2 号、4 号、5 号被取消资格，3 号分到宝物。

若 $N=5$，2 号取 4，3 号取 3，4 号取 2，回到 D2 的情况，5 号必被取消资格。最有可能出现的情况就是：取 3，1 号、3 号、4 号、5 号被取消资格，2 号分到宝物。取 4，1 号、2 号、4 号、5 号被取消资格，3 号分到宝物。

若 $N=4$，2 号取 3，3 号取 2，4 号取 5，此时 5 号必被取消资格。5 号取 1，4 号、5 号被取消资格。

取 2，3 号、4 号、5 号被取消资格。取 3，2 号、3 号、4 号、5 号被取消资格，1 号分到宝物。取 4，1 号、3 号、4 号、5 号被取消资格，2 号分到宝物。取 5，3 号、4 号、5 号被取消资格。取大于或等于 6 时，3 号、5 号被取消资格。

所以最有可能出现的情况就是：取 3，2 号、3 号、4 号、5 号被取消资格，1 号分到宝物。

取 4，1 号、3 号、4 号、5 号被取消资格，2 号分到宝物。

若 $N=3$，2 号取 2，3 号取 4，此时回到上一种情况，4 号取 5。所以最有可能出现的情况就是：5 号取 3，1 号、2 号、4 号、5 号被取消资格，3 号分到宝物。取 4，2 号、3 号、4 号、5 号被取消资格，1 号分到宝物。

若 $N=2$，2 号取 3，3 号取 4，此时回到上一种情况，4 号取 5。所以最有可能出现的情况就是：5 号取 3，1 号、2 号、4 号、5 号被取消资格，3 号分到宝物。取 4，1 号、3 号、4 号、5 号被取消资格，2 号分到宝物。

E：N 取 1 时，1 号必被取消资格。

所以 1 号考虑完上述情况后，他必然会选择分到宝物希望最大的 3 或 4。这时最有可能分到宝物的就是 1 号、2 号、3 号。其中，1 号分到宝物的概率最大，为 50%。

329. 两人手中纸条上的数字都是 4。

推理过程：

两个自然数的积为 8 或 16 时，这两个自然数只能为 1、2、4、8、16 中的两个。可能的组合为：1×8，1×16，2×4，2×8，4×4。

当皮皮第一次说推不出来时，说明皮皮手中的数字不是 16，如是 16，他马上可知琪琪手中的数字是 1，因为只有 16×1 才能满足条件，他猜不出来，说明他手中不是 16，他手中的数可能为 1、2、4、8。

同理，当琪琪第一次说推不出时，说明她手中的数不是 16，也不是 1，如是 1，她马上可知皮皮手中的数为 8，因前面已排除了 16，只有 8×1=8 能符合条件了，她手中的数可能为 2、4、8。

皮皮第二次说推不出，说明他手中的数不是 1 或 8，如是 1，他能推出琪琪手中的数是 8，同理是 8 的话，能推出琪琪手中的数是 2，这样皮皮手中的数只能为 2 或 4。

琪琪第二次说推不出时，说明琪琪手中的数只可能为 4，只有为 4 时才不能确定皮皮手中的数，如是 2，她可推出皮皮的数只能为 4；因只有 2×4=8 符合条件。

如果是 8，皮皮手中的数只能为 2，因只有 8×2=16 符合条件。

因此，第三轮时，皮皮能推出琪琪手中纸条上的数字是 4。

330. 这样的策略是存在的。

首先，给这 100 个人编号，从 0 到 99，即第一个人编号为 0，第二个人编号为 1，……，第 100 个人编号为 99。

然后，每个人把他看到的其他 99 个人帽子上的数字加起来，取这些数字之和的末尾两位数字，再用自己的编号减去这个数字，就是他要说的数字(如果这个差是负数，就加上 100)。

这样就可以实现。

证明：

假设所有人帽子上数字的和的末两位是 S，编号 n 的人帽子上数字是 Xn，他看到的其他人帽子上数字的和的末两位是 Yn，则有 Xn=S-Yn(如果差是负数，就加上 100)。

每个人说的数字是 Zn=n-Yn(如果差是负数，就加上 100)，因为 S 是在 0~99 的一个不变的数字，所以编号 n=S 的那个人说的数字 Zs=S-Ys=Xs，也即他说的数字就会等于他帽子上的数字。

这样就能保证至少有一个人会说中自己帽子上的数字了。

331. 对于徒弟甲来说，在什么条件下，他才会说"我不知道是哪块木板？"

显然，这块木板不可能是 12×30、14×40、18×40。

因为这三种长度的木板都只有一块，如果长度是 12、14、18，那么知道长度的徒弟甲就会立刻说自己知道。

同样的道理，对于徒弟乙来说，在什么条件下他才会说"我也不知道是哪块？"

显然，这块木板不可能是 8×10、8×20、10×25、10×35、16×45。因为这五种宽度的木板也是各有一块。

这样，我们可以从 11 块木板中排除 8 块，剩下以下三种可能性：10×30、16×30、16×40。

下面，可以根据徒弟甲所说的"现在我知道了"这句话来推理。如果这块木板是 16×30 或 16×40，那么仅仅知道长度的徒弟甲是不能断定是哪块木板的，然而，徒弟甲却知道了是哪块。

所以，这块木板一定是 10×30 那一块。

332. 如下图所示。

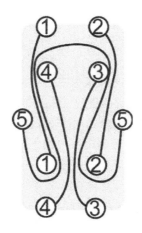

333. 其实很简单，只要周星星和丽莎小姐一样做，即也押 500 个金币在"3 的倍数"上就可以了。

因为，如果丽莎小姐赢了，得到 1500 个金币，那么周星星先生也会得到同样多的金币，而他自己还有剩余的金币 200 枚。他们的名次不会受到影响。

要是丽莎小姐输了的话，丽莎小姐一个金币也没有了，而周星星还有 200 个金币，还是不会影响到他们的名次。

事实上，周星星先生只要押 401 到 699 个金币，都可以达到稳赢不输的目的。

那样，赢的话金币就会在 1502 个以上，输的话还至少还剩 1 个金币，仍然会是第一名。

也就是说，在这种场合，手里有较多金币的人一定可以赢。

334. 大牧场主有 7 个儿子，56 头牛。

大儿子拿到了 2 头牛，他老婆拿了 6 头牛；

第二个儿子拿到了 3 头牛，他老婆拿了 5 头牛；

第三个儿子拿到了 4 头牛，他老婆拿了 4 头牛；

第四个儿子拿到了 5 头牛，他老婆拿了 3 头牛；

第五个儿子拿到了 6 头牛，他老婆拿了 2 头牛；

第六个儿子拿到了 7 头牛，他老婆拿了 1 头牛；

第七个儿子拿到了 8 头牛，但牛已经全部分光，他老婆没有拿到牛。

现在每个家庭都分到 8 头牛，所以每家可以再分到 1 匹马。

于是他们都分到了价值相等的牲口。

335. 因为"剩下的一半加半头宰杀犒劳帮忙的乡亲"，只有剩下 1 头牛时，一半加半头牛才能正好一头牛不剩地分完。所以可以推出，一共 15 头牛，分别分到了 8、4、2、1 头牛。

336. 被问者只能有两种回答，"有"或者"没有"。如果被问者回答的是"有"，那么路人不能根据这句话判断他们中是否有诚实部落的人。如果答案是"没有"，则说明被问者是说谎部落的人，而另一个就是诚实部落的人，因为被问者不会在自己是诚实部落的人的情况下回答"没有"的。

因此，路人得出了判断，被问者回答的就是"没有"。

337. 总共玩了四圈牌，因此，根据(3)和(4)，必定在某一圈先手出的牌是王牌而且这圈是先手胜。于是，根据(1)和(2)，先手和胜方的序列是以下二者之一：

Ⅰ

X 先手，X 胜

X 先手，Y 胜

Y 先手，Y 胜

Y 先手，X 胜

Ⅱ

X 先手，Y 胜

Y 先手，Y 胜

Y 先手，X 胜

X 先手，X 胜

不是先出牌而能取胜，表明打的是一张王牌。因此，无论是Ⅰ还是Ⅱ，都要求一方有两张王牌，而另一方有一张王牌。从而得出，黑桃是王牌。

假定Ⅰ是符合实际情况的序列，则根据(4)以及第一圈时 Y 手中必定有一张黑桃的事实，X 在第一圈时不是先出了王牌黑桃而取胜的；根据(4)以及 X 在第四圈时必定要出黑桃的事实，Y 在第三圈时也不是先出了黑桃而取胜的。

这同我们开始时分析所得的结论矛盾。

所以 II 是符合实际情况的序列。这样，根据(4)以及第二圈时 X 手中必定有一张黑桃的事实，Y 在第二圈时不是先出了黑桃而取胜的。因此在第四圈时，X 先出了黑桃并以之取胜。

根据上述推理，在第一、三、四圈都出了黑桃，只有在第二圈中没有出黑桃。

其他的情况是：X 在第一圈时先出的是 Y 手中所没有的花色。既然 X 手中应该有两张黑桃，那么 X 是爸爸，他在第一圈先出的是梅花。接着在第二圈时出了红心。

因此，根据(4)，儿子在第二圈时先出了方块并以之取胜；根据(3)，他在第三圈时先出了红心，在第四圈时出的是方块。

338. 如果一开始 A 就选择不合作，则两人各得 1 的收益，而 A 如果选择合作，则轮到 B 选择，B 如果选择不合作，则 A 收益为 0，B 的收益为 3，如果 B 选择合作，则博弈继续进行下去。

可以看到每次合作后总收益在不断增加，合作每继续一次总收益增加 1，如第一个括号中总收益为 1+1=2，第二个括号为 0+3=3，第三个括号则为 2+2=4。这样一直下去，直到最后两人都得到 10 的收益，总体效益最大。

遗憾的是这个圆满结局很难实现！

人家注意，在图中最后一步由 B 选择时，B 选择合作的收益为 10，选择不合作的收益为 11。根据理性人假设，B 将选择不合作，而这时 A 的收益仅为 8。

A 考虑到 B 在最后一步将选择不合作，因此，他在前一步将选择不合作，因为这样他的收益为 9，比 8 高。B 也考虑到了这一点，所以他也要抢先 A 一步采取不合作策略……

如此推论下去，最后的结论是：在第一步 A 将选择不合作，此时各自的收益为 1，这个结论是令人悲哀的。

不难看出，这个结论是不合理的。因为一开始就停止的话，A、B 均只能获取 1，而采取合作性策略有可能均获取 10，当然 A 一开始采取合作性策略有可能获得 0，但 1 或者 0 与 10 相比实在是很小。直觉告诉我们采取"合作"策略是好的。而从逻辑的角度看，A 一开始应选择"不合作"的策略。人们在博弈中的真实行动"偏离"了博弈的理论预测，造成二者间的矛盾和不一致，这就是蜈蚣博弈的悖论。

339. 无法选择。

首先，我们知道，乙的选择只有两个，第一，选择 A，空盒；第二，选择 B，1000 元。

现在我们来判断一下，哪个选择是不合理的选择。

我们假定选择 A 为不合理的选择，因为 A 盒里没有钱，而 B 盒里有 1000 元；

但是选择 A 以后，因为 A 是不合理的选择，甲会奖励给乙 10000 元，这样乙会得到 10000 元，比选择 B 多了 9000 元，这又使得选择 A 成了合理的选择；

反之，若选择 A 是合理的选择，但选择 A 以后，乙至少比选择 B 少得到 1000 元，这样，选择 A 又成了不合理的选择。

也就是说，这是一个两难悖论，根本无法确认哪个选择是合理的，哪个选择是不合理的，所以无法选择。

340. A 提方案时当然要猜测 B 的反应，A 会这样想：根据理性人的假定，A 无论提出什么方案给 B，除了将所有 100 元留给自己而一点不给 B 留这样极端的情况，B 只能接受。

因为 B 接受了还有所得，而不接受将一无所获，当然此时 A 也将一无所获。

此时理性的 A 的方案可以是：留给 B 一点儿，比如 1 分钱，而将 99.99 元归自己所有，即方案是 99.99：0.01。

B 接受了会得到 0.01 元，而不接受，将什么也没有。对比一下，B 一定会接受这个建议。

但是，这只是根据理性人的假定分析出来的结果，实际上则不是这个样子。

英国博弈论专家宾莫做过一次试验，发现提方案者倾向于提 50：50，而接受者会倾向于：如果给他的少于 30%，他将拒绝；多于 30%，则不拒绝。

这个博弈反映的是"人是理性的"这样的假定，在某些时候存在着与实际不符的情况。

当然我们可以给出这样一个解释：现实中人的理性的计算能力往往用在不符合实际情况的"高效用"问题上，而在"低效用"问题上，理性往往会失去作用。

341. 其实很显然最后一个是乙选的，那么他想把大的留在后面(比如 24 最后的话，结果一定大于 24，是绝对值)，所以甲希望大的先出，乙相反。

乙采取这样的策略：

(1) 如果甲把 $2k-1$(k 不等于 12)置+(−)号，他就把 $2k$ 置−(+)号；

(2) 如果甲把 $2k$(k 不等于 12)置+(−)号，他就把 $2k-1$ 置−(+)号；

(3) 如果甲把 24 置+(−)号，他就把 23 置+(−)号；

(4) 如果甲把 23 置+(−)号，他就把 24 置+(−)号。

结果是 36，也就是说，至少为 36。

对于甲：

如果甲第一次选 1，后来甲根据乙的选择来定，总选择和乙相差 1 的数，并符号始终相反则甲、乙各选了 11 次后，最多是 12，那么即使最后是 24，最多就为 36。也就是说，最多为 36。

结果就是 36。

342. 2 次。

把 8 个球分成 3、3、2 三组，把 3 个球和 3 个球分别放在天平的两端。如果天平平衡，那么把剩下的两个球放在天平上，天平向哪边倾斜，那个球就是略重的；如果天平偏向一方，就把重的那一方的 3 个球中的两个放在天平上，这时如果天平倾斜，重的就是重的球，不倾斜，剩下的那个球就是要找的。

343. 将十二个球编号为 1～12，然后按下表操作即可。

第一次		结果	第二次		结果	第三次		结果	结论
左	右		左	右		左	右		
1、2、3、4	5、6、7、8	右重	1、6、7、8	5、9、10、11	右重	1	2	右重	1 轻
								平衡	5 重
					平衡	2	3	右重	2 轻
								平衡	4 轻
								左重	3 轻
					左重	6	7	右重	7 重
								平衡	8 重
								左重	9 重
		平衡	1、2、3	9、10、11	右重	9	10	右重	10 重
								平衡	11 重
								左重	9 重
					平衡	1	12	右重	12 重
								左重	12 轻
					左重	9	10	右重	9 轻
								平衡	11 轻
								左重	10 轻
		左重	1、6、7、8	5、9、10、11	右重	6	7	右重	6 轻
								平衡	8 轻
								左重	7 轻
					平衡	2	3	右重	3 重
								平衡	4 重
								左重	2 重
					左重	1	2	平衡	5 轻
								左重	1 重

344. 第一个问题：你神志清醒吗？

回答"是"就是人；

回答"不是"就是吸血鬼。

或者问：你神经错乱吗？

回答"不是"就是人；

回答"是"就是吸血鬼。

第二个问题：你是吸血鬼吗？

回答"是"就是神经错乱的；

回答"不是"就是神志清醒的。

或者问：你是人吗？

回答"是"就是神志清醒的；

回答"不是"就是神经错乱的。

345. 无论你怎么选，开始的时候，你选中的机会始终都是 1/3，选错的机会始终都是 2/3。这点是确定的。

当打开一个 100 元的信封之后，如果你坚持选择那个第一次选择的信封的话：

如果 10000 元确实是在那个信封里，那么不管主持人打不打开那个 100 元的信封，你都一定会中奖。所以概率都是 1/3×1=1/3。但是如果 10000 元不在那个信封里，那么在主持人打开 100 元的信封后，剩下的那个信封 100% 是那个有 10000 元钱的。所以如果你还是坚持选择那个信封，中奖的概率是 2/3×0=0。那么加在一起，你中奖的概率仍然是 1/3。

如果你改变你的决定的话：

如果 10000 元确实是在你选择的那个信封里，那么改选另一个信封的话，你中奖的概率是 1/3×0=0。但是如果你原先猜错了，那么在主持人打开 100 元的信封之后，剩下的那个信封 100% 是那个有 10000 元的。那样中奖的概率是 2/3×1=2/3。那么加在一起，你中奖的概率就是 2/3。

所以说，在这种情况下只要你改变你原先的选择，中奖的可能性就会翻一番！当然要换了！

346. 因为乙方有 2 个 A，所以甲无论如何也不能先出一对，那样被乙用对 A 管上之后就必输无疑了。

因此，甲的策略是先出一张 3，然后将对子全都拆开单出，直至乙拆开一个对子。

当然如果乙不拆开，那么甲继续出单张，直至全部出完。

如果乙拆的是 10，则用 J 或者 K 管；

然后继续出单张，如果乙继续用 10 管，则用 K 或者 J 管；

接着继续出单张，直至乙拆开 A，则用 2 管；

这时，甲就可以开始出对子了，乙肯定会剩下一个单张。

如果一开始乙拆的就是 A，则用 2 管。

然后出对，乙用对 10 管之后，甲用对 Q；

然后继续出对，乙必定会剩下一个单张。

另外，如果有 3 个 K 或者 3 个 J 在手，记得留下足够的对子做成三带二，以确保把牌全部出完。

347. 后摘的人只要拥有一定的技巧，就可以保证每次都获胜。

摘的技巧和规则如下：

首先，如果先摘的那个人摘一片花瓣，那么，后摘的人就在花瓣的另一边对称的位置摘去两片花瓣；

如果先摘的人摘了两片花瓣，那么，后摘的人就在花瓣的另一边摘一片花瓣。

总之，就是要一共摘掉 3 片花瓣，剩下 10 片花瓣，并且使这剩下的 10 片花瓣分为左右对称的两组，每组 5 片相邻的花瓣。

在以后的摘取过程中，如果先摘的人摘一片，后摘的人也摘一片；如果先摘的人摘两片，后摘的人也摘两片。

并且后摘的人摘的花瓣要与先摘的人摘的花瓣分别在两组中，且处于对称的位置。

每一次都用这样的方法摘，一直摘到最后，后摘者一定可以摘到最后的那片花瓣。

348. 先看极端情况：

如果 A、B 有一人拿到 5 元的信封，该人肯定愿意换；

如果 A、B 有一人拿到 160 元的信封，该人肯定不愿意换。

但问题是 A、B 两个信封是一个组合；

设 A 愿意换，则 B 不一定愿意换；反之亦然。

再看中间状况：

从期望收益来看，如果(A、B)信封组合实际为(20、40)：设若 A 拿到信封，看到里面有 20 元，则他面对两种可能，即 B 信封里或为 10 元(若此，他不愿换)，或为 40 元(若此，他愿意换)。但这两种可能性从概率上说是均等的，即各为 1/2(50%)；因此，他若愿意换，则其期望收益为：10×50%+40×50%=25(元)；这比他"不交换"的所得(信封里的 20 元)多，因此，理性的 A 应当"愿意交换"。

而 B 拿到信封，看到里面有 40 元，则他面对两种可能，即 A 信封里或为 20 元(若此，他不愿换)，或为 80 元(若此，他愿意换)；但这两种可能性从概率上说是均等的，即各为 1/2(50%)；因此，他若愿意换，则其期望收益为：20×50%+80×50%=50(元)；这比他"不交换"的所得(信封里的 40 元)多，因此，理性的 B 也应当"愿意交换"。

349. 我们先考虑一种简单的情况，假如姐姐和弟弟的偏好排序如下的时候。

姐姐：①冰箱；②洗衣机；③自行车；④洗碗机；⑤笔记本电脑；⑥打火机。

弟弟：①笔记本电脑；②打火机；③洗碗机；④自行车；⑤冰箱；⑥洗衣机。

如果诚实地选择，结果会是：姐姐选了冰箱、洗衣机和自行车，而弟弟选了笔记本电脑、打火机和洗碗机。

姐姐得到了 6 件物品中她认为价值最高的 3 件物品，弟弟同样得到了他希望得到的价值在前 3 位的物品。两人对分配均满意。这是一个双赢分配。

这里所实现的"双赢"分配，其基础是：我们假定了他们对不同的物品的估价"差别较大"，或者说不同物品在不同的人那里其"效用"是不同的。为了分析这里的分配是双赢的结果，我们设定他们对每件物品进行打分，假定满分为 100 分，姐姐和弟弟分别将这 100 分分配给不同的物品，如下。

姐姐：①冰箱 28 分；②洗衣机 22 分；③自行车 20 分；④洗碗机 15 分；⑤笔记本电脑 10 分；⑥打火机 5 分。

弟弟：①笔记本电脑 30 分；②打火机 25 分；③洗碗机 20 分；④自行车 15 分；⑤冰箱 5 分；⑥洗衣机 5 分。

这样，姐姐总共得到了 70 分，而弟弟得到了 75 分。两人分配得到的结果都大大超过了 50 分。勃拉姆兹教授在《双赢解》一书中还提出了分配的"无嫉妒原则"。也就是说，姐姐的所得为 70 分，弟弟的所得为 75 分，姐姐也不会嫉妒弟弟。如此看来，这样的分配确实是双赢的。

在上述的分配中，我们假定了姐姐和弟弟对不同物品的估价或者排序是不同的。

如果他们的估价差不多，情形又将如何呢？

假定姐姐和弟弟对不同物品估价后进行的排序如下。

姐姐：①冰箱；②笔记本电脑；③自行车；④洗碗机；⑤洗衣机；⑥打火机。

弟弟：①笔记本电脑；②打火机；③洗碗机；④自行车；⑤冰箱；⑥洗衣机。

同样，由姐姐先选。

在这样的选择中，如果每个人进行的选择是诚实的，即每个人进行选择时，都是从剩下的物品中选择自己认为价值最高的物品，那么结果是：

姐姐选择了冰箱、自行车和洗衣机；

弟弟选择了笔记本电脑、打火机和洗碗机。

在这个分配中，姐姐获得了她认为的价值"第一""第三"和"第五"的物品，而弟弟获得了他认为价值"第一""第二"和"第三"的物品。

这样的分配对双方来说，虽然不是最好的结果，但是双方应该对这个分配结果感到满意的。

在这个例子中，聪明的读者会想到：

如果姐姐第一次不选择冰箱，而先选择笔记本电脑，情形会怎样呢？即：姐姐的选择是策略性的，而不是诚实的。因为，姐姐知道在弟弟那里笔记本电脑排第一，而冰箱排倒数第二。姐姐第一次选择了笔记本电脑，轮到弟弟选择时，弟弟也不会选择冰箱，而会选择打火机。那样结果就会如下：

姐姐选择了冰箱、笔记本电脑和自行车；弟弟选择了打火机、洗碗机和洗衣机。

这样姐姐得到了她认为的最值钱的前三位东西。而弟弟得到了他认为的第二、第三及第六位价值的物品。

当然，如果弟弟对自己的分配所得的结果不满意，他同样可以采取策略行为。

当他看到姐姐采取策略性行为而选择了笔记本电脑时，轮到他选择时，他先选择冰箱！尽管冰箱在他看来价值较低，但他知道冰箱在姐姐那里价值最高，当他选择了冰箱后，他可以用它与姐姐交换笔记本电脑！这样一来，情形就较复杂。大家不妨自己分析一下此时的结果。

350. 其实原则很简单，就是让走得较快的人跑的次数多一些，回来送手电筒尽量用走得较快的那个人；速度最慢的人过桥时要带上一个速度第二慢的人，以免拖别人后腿。

(1) 让第一个女人和第二个女人过去，用时 2 分钟。

(2) 第一个女人把手电筒拿过来，用时 1 分钟。

(3) 第三个女人和第四个女人过去，用时 10 分钟。

(4) 第二个女人再把手电筒拿回来，用时 2 分钟。

(5) 第一个女人和第二个女人一起走过去，用时 2 分钟。

总共用时：

2+1+10+2+2=17(分钟)。

这样就可以满足条件了。

351. 他只要按照下表所示的方法倒酱油，就可以达到两名顾客的要求了。

其中，第一行的 10kg、10kg、5kg、4kg 分别代表四个有确定容量的容器；第二行开始的每一行的数字，都代表每一次倒酱油后，各个容器中有的酱油数量。

例如：第二行的 10、10、0、0 代表一开始，只有商人的两个桶里各有 10kg 的酱油，顾客的两个桶里都是空的；第三行的 5、10、5、0 则代表，第一次倒酱油是把第一个 10kg 的酱油桶中的酱油倒入 5kg 的酱油桶中，并倒满。此时第一个桶中还剩下 5kg，第三个桶中有 5kg。以此类推，就可以知道整个倒油过程了。

10kg	10kg	5kg	4kg
10	10	0	0
5	10	5	0
5	10	1	4
9	10	1	0
9	10	0	1
4	10	5	1
4	10	2	4
8	10	2	0
8	6	2	4
10	6	2	2

352. 向 A 问第一个问题：

如果我问你以下两个问题："Da 表示'对'吗"和"如果我问你以下两个问题：'你说真话吗'和'B 随机答话吗'，你的回答是一样的，对吗"，你的回答是一样的，对吗？

如果 A 说真话或说假话并且回答是 Da，那么 B 是随机答话的，从而 C 是说真话或说假话；如果 A 是说真话或说假话并且回答是 Ja，那么 B 不是随机答话的，从而 B 是说真话或说假话；如果 A 是随机答话的，那么 B 和 C 都不是随机答话的！

所以无论 A 是谁，如果他的答案是 Da，C 说真话或说假话；如果他的答案是 Ja，B 说真话或说假话。

不妨设 B 是说真话或说假话。

向 B 问第二个问题：

如果我问你以下两个问题："Da 表示'对'吗"和"罗马在意大利吗"，你的回答是一样的，对吗？

如果 B 是说真话的，他会回答 Da。

如果 B 是说假话的，他会回答 Ja。从而我们可以确认 B 是说真话的还是说假话的。

向 B 问第三个问题：

如果我问你以下两个问题："Da 表示'对'吗"和"A 是随机回答吗"，你的回答是一样的，对吗？

假设 B 是说真话的，如果他的回答是 Da，那么 A 是随机回答的，从而 C 是说假话的；如果他的回答是 Ja，那么 C 是随机回答的，从而 A 是说假话的。

假设 B 是说假话的，如果他的回答是 Da，那么 A 是不是随机回答的，从而 C 是随机回答，A 是说真话的；如果他的回答是 Ja，那么 A 是随机回答的，从而 C 是说真话的。

353. 每个参与者只能根据以前去的人数的信息归纳出策略来，没有其他信息，他们之间更没有信息交流。

这是一个典型的动态博弈问题，这是一群人之间的博弈。如果许多人预测去酒吧的人数多于 60，而决定不去，那么，酒吧的人数将很少，这时候预测就错了。如果有很大一部分人预测去酒吧的人数少于 60，因而去了酒吧，则去的人很多，多过 60，此时他们的预测也错了。因此，一个做出正确预测的人应该能知道其他人是如何做出预测的。但是在这个问题中每个人的预测信息来源是一样的，即都是过去的历史，而每个人都不知道别人如何做出预测，因此，所谓的正确预测是没有的。每个人只能根据以往历史"归纳地"作出预测，而无其他办法。阿瑟教授提出这个问题也是强调在实际中归纳推理对行动的重要性。

因此，对于这样的博弈的参与者来说，问题是他如何才能归纳出合理的行动策略。

例如，如果前面几周去酒吧的人数如下：

44，76，23，77，45，66，78，22

不同的行动者可做出不同的预测，例如预测：下次的人数将是前 4 周的平均数 (53)，两点的周期环(78)，与前面隔一周的相同(78)。

通过计算机的模拟实验，阿瑟得出一个有意思的结果：不同的行动者是根据自己的归纳来行动的，并且，去酒吧的人数没有一个固定的规律，然而，经过一段时间以后，去酒吧的平均人数很快达到 60。

即经过一段时间，这个系统中去与不去的人数之比是 60：40，尽管每个人不会固定地属于去酒吧或不去酒吧的人群，但这个比例是不变的。

这就是酒吧问题。对于下次去酒吧的确定人数，我们无法做出肯定的预测，这是一个混沌现象。

354. 没有任何办法！

在我们日常生活当中，两个有默契的不用语言，只凭一个动作甚至一个眼神就可以形成某个公共知识，而在有些时候，即使用语言多次传递某个信息，该信息也难以成为公共知识。

所谓公共知识，是指一个群体的每个人不仅知道这个事实，而且每个人知道该群体的其他人知道这个事实，并且其他人也知道其他的每个人都知道这个事实……这涉及一个无穷的知道过程。

也就是说：要使两个将军能够协同进攻，唯一的条件就是："于黎明一起进攻"成为将军 A、B 之间的公共知识。

然而，遗憾的是，无论这个情报员来回跑多少次，都不能够使 A、B 两个将军之间形成这个公共知识！

这就是"协同攻击难题"，它是由格莱斯(J. Gray)于 1978 年提出的。

355. 这个方法是不公平的，当然是对乙有利。只要乙想赢，就一定可以赢。

因为 3000 不是 2 的 n 次方，所以甲不可能第一次就把全部火柴一次性取走。

另外，我们知道一点：一个数字如果是 3 的倍数，那么它减去一个 3 的倍数后，仍然是 3 的倍数；而一个数字如果是 3 的倍数，那么它减去一个不是 3 的倍数的数字后，就不可能再是 3 的倍数了。而本题中，1 或者 2 的 n 次方都不是 3 的倍数，3000 是 3 的倍数，所以第一次甲取完火柴后，剩下的火柴数目必然不是 3 的倍数。

这样，乙取火柴的策略就是：每次甲取完火柴后，乙取 1 根或 2 根，使得剩下的火柴数目是 3 的倍数。

这样，最后剩下 3 根火柴时，无论甲取 1 根还是 2 根，乙都能取到最后一根火柴。

356. 根据它们的对话，买白帽子的不是黑兔就是花兔，而从它刚说完话，黑兔就接着说的情况看，第一个说话的，也就是买白帽子的一定是花兔。那么黑兔买的是花帽子，白兔买的是黑帽子。

357. 巴什博弈：假设先拿的人为甲，后拿的人为乙。若 n 小于或等于 m，甲直接全部拿走即可。若 n 大于 m，并且不是 $(m+1)$ 的倍数，甲第一次拿走若干个物品使得剩下的物品数量是 $(m+1)$ 的倍数。

以后每轮甲拿走若干物品后都保持剩下的物品数量是(m+1)的倍数，直到某次甲拿完物品后剩下(m+1)个物品。这样无论乙从中拿走多少个，甲都能把剩下的全部拿走获胜。

若 n 是(m+1)的倍数，则乙可采用上述策略获胜。

结论：当 n 正好是(m+1)倍数的时候，后拿的人有必胜策略；其他情况都是先拿者有必胜策略。

威佐夫博弈：假设先拿的人为甲，后拿的人为乙。若两堆物品数相同，甲直接全部拿走即可。若两堆物品数不同，设一堆有 a 个，另一堆有 b 个，且 a>b。

若 a<2b，甲从两堆中各取走同样数量的若干个物品，使得剩下的一堆数量是另一堆数量的两倍。以后每轮无论乙怎么拿，甲都保持拿完后一堆数量是另一堆数量的两倍。直到某次甲拿完后一堆剩 1 个一堆剩 2 个。此时无论乙怎么拿，甲都能把剩下的全部拿走获胜。

若 a>2b，甲从多的那堆取走若干个物品，使得剩下的一堆数量是另一堆数量的两倍。以后采用上述策略获胜。

若 a=2b，则无论甲第一次怎么取，乙都可以用上述策略获胜。

结论：当开始的时候其中一堆的数量正好是另一堆数量两倍的时候，后拿的人有必胜策略；其他情况都是先拿者有必胜策略。

尼姆博弈：假设先拿的人为甲，后拿的人为乙。将三堆物品各自的个数转化为二进制，并计算三个二进制数中每位数上"1"的个数。甲先取若干个物品，并保证剩下的物品数转化为二进制后，每位数上"1"的个数都是偶数。这样无论乙怎么取，剩下物品数转化为二进制后，每位数上"1"的个数都是奇数。甲保持这个策略到最后就能获胜。

结论：三堆物品各自的个数转化为二进制，并计算三个二进制数中每位数上"1"的个数。若为奇数，先取的人有必胜策略；若为偶数，后取的人有必胜策略。

358. 假设 A 先拿，B 后拿。

A 先拿 1 个，以后根据 B 拿硬币的三种情况，分别采取相应的应对策略：

如果 B 拿 1 个，则 A 拿 2 个；

如果 B 拿 2 个，则 A 拿 1 个；

如果 B 拿 4 个，则 A 拿 2 个。

也就是说，每次保证和 B 拿的总数一定是 3 或 6，这样就可以让 A 确保赢。

原因：

由于 499=3×166+1，也就是说，先拿的首先拿掉 1 个，使剩下的 499 个分成 167 份，其中 166 份每份 3 枚硬币，1 份 1 枚硬币。

然后，B 开始拿硬币。A 保证每轮自己与 B 拿的总数一定是 3 的倍数，这样每次自己拿完，都会让 B 需要从新的一组拿起。

就这样一直下去，那个只有1枚硬币的一组，最后一定会被B拿去。

也就是说，先拿的一定会赢，后拿的肯定会输。

359. 婧婧的策略其实很简单：

她每次轮到自己报数时，总是报到3的倍数为止。

由于30是3的倍数，所以婧婧总能报到30。

例如：

如果妮妮先报，根据游戏规则，她或报1，或报1、2。

若妮妮报1，则婧婧就报2、3。

若妮妮报1、2，婧婧就报3。

接下来，妮妮从4开始报，而婧婧视妮妮的情况，总是报到6为止。

接着婧婧会报到9、12、15、18、21、24、27……

剩下最后三个数时，如果妮妮报28，那么婧婧就报29、30。自己会胜利。

如果妮妮报28、29，则婧婧直接报30。还是婧婧胜利。

360. 这三位邻居年龄的乘积是2450。

$x \times y \times z = 2450$

因为 $2450 = 2 \times 5 \times 5 \times 7 \times 7$

所以三个邻居的年龄可以得出以下7组数：

$10 + 35 + 7 = 52$

$10 + 5 + 49 = 64$

$2 + 25 + 49 = 76$

$14 + 35 + 5 = 54$

$14 + 25 + 7 = 46$

$2 + 35 + 35 = 72$

$50 + 7 + 7 = 64$

这中间只有10、5、49和50、7、7这两组得数一样，这样才符合乙老师说"还差一个条件"，否则一下即可知答案。

所以乙老师为 $64 \div 2 = 32$(岁)。

如果甲老师大于50岁的话，那他补充了条件也猜不出邻居的数，所以他应该刚好50岁。

所以甲50岁，乙32岁，邻居分别为10岁、5岁、49岁。

361. 说话依次编号为S1，P1，S2。

设这两个数为x、y，和为s，积为p。

由S1，P不知道这两个数，所以s不可能是两个质数相加得来的，而且 $s \leq 41$。因为如果 $s > 41$，那么P拿到 $41 \times (s-41)$ 必定可以猜出s了。所以s为 $\{11, 17, 23, 27, 29, 35, 37, 41\}$ 之一，设这个集合为A。

（1）假设和是 11。11=2+9=3+8=4+7=5+6，如果 P 拿到 18，18=3×6=2×9，只有 2+9 落在集合 A 中，所以 P 可以说出 P1，但是这时候 S 能不能说出 S2 呢？我们来看，如果 P 拿到 24，24=6×4=3×8=2×12，P 同样可以说 P1，因为至少有两种情况 P 都可以说出 P1，所以 A 就无法断言 S2，所以和不是 11。

（2）假设和是 17。17=2+15=3+14=4+13=5+12=6+11=7+10=8+9，很明显，由于 P 拿到 4×13 可以断言 P1，而其他情况，P 都无法断言 P1，所以和是 17。

（3）假设和是 23。23=2+21=3+20=4+19=5+18=6+17=7+16=8+15=9+14=10+13=11+12，我们先考虑含有 2 的 n 次幂或者含有大质数的那些组，如果 P、S 分别拿到 4，19 或 7，16，那么 P 都可以断言 P1，所以和不是 23。

（4）假设和是 27。如果 P、S 拿到 8，19 或 4，23，那么 P 都可以断言 P1，所以和不是 27。

（5）假设和是 29。如果 P、S 拿到 13，16 或 7，22，那么 P 都可以断言 P1，所以和不是 29。

（6）假设和是 35。如果 P、S 拿到 16，19 或 4，31，那么 P 都可以断言 P1，所以和不是 35。

（7）假设和是 37。如果 P、S 拿到 8，29 或 11，26，那么 P 都可以断言 P1，所以和不是 37。

（8）假设和是 41。如果 P、S 拿到 4，37 或 8，33，那么 P 都可以断言 P1，所以和不是 41。

综上所述：这两个数是 4 和 13。

362. 假设戊说的是真话，"四片白色纸片"，那甲、乙、丙都该说真话，矛盾，即戊说的是假话，他头上是黑色纸片；

假设乙说的是真话，"四片黑色纸片"，那么甲、丙、丁头上也是黑色纸片，乙头上是白色纸片，而丙说的"三黑一白"就成了真话，矛盾，所以乙也说的假话，头上是黑纸片；

这样乙和戊两张黑色纸片了，甲也就在说假话，是黑色纸片；

如果丙说的"三黑一白"是假话，因为甲、乙、戊已经是黑色了，那丁就该也是黑色，这样乙说的"四黑"就成真话了，矛盾，所以丙说的真话，头上是白色纸片；

丙说的"三黑一白"是真话，甲、乙、戊又都是黑色纸片，所以丁是白纸片。

363. 首先，凑不够 2 个 9 人队，孩子总数最多为 17 人。若为 17 人以上，则可以凑成 2 个 9 人队或凑够 2 个 9 人队之后还有剩余。因此，可以确定的是叔叔家的孩子最多有 2 个，若有 3 个或者 3 个以上，则其他三家至少分别有 6、5、4 个，总数大于 17 人。

叔叔家孩子有 2 个的情况如下。

主人	弟弟	妹妹	叔叔	对应门牌号
5	4	3	2	120
6	4	3	2	144
7	4	3	2	168
8	4	3	2	192
6	5	3	2	180
7	5	3	2	210
6	5	4	2	240

叔叔家孩子为 1 个的情况时，另外 3 个数相加≤16(17-1=16)，且 3 个数各不相同，并且 3 个数中最小数≥2，可以列出这 3 个数相乘的积最大为 4×5×7=140；其次为 3×5×8=4×5×6=120；再次为 3×4×9=108。此时已比上面所列最小积还要小，若答案在小于 108 的范围内，则不需要知道叔叔家的孩子是 1 人还是 2 人了。

所以，在知道 4 数积及最小数是 1 还是 2 的情况下，如果还不能得出结论，只有门牌号为 120 时才有可能。

因此，确定门牌号为 120 了，当知道叔叔家孩子个数时就能确定 4 个数的情况，只有如下一种情况：主人 5 个孩子，弟弟 4 个孩子，妹妹 3 个孩子，叔叔 2 个孩子。

364. 首先，牌总数最多为 17 张。因此可以确定的是艾伦的牌最多有 2 张，若有 3 张或者 3 张以上，则其他三家至少分别有 6、5、4 张，总数大于 17 张。艾伦牌有 2 张的情况有以下几种。

保罗	约翰	琼斯	艾伦
5	4	3	2
6	4	3	2
7	4	3	2
8	4	3	2
6	5	3	2
7	5	3	2
6	5	4	2

艾伦牌为 1 张的情况时，另外 3 人的张数相加≤16，且 3 人张数各不相同，并且 3 人张数中最小数≥2，可以列出这 3 张数相乘的积最大为 4×5×7=140；其次为 3×5×8=4×5×6=120；再次为 3×4×9=108。此时已比上面所列最小积还要小，若答案在小于 108 的范围内，则不需要知道艾伦手里的牌是 1 张还是 2 张了。

所以，在知道 4 人的乘积及最小数是 1 还是 2 的情况下，如果还不能得出结论，只有在乘积为 120 时才有可能。也就是：保罗剩 5 张牌，约翰剩 4 张牌，琼斯剩 3 张牌，艾伦剩 2 张牌。

365. 因为爸爸一共交给小明 5 根火柴，分两只手拿，那么一定一只手是单数，一只手是双数。而左手火柴数乘以 2，右手火柴数乘以 3。两个奇数相乘结果还是奇数，任何数和偶数相乘都是偶数。左手火柴数乘以 2 后一定是偶数，而右手火柴数乘以 3 后，如果是奇数，那么最后的结果应该是偶数+奇数=奇数；如果是偶数，那么最后的结果应该是偶数+偶数=偶数。

因此，根据最后结果的奇偶就可以断定小明右手中拿着的火柴的奇偶了。

366. 爬绳之前先把两根绳子的末端系在一起。然后顺着其中一根绳子爬上去，解开另一根绳子。然后把解开的绳子从对面的铁环中穿过，自己抓住穿过铁环的两股绳子，反过来解自己爬上来的那根绳子，然后顺着两股绳子落到地面，最后抽出绳子即可。

367. 只要把 "C" 的一头顺势从 "B" 的孔中穿过即可。

368. 原来，第二次出现的牌，虽然看上去和第一次的很相似——都是从 J 到 K，但花色却都不一样。也就是说，第一次出现的六张牌，第二次都不会再出现。不论你选哪一张牌，结果都是一样的。

但是我们为什么会上当呢？因为我们死死地注意其中的一张牌，你的注意力只集中在这一张上面，当然就只看到 "它" "没有了"。什么 "默想"，什么 "看着我的眼睛"，都是烟雾和花招。实质就是这么简单。

369. 设 a 为 8 点时参加聚会的人分成的组数，则根据(1)，这时参加聚会的共有 $5a$ 位。设 b 为 9 点时参加聚会的人分成的组数，则根据(2)，这时参加聚会的共有 $4b$ 位，而且 $5a+2=4b$。设 c 为 10 点时参加聚会的人分成的组数，则根据 3，这时参加聚会的共有 $3c$ 位，而且 $4b+2=3c$。设 d 为 11 点时参加聚会的人分成的组数，则根据(4)，这时参加聚会的共有 $2d$ 位，而且 $3c+2=2d$。经过反复试验，得出在第一个和第二个方程中 a、b 和 c 的可能值如下(根据(1)，a 不能大于 20)。$5a+2=4b$，$4b+2=3c$。由于 b 在两个方程中必须有相同的值，所以 $b=13$。于是 $a=10$，$c=18$。由于 $c=18$，所以从第三个方程得：$d=28$。因此，参加聚会的人数，8 点时是 50 人，9 点时是 52 人，10 点时是 54 人，11 点时是 56 人。根据(1)、(5)和(6)，如果是赵丽丽按原来打算在她丈夫之后一小时到达，则 8 点时参加聚会的人数就会是 49 人。根据(2)、(5)和(6)，如果是李师师按原来打算在她丈夫之后一小时到达，则 9 点时参加聚会的人数将会是 51 人。根据(3)、(5)和(6)，如果是王美美按原来打算在她丈夫之后一小时到达，则 10 点时参加聚会的人数将会是 53 人。根据(4)、(5)和(6)，如果是孙香香原来打算在她丈夫之后一小时到达，则 11 点时参加聚会的人数将会是 55 人。在 49 人、51 人、53 人和 55 人这四个人数中，只有 53 人不能分成人数相等的若干个小组(为了能进行交谈，每组至少要有两人)。因此，根据(3)和(6)，对自己丈夫的忠诚有所怀疑的人是王美美。

370. 答案是白色的帽子。

因为坐在周围的 7 个人都看到了 5 顶帽子，他们猜不出来的原因是他们都看到了 3 顶白帽和两顶黑帽，所以猜不出来自己戴的到底是黑帽还是白帽。这样唯一的情况就是中间的人戴的是白色的帽子，而被中间的人挡住的那个人戴的帽子和自己的颜色正好相反，这样坐在周围的人就没有人能猜出自己头上帽子的颜色了。

371. 由六个人说的话可以首先推出：

李：4、8、8、8、8

王：有 7(1、2、4 张)，另外的只可能是 3、9

刘：有 3、4、5、6，另外 1 张是 2 或 7

方：有 9(1～3 张)，有 2

邓：可能是 5、4、4、3、2，或 5、5、4、3、2，或者 5、5、4、4、4

周：有 9

由此继续推理可得六人的牌是：

李：4、8、8、8、8

王：3、7、7、7、7

刘：2、3、4、5、6

方：9、9、6、2、2

邓：5、5、5、4

周：2、3、3、9、9

因此，剩下的两张牌是两张 6。

372. 两个女孩各自心里就要想了，航空公司认为这个瓷器价值在 1000 元以内，而且如果自己给出的损失价格比另一个人低的话，就可以额外再得到 200 元，而自己实际损失是 888 元。

"中原一点红"想了，航空公司不知道具体价格，那么"沙漠樱桃"肯定会认为多报损失就会多得益，只要不超过 1000 元即可，那么她最有可能报的价格是 900 元到 1000 元之间的某一个价格。而我"中原一点红"何其聪明啊，所以，我就报 890 元，这样航空公司肯定认为我是诚实的好姑娘，从而奖励我 200 元，这样我实际就可以获得 1090 元。而她因为说谎，就只能拿 890 元了！

两人考虑到此就都会写 890 元。

"沙漠樱桃"也想了，那个"中原一点红"一看就知道是个精明的丫头，不能中了她的圈套，被她算计了。所以，她既然算计我，要写 890 元，那么我就填 888 元原价看你怎么办！

"中原一点红"再一想，这个叫"沙漠樱桃"的家伙肯定也不简单，不能低估了她。她肯定已经想到我要写 890 元了，这样她很可能填真实价格了。我要来个以退为进的战略，填 880 元，低于真实价格，这下她肯定想不到了吧！

"沙漠樱桃"不知道从哪里得了风声，我报 800 元，看你怎么办！

我们都知道，计谋的关键是要能算得比对手更远，于是这两个极其聪明的女孩相互算计，最后，她们可能都会填 689 元。她们都认为，原价是 888 元，而自己填 689 元肯定是最低了，加上奖励的 200 元，就是 889 元，还能赚上 1 元。

这两个女孩都暗自为自己最终填了 689 元而感到兴奋不已。最后，航空公司收到她们的申报损失，发现两个人都填了 689 元，料想这两个女孩都是诚实守信的好姑娘。航空公司本来预算的 2198 元赔偿金现在只需赔偿 1378 元就能搞定了，女孩航空公司的风险控制部经理为他的这一"业绩"高兴不已！

而两个超级精明的女孩呢，各自只能拿到 689 元，还不足以弥补瓷器的本来损失，亏大了！本来她们俩可以商量好都填 1000 元，这样她们各自都可以拿到 1000元的赔偿金。结果她们因为互相都要算计对方，都要拿的比对方多，最后搞得大家都不得益。

373. 多数人认为，死囚的第一步推理是正确的，即老虎不可能在第五扇门内。实际上，即使只有一扇门，死囚也无法确定老虎是否在这扇门里，它确实是意想不到的。这是一道著名的逻辑悖论，至今仍然没有很好的解释。关键就在于"意想不到"。既然承认了意想不到的前提，怎么能推出必然的结论呢？

374. 3 条。

假设只有一条病狗，这条病狗的主人观察到其他人的狗都是健康的，所以他马上就能断定是自己的狗生了病，在当天就能开枪杀死它。

假设有两条病狗，主人分别是甲和乙。甲在第一天观察到了乙的病狗，所以他无法判断自己的狗有没有生病。但是等到第二天的时候，甲发现乙没有在第一天开枪，这说明乙和甲一样也在第一天观察到了一条病狗。而甲已经知道除了自己和乙以外，其他人的狗都是健康的，所以乙观察到的病狗肯定是甲自己的那条。这样，甲在第二天开枪杀死了自己的狗。同样的推理过程，乙也在第二天杀死了自己的狗。

假设有三条病狗，主人分别是甲、乙、丙。甲在第一天观察到了乙和丙的病狗，他按照刚才的推理过程知道，如果只有那两条狗生病的话，那么乙和丙会在第二天杀死他们自己的狗。乙和丙也是一样的推理过程，所以他们三个人在等待另外两人的枪声中度过了第二天。结果第二天没人开枪，他们就知道了另外两人也各自看到了两条生病的狗，也就是自己的狗是生病的。这样，三个人在第三天开枪杀死了自己的狗。

这个推理过程可以一直延续下去，到最后如果 50 条都是病狗的话，那么狗的主人们要一直等到第五十天才能确认自己的狗是真的生了病。

375. 根据(2)，三人手中剩下的牌总共可以配成 4 对。再根据(3)，小李和小明手中的牌加在一起能配成 3 对，小李和小王手中的牌加在一起能配成一对，而小王和小明手中的牌加在一起一对也配不成。

根据以上的推理，各个对子的分布(A、B、C 和 D 各代表一个对子中的一张)如下：

小李手中的牌：A、B、C、D

小明手中的牌：A、B、C

小王手中的牌：D

根据(1)和总共有35张牌的事实，小李和小王各分到12张牌，小明分到11张牌。因此，在把成对的牌拿出之后，小明手中剩下的牌是奇数，而小李和小王手中剩下的牌是偶数。

所以，单张的牌一定是在小王的手中。

376. 根据(1)，当时(爸爸,妈妈,儿子)三人手中牌的分布是以下三种情况之一(A和B各代表一个对子中的一张牌，S代表单张)：

A,AB,BS；A,BS,AB；S,AB,AB。

然后，根据条件(2)、(3)和(4)，这三种情况按下列过程进行抽牌：

	开始	第一回	第二回	第三回	第四回	第五回
可能1	A,AB,BS	AB,A,BS	AB,AS,B	B,AS,AB	无论怎么抽都和(4)矛盾	
可能2	A,BS,AB	AB,S,AB	AB,AS,B	无论怎么抽都和(4)矛盾		
可能3		AS,B,AB	AS,AB,B	无论怎么抽都和(4)矛盾		
可能4		AS,~~BB~~,A	S,×,~~AA~~	爸爸输		
可能5	S,AB,AB	AS,B,AB	AS,~~BB~~,A	A,×,AS	~~AA~~,×,S	儿子输
可能6		BS,A,AB	BS,~~AA~~,B	B,×,BS	~~BB~~,×,S	儿子输

由条件(5)可知，两盘游戏中有一次是"可能4"，还有一次是"可能5"或"可能6"，而只有妈妈没有输过。

377. 有优势。

假设朝上的是√，朝下是√或×的机会并不是1/2。

朝下的是√的机会有两个：一个是第一张卡片的正面朝上时；另一个是第一张卡片的反面朝上时。但朝下的是×的机会，只有当第二张卡片正面朝上的时候。也就是说，只要回答朝上那面的图案，他就有2/3的机会赢。

378. B通过分析得出：A的威胁是不可信的。原因是：当B进入的时候，A阻挠的收益是2，而不阻挠的收益是4。4>2，理性人是不会选择做非理性的事情的。也就是说，一旦B进入，A的最好策略是合作，而不是阻挠。因此，通过分析，B选择了进入，而A选择了合作。双方的收益各为4。

在这个博弈中，B采用的方法为倒推法，或者说逆向归纳法，即当参与者作出决策时，他要通过对最后阶段的分析，准确预测对方的行为，从而确定自己的行为。

在这里，双方必须都是理性的。如果不满足这个条件，就无法进行分析了。

另外，作为 A，从长远的利益出发，为了避免以后还有人进入该市场，A 会宁可损失，也要对进入者做些惩罚。这样的话，就会出现其他结果。大家可以继续深入思考一下。

379. 这是一个新的悖论，而专家们还不知道如何解决它。

这个悖论是物理学家威廉·纽科姆发明的，称为纽科姆悖论。哈佛大学的哲学家罗伯特·诺吉克首先发表并分析了这个悖论。他分析的依据主要是数学家称之为"博弈论"或"对策论"的法则。

男孩决定只拿 B 箱是很容易理解的。为了使女孩的论据明显起来，要记住欧米加已经走了。箱子里也许有钱，也许空着，这是不会再改变的。如果有钱，它仍然有钱；如果空着，它仍然空着。让我们思考一下这两种情况。

如果 B 中有钱，女孩只拿箱子 B，她得到 100 万美元。如果她两个箱子都要，就会得到 100 万加 1000 元。

如果 B 箱空着，她只拿 B 箱，就什么也得不到。但如果她拿两个箱子，她就至少得到 1000 美元。

因此，每一种情况下，女孩拿两个箱子都多得 1000 元。

这条悖论，是试验一个人是否相信自由意志论的"试纸"。对这个悖论的反应公平地区分出，愿意拿两个箱子的是自由意志论者，愿意拿 B 箱者是决定论(宿命论)者。而另一些人则争辩道：不管未来是完全决定的，还是不完全决定的，这个悖论所要求的条件都是矛盾的。

很显然，在这个问题上可以有两大派：一派主张正确的答案是只要第二个盒子，他们是一盒论者(one-boxers)；另外一派主张正确的答案是两个盒子都要，他们是两盒论者(two-boxers)。在这个问题上，双方不但需要千方百计地使自己的理论和方法更严谨、无漏洞，使自己的主张更有说服力，而且需要指出对方的错误和疏漏之所在。

之所以出现一盒论和两盒论的争论，关键在于原来设定的问题情景中有许多不确定和模糊的地方，所以争论双方都不但需要按照自己的理解用语义分析和逻辑的方法去消除这种不确定性和模糊性，而且需要找出对方在语义分析和论证中有何错误之处。

380. 这是一个利用数学中的恒等变换原理来设计的魔术。必须记住：一是每堆牌的开始的张数必须相等。二是第 3 次从第 1 堆牌中移去现在和第 2 堆牌中相等的牌数。在本例中的数学式为 4×2+8+5=21。

381. 后报数的乙会获胜。

因为 3000 不是 2 的 K 次方，所以甲不能一次报完。而 1 或者 2 的 K 次方都不是 3 的倍数，所以第一次甲报完数后，剩下的数必然不是 3 的倍数。乙报数的策略就是，每次甲报完数后，乙多报 1 或 2，使得剩下的数是 3 的倍数。这样，最后剩下 3 个数时，无论甲报 1 还是 2，乙都能报到最后一个数，从而取得胜利。

382. 最安全的步骤如下：第一个医生戴上两双手套，上面套的第二双手套的外面接触到病人；第二个医生戴上刚才第一个医生套在外面的手套，这样仍是这双手套的外面接触到病人，而且他没有和第一个医生有接触；第三个医生把第一双手套翻过来戴在手上，他不会接触到第一个医生接触到的那一面。然后他再套上第二双手套，这样，接触到病人的仍是第二双手套的外面。这样，三个医生之间以及医生与病人之间都没有接触，所以是最安全的。

383. 分析所有这类策略游戏的奥妙就在于应当从结尾出发倒推回去。游戏结束时，你容易知道何种决策有利而何种决策不利。确定了这一点后，你就可以把它用到倒数第 2 次决策上，如此类推。如果从游戏的开头出发进行分析，那是走不了多远的。其原因在于，所有的战略决策都是要确定："如果我这样做，那么下一个人会怎样做？"

因此，在你以下的海盗所作的决定对你来说是重要的，而在你之前的海盗所作的决定并不重要，因为你已对这些决定无能为力了。

记住了这一点，就可以知道我们的出发点应当是游戏进行到只剩两名海盗——4 号和 5 号的时候。这时 4 号的最佳分配方案是一目了然的：100 块金子全归他一人所有，5 号海盗什么也得不到。由于 4 号自己肯定为这个方案投赞成票，这样就占了总数的 50%，因此方案获得通过。

现在加上 3 号海盗。5 号海盗知道，如果 3 号的方案被否决，那么最后将只剩 2 个海盗，自己肯定一无所获——此外，3 号也明白 5 号了解这一形势。因此，只要 3 号的分配方案给 5 号一点甜头使他不至于空手而归，那么不论 3 号提出什么样的分配方案，5 号都将投赞成票。因此，3 号需要分出尽可能少的一点金子来贿赂 5 号海盗，这样就有了下面的分配方案：3 号海盗分得 99 块金子，4 号海盗一无所获，5 号海盗得 1 块金子。

2 号海盗的策略也差不多。他需要有 50% 的支持票，因此，同 3 号一样也需再找一人做同党。他可以给同党的最低贿赂是 1 块金子，他可以用这块金子来收买 4 号海盗。因为如果自己被否决而 3 号得以通过，则 4 号将一文不名。因此，2 号的分配方案应是：99 块金子归自己，3 号一块也得不到，4 号得 1 块金子，5 号也是一块也得不到。

1 号海盗的策略稍有不同。他需要收买另两名海盗，因此，至少得用 2 块金子来贿赂，才能使自己的方案得到采纳。他的分配方案应该是：98 块金子归自己，1 块金子给 3 号，1 块金子给 5 号。

384. 为方便起见，我们按照这些海盗的怯懦程度来给他们编号。最怯懦的海盗为 1 号海盗，次怯懦的海盗为 2 号海盗，如此类推。这样最厉害的海盗就应当得到最大的编号，而方案的提出就将倒过来从上至下地进行。

分析所有这类策略游戏的奥妙就在于应当从结尾出发倒推回去。游戏结束时，你容易知道何种决策有利而何种决策不利。确定了这一点后，你就可以把它用到倒数第 2 次决策上，依此类推。如果从游戏的开头出发进行分析，那是走不了多远的。其原因在于，所有的战略决策都是要确定："如果我这样做，那么下一个人会怎样做？"

因此，在你以下的海盗所作的决定对你来说是重要的，而在你之前的海盗所作的决定并不重要，因为你已对这些决定无能为力了。

记住了这一点，就可以知道我们的出发点应当是游戏进行到只剩两名海盗——1 号和 2 号——的时候。这时最厉害的海盗是 2 号，而他的最佳分配方案是一目了然的：100 块金子全归他一人所有，1 号海盗什么也得不到。由于他自己肯定为这个方案投赞成票，这样就占了总数的 50%，因此，方案获得通过。

现在加上 3 号海盗。1 号海盗知道，如果 3 号的方案被否决，那么最后将只剩 2 个海盗，而 1 号将肯定一无所获——此外，3 号也明白 1 号了解这一形势。因此，只要 3 号的分配方案给 1 号一点甜头使他不至于空手而归，那么不论 3 号提出什么样的分配方案，1 号都将投赞成票。因此，3 号需要分出尽可能少的一点金子来贿赂 1 号海盗，这样就有了下面的分配方案：3 号海盗分得 99 块金子，2 号海盗一无所获，1 号海盗得 1 块金子。

4 号海盗的策略也差不多。他需要有 50% 的支持票，因此，同 3 号一样也需再找一人做同党。他可以给同党的最低贿赂是 1 块金子，而他可以用这块金子来收买 2 号海盗。因为如果 4 号被否决而 3 号得以通过，则 2 号将一文不名。因此，4 号的分配方案应是：99 块金子归自己，3 号一块也得不到，2 号得 1 块金子，1 号也是一块也得不到。

5 号海盗的策略稍有不同。他需要收买另两名海盗，因此他至少得用 2 块金子来贿赂，才能使自己的方案得到采纳。他的分配方案应该是：98 块金子归自己，1 块金子给 3 号，1 块金子给 1 号。

这一分析过程可以照着上述思路继续进行下去。每个分配方案都是唯一确定的，它可以使提出该方案的海盗获得尽可能多的金子，同时又保证该方案肯定能通过。照这一模式进行下去，10 号海盗提出的方案将是 96 块金子归他所有，其他编号为偶数的海盗各得 1 块金子，而编号为奇数的海盗则什么也得不到。这就解决了10 名海盗的分配难题。

385. 上题中所述的规律直到第 200 号海盗都是成立的。200 号海盗的方案将是：从 1 到 199 号的所有奇数号的海盗都将一无所获，而从 2 到 198 号的所有偶数号海盗将各得 1 块金子，剩下的 1 块金子归 200 号海盗自己所有。

乍看起来，这一论证方法到 200 号之后将不再适用了，因为 201 号拿不出更多的金子来收买其他海盗。但是即使分不到金子，201 号至少还希望自己不会被扔进海里，因此他可以这样分配：给 1 到 199 号的所有奇数号海盗每人 1 块金子，自己一块也不要。

202 号海盗同样别无选择，只能一块金子都不要了——他必须把这 100 块金子全部用来收买 100 名海盗，而且这 100 名海盗还必须是那些按照 201 号方案将一无所获的人。由于这样的海盗有 101 名，因此，202 号的方案将不再是唯一的——贿赂方案有 101 种。

203 号海盗必须获得 102 张赞成票，但他显然没有足够的金子去收买 101 名同伙。因此，无论提出什么样的分配方案，他都注定会被扔到海里去喂鱼。不过，尽管 203 号命中注定死路一条，但并不是说他在游戏进程中不起任何作用。相反，204 号现在知道，203 号为了能保住性命，就必须避免由他自己来提出分配方案这么一种局面，所以无论 204 号海盗提出什么样的方案，203 号都一定会投赞成票。这样 204 号海盗总算侥幸捡到一条命：他可以得到他自己的 1 票、203 号的 1 票，以及另外 100 名收买的海盗的赞成票，刚好达到保命所需的 50%。获得金子的海盗，必属于根据 202 号方案肯定将一无所获的那 101 名海盗之列。

205 号海盗的命运又如何呢？他可没有这样走运了。他不能指望 203 号和 204 号支持他的方案，因为如果他们投票反对 205 号方案，就可以幸灾乐祸地看到 205 号被扔到海里去喂鱼，而他们自己的性命却仍然能够保全。这样，无论 205 号海盗提出什么方案都必死无疑。206 号海盗也是如此——他肯定可以得到 205 号的支持，但这不足以救他一命。类似地，207 号海盗需要 104 张赞成票——除了他收买的 100 张赞成票以及他自己的 1 张赞成票之外，他还需 3 张赞成票才能免于一死。他可以获得 205 号和 206 号的支持，但还差一张票却是无论如何也弄不到了，因此，207 号海盗的命运也是下海喂鱼。

208 号又时来运转了。他需要 104 张赞成票，而 205、206、207 号都会支持他，加上他自己一票及收买的 100 票，他得以过关保命。获得他贿赂的必属于那些根据 204 号方案肯定将一无所获的人(候选人包括 2 到 200 号中所有偶数号的海盗以及 201、203、204 号)。

现在可以看出一条新的、此后将一直有效的规律：那些方案能过关的海盗(他们的分配方案全都是把金子用来收买 100 名同伙而自己一点都得不到)相隔的距离越来越远，而在他们之间的海盗则无论提什么样的方案都会被扔进海里——因此，为了保命，他们必会投票支持比他们厉害的海盗提出的任何分配方案。得以避免葬身鱼腹的海盗包括 201、202、204、208、216、232、264、328、456 号，即其号码等于 200 加 2 的某一次方的海盗。

现在我们来看看哪些海盗是获得贿赂的幸运儿。分配贿赂的方法是不唯一的，其中一种方法是让 201 号海盗把贿赂分给 1 到 199 号的所有奇数编号的海盗，让 202 号分给 2 到 200 号的所有偶数编号的海盗，然后是让 204 号贿赂奇数编号的海盗，208 号贿赂偶数编号的海盗，依此类推，也就是轮流贿赂奇数编号和偶数编号的海盗。

结论是：当 500 名海盗运用最优策略来瓜分金子时，头 44 名海盗必死无疑，而 456 号海盗则给从 1 到 199 号中所有奇数编号的海盗每人分 1 块金子,问题就解决了。由于这些海盗所实行的那种民主制度,他们的事情就搞成了最厉害的一批海盗多半都是下海喂鱼,不过有时他们也会觉得自己很幸运——虽然分不到抢来的金子,但总可以免于一死。只有最怯懦的 200 名海盗有可能分得一份赃物,而他们之中又只有一半的人能真正得到一块金子,的确是怯懦者继承财富。

386. 如果你能在一小时内成功找到 7 个相信你的人和你结盟,那么恭喜你,你们百分之百地获胜了。在游戏的第一轮中,你安排你们 8 个人中 4 个人亮红牌,4 个人亮黑牌,无论如何,在这一轮中总有你们的 4 个人存活下来。第一轮游戏的最坏情况是 10:12 胜出,因此,存活下来的人中最多还有 6 个不是你们队的人。在第二轮比赛中,你们队的 4 个人按之前的战术安排,让其中 2 个亮红牌,另外 2 个亮黑牌。因此,这一轮后留下来的人中总有你们队的 2 个人,最坏情况下还有 2 个别的人。最后一轮中,你们两个人一个亮红牌,另一个亮黑牌,这就可以保证获胜了。只要另外两个人是未经商量随机投票的,总会有一个时候他俩恰好都投到一边去了,于是最终的胜出者永远是你们队的人。比赛结束后,胜出者按约定与队伍里的另外 7 人平分奖金,完成整个协议。

当然,这是一个充满欺诈和谎言的游戏。你无法确定你们队的 7 个人是否都是好人,会不会在拿到奖金之后逃之夭夭。同时,你自己也可以想方设法使自己存活到最后,在拿到奖金以后突然翻脸不认人,使自己的收益最大化。不过,成功骗 7 个人相信你很容易,但要保证自己能留到最后就很难了。不过,还有一种阴险狡诈的做法,可以保证你能揣走全部的奖金!当然前提是,你能成功骗过所有人,让大家都相信你。

首先,找 7 个人和你一起秘密地组一个队伍,把上述策略说给大伙儿。然后,再找另外 7 个人和你秘密地组建另一支队伍,并跟他们也部署好上面所说的必胜策略。现在不是应该还剩下 7 个人吗?把剩的这 7 个人也拉过来,秘密地组成第三支 8 人小队。现在的情况是这样,你成功地组建了三支 8 人小队,让每个人都坚信自己身在一个将要利用必胜法齐心协力获得并平分奖金的队伍里。除了你自己,大家都不知道还有其他队伍存在。在第一轮游戏中,你指示每个队伍里包括你自己在内的其中 4 个人亮红牌,其余的人都亮黑牌。这样下来,亮红牌的一共就有 10 票,亮黑牌的有 12 票,于是你和每个队伍里除你之外的另外三个人获胜。下一轮游戏中,你让每个队伍里包括你在内的其中两人亮红牌,其他人都亮黑牌,这样红牌就有 4 票,黑牌有 6 票,你再次胜出。最后,你自己亮红牌,并叫每个人都亮黑牌,这就保证了自己可以胜出。拿到奖金后,突然翻脸不认人,背叛所有人,逃之夭夭。

387. 甲:4;

丙:Q;

甲:K;

甲：3；

丙：4；

丁：9；

戊：Q；

戊：10、10；

乙：J、J；

丙：3；

丁：9。

388. 甲第一张出 8(6 或者 4 一样道理)，然后：

(1) 乙明显不能拆 9，否则 A 以后，如果 2，则王；如果不出 2，则打小对。

(2) 乙也不能拆 2，否则王以后，打小对，如果 99，则 JJ，后面很简单。

(3) 乙如果不要，继续 8。乙继续不要的话就拆 6，然后是 4。

(4) 对方如果出 Q，那么 A 以后，如果出 2，则王，以后同上面的(2)的推理一样。如果对方不要，继续出 8，对方只能出 Q，则 A。对方还是不能拆 2。继续出 6，然后 Q、A。2 还是不能拆。继续 6，以后的出牌方法同上面一样推理。

389. 四人出牌顺序如下：

甲：5 10 1 8 4 7 2 9 3 6

乙：10 9 8 7 6 5 4 3 2 1

内：1 2 3 4 5 6 7 8 9 10

丁：9 2 8 1 3 4 7 5 6 10

390. 仔细看一看甲先生所问的六个词，可以发现，carthorse 与 orchestra 所含的字母完全相同，只是字母的位置不同而已。乙先生心中所想的字母在这两个词中，如果有则全都有，无则全无，可是乙先生的回答是：一个说有，一个说无，显然其中有一句是假话。

同理，senatorial 与 realisation 所含字母也相同，而乙先生的回答也是一有一无，可见其中又有一句是假话，这些便是甲先生确定乙先生的回答中有假话的依据。

从上面分析可见，乙先生的四句回答中已知有两句是真话，两句是假话。根据题意，乙先生共答了三句真话和三句假话，所以乙先生的另外两句回答必定是一真一假。

indeterminables 与 disestablishmentarianism，剩下的这最后两个词，尽管后者的字母比前者多很多，但这两个词中，除了后者比前者多了一个 h 字母外，其余的字母都是相同的或重复的。而乙先生说他心中所想的字母在这两个词中都有，如果前一句是真话，即前一个词中确有那个字母的话，那么，后一个词中无疑也应该有的。这样，两句话都成了真话，与题意不符。

因此，乙先生的前面一句应是假话，后面一句是真话，即前一个词中是不存在乙先生心中所想的那个字母的，后一个词中则有这个字母。由此可见，它必定是后一个词中所独有的字母 h。

391. 这块矿石是铁。可采用假设的方法推理出来。如假设甲同学两个判断都对，那么乙、丙同学的判断都有一个是正确的，与老师的结论矛盾，因此，甲同学的判断不对。依此类推，假设乙同学都对，丙同学都对。最后就会得出结论，丙同学的判断都对，这块矿石是铁。

392. 下面这些有趣的规则可以参考：

如果上一张牌的点数是 1 到 7，则应该接 8 到 K；如果上一张牌是 8 到 K，则应该接 1 到 7；

相邻两张牌的点数之和大于 10；

相邻两张牌的点数加起来能被 3 整除；

下一张牌的点数比上一张牌大 1 点、2 点、3 点或 4 点；数字大小关系是"循环的"；

如果上一张牌的点数为平方数，则出牌的点数是非完全平方数；否则出牌的点数应该是一个平方数；

如果花色与前面一张相同，则点数必须比它大；如果花色与前面一张不同，则点数必须比它小。

393. 最少 10 个人就够了。

把 10 个人编号为 1～10，再把 1000 瓶酒用二进制编号，分别为 0000000000，0000000001，……，1111111111，一共有 1024 种组法。把每种组法对应一瓶酒，足够 1000 瓶酒。酒的编号中第几位为 1，就把该酒喂给第几个人。最后看死了哪几个人，便可以判断出哪瓶酒有毒了。

394. 我们以一手五张牌为例，说明如何随机、隐蔽、公平地实现"两人各摸五张牌"。

不妨用数字 1 到 54 来表示 54 张牌。发牌前，甲在每个数字前附加一个随机字符串前缀，然后给每个字符串都加上一把锁，把 54 张加密的扑克牌传给乙。乙收到了扑克牌一看，傻了，这些牌他一张也不认识，每张牌上面都有甲的锁。乙从里面挑选 5 张牌出来。他自己不知道这 5 张牌是什么，但是他也不能让甲知道，于是他在这 5 张牌上再各加一把锁，传给甲。甲可以解开自己当初上的那把锁，但牌上还有一把锁，甲拿它没办法，只能原封不动地传回去。乙把剩下的锁解开，得到自己的 5 张牌。然后呢，乙手上不是还剩了 49 张牌吗？乙从中随便挑 5 张出来给甲，由甲解开上面的锁，得到甲的 5 张牌。

听起来很完美，但实现起来并不简单。上锁开锁和加密解密并不完全相同：两把锁的地位是相同的，但两次加密则有先后的问题。要想把上述协议转换为密码学协议的话，我们需要采用这样一种加密方式：明文首先由甲加密，乙在这个密文的基础上再进行加密，此时甲还能够把里面那一层密码解开，而保持乙的那一层密码不动。

密码学上有一种复杂也安全的加密方法满足这种"交换律"：RSA 算法。我们也可以用一种相对简单的加密方法是：甲、乙各想一个非常大的质数，加密过程就是把已有的数乘上这个质数，解密过程就是把得到的数除以这个质数。把两个很大的数相乘或相除是件很简单的事，但要分解一个很大的数则很困难。这样在时间有限的情况下就能保证对方不能破解出自己的质数来。这样下来，每个人都得到了自己的一手牌，而都不知道对方手里捏的是啥牌。以后如果还需要摸牌的话，则可以重复刚才的协议。游戏结束后，双方公开自己的质数，你可以验证看对方的质数与游戏中的数据是否吻合，以确定对方在游戏过程中没有作弊。这个协议可以轻易扩展到多个人的情况，也可以适用于更复杂的扑克牌游戏。

395. 在老太太作了宣布之后的第一天，如果村里只有一个孩子恋爱的话，这个孩子的父母在老太太宣布之后就能知道。因为，如果其他孩子恋爱的话，她应当事先知道，既然不知道并且至少有一个孩子恋爱，那么肯定是自己的孩子了。因此，村里如果只有一个孩子恋爱的话，老太太宣布之后，当天这个孩子的父母就会去村口种树。

如果村里有两个孩子恋爱，这两个孩子的父母第一天都不会怀疑到自己的孩子，因为他们知道另外一个孩子恋爱了。但是当第一天过后他们发现那孩子的父母没去村口种树，那么他们会想，肯定有两个孩子恋爱了，否则他们知道的那个恋爱孩子的父母在第一天就会去种树的。既然有两个孩子恋爱了，但他们只知道一个，那么另一个肯定是自己的孩子了。

事实上这个村子里的 100 个孩子都恋爱了，那么，这样推理会继续到第 99 天，就是说，前 99 天每个父母都没怀疑到自己的孩子恋爱了，而当第 100 天的时候，每个父母都确定地推理出自己孩子恋爱了，于是都去村口种树了。

这里，在老太太宣布"至少一个孩子恋爱了"这样一个事实时，每个父母其实都知道这个事实(村子里的规则他们也知道)，老太太对这个事实的宣布似乎并没有增加这些村民的知识——关于村里孩子恋爱的知识。但为什么老太太的宣布使得村里的父母都去种树了呢？这是因为，老太太的宣布使得这个群体里的知识结构发生了变化，本来"至少一个孩子恋爱了"对每个村民都是知识，但不是公共知识，而老太太的宣布使得这个事实成为公共知识。

所谓公共知识是指，一个群体的每个人不仅知道这个事实，而且每个人知道该群体的其他人知道这个事实，并且其他人也知道其他的每个人都知道这个事实……这涉及一个无穷的知道过程。

在上述例子中，老太太未宣布之前，对村子里的村民来说，"至少一个孩子恋爱了"不是一个公共知识。设想一下，假定共有 3 个村民 A、B、C，那么在未宣布之前，A 想：由于自己不知道自己的孩子恋爱了，其他两个人 B、C 也同样不知道，那么 A 想 B 不知道 C 是否知道"至少有一个孩子恋爱了"。而当老太太宣布了"至少一个孩子恋爱了"之后，"至少一个孩子恋爱了"便成了 A、B、C 之间的公共知识。

在这个 100 家住户组成的小村里，老太太的宣布使得"至少一个孩子恋爱了"成了公共知识。于是，推理与行动便开始了。这是第 100 天的时候一起种树的原因。

396. 8000 千米。车行驶时用 4 个轮胎，也就是 4 个轮胎各行了 10000 千米，共行了 40000 千米。如果 5 个轮胎均匀使用，即 40000÷5=8000(千米)。

397. 共有 6 种可能出现的偶数情况：2、4、6、8、10 和 12，以及 5 种可能的奇数情况：3、5、7、9 和 11。尽管如此，下面的图表显示，共有 18 种可能得到偶数，18 种可能得到奇数。所以得到偶数和得到奇数的概率相等。

骰子1	1	1	1	1	1	1	2	2	2	2	2	2	3	3	3	3	3	3
骰子2	1	2	3	4	5	6	1	2	3	4	5	6	1	2	3	4	5	6
和	2	3	4	5	6	7	3	4	5	6	7	8	4	5	6	7	8	9
奇偶	偶	奇	偶	奇	偶	奇	奇	偶	奇	偶	奇	偶	偶	奇	偶	奇	偶	奇
骰子1	4	4	4	4	4	4	5	5	5	5	5	5	6	6	6	6	6	6
骰子2	1	2	3	4	5	6	1	2	3	4	5	6	1	2	3	4	5	6
和	5	6	7	8	9	10	6	7	8	9	10	11	7	8	9	10	11	12
奇偶	奇	偶	奇	偶	奇	偶	偶	奇	偶	奇	偶	奇	奇	偶	奇	偶	奇	偶

398. 最大的尝试次数可以这样计算：8+7+6+5+4+3+2+1=36(次)。

399. 小王最多。我们根据经理的话可以得到下面三个不等式：

① 小王+小李>小赵+小刘；

② 小王+小赵>小李+小刘；

③ 小王+小刘>小赵+小李。

由①+②可推知小王>小刘，由①+③可推知小王>小赵，由②+③可推知，小王>小李。

所以，小王的工资最高。

400. 32 小时。

这个池子的容积是第一个的 8 倍，因此，12 个人来挖的话需要的时间是原来的 8 倍，如果用 6 个人来挖的话就需要原来时间的 16 倍。即 2×16=32(小时)。

401. 首先，确定哪个数字不表示孩子的年龄。

1 至 13 这十三个数字之和是 91，而三个家庭所有孩子的年龄之和是 84，因此，不表示孩子年龄的数字是 7。

家庭 A 的四个孩子的年龄只能是以下两种情况之一：

12，6，10，13或者12，8，10，11(12必须包括其中)。

家庭C的四个孩子的年龄只能是以下四种情况之一：

4，1，3，13或者4，1，6，10或者4，2，6，9或者4，3，6，8(4必须包括其中)。

这样，家庭A孩子的年龄不可能是12，6，10，13。

否则，家庭C孩子年龄的四种可能情况没有一种能够成立。

因此，家庭A孩子的年龄必定是12，8，10，11。

这样，家庭C孩子的年龄只能是4，1，3，13或者4，2，6，9。

如果，家庭C孩子的年龄为4，1，3，13。

那么，家庭B孩子的年龄为2，5，6，7。

其与已知条件不符。

所以，家庭C孩子的年龄必定是4，2，6，9；

而家庭B孩子的年龄必定是5，1，3，13。

小明是家庭B的孩子。

402. 红盒子里宝石的数量是12颗。

因为拍掌的次数是21次，所以30颗宝石不会全放在红盒子里，否则会听到30次击掌声音。

也不可能都放在蓝盒子里，因为如果21次都往蓝盒子里放宝石，那么一共要放42颗宝石。42颗宝石比总宝石数多了12颗。

所以30颗宝石不是都放在蓝盒子里的。有一部分放在了红盒子里。

而每往红盒子里放一颗宝石，要拍掌一次，这样拍掌的数量不会变化。但放的宝石数量比放在蓝盒子里要少一颗。

所以往红盒子里放的宝石数量是：(42-30)÷(2-1)=12(颗)。

也就是说，一共放了21次，其中12次放在红盒子里，每次放一颗宝石；

另外9次放在蓝盒子里，每次放2颗宝石。一共放了12+18=30(颗)宝石。

403. 把8个腿编上号码，可以用下面的方式使用：123，124，134，234，456，237，567，568，578，678。这样，正好能保证拍摄任务顺利进行。

404. 因为不可能掷到1，实际上只有掷到2～6乙才能赢。掷到2的概率是1/36；掷到3的概率是2/36；掷到4的概率是3/36；掷到5的概率是4/36；掷到6的概率是5/36。总和为5/12，而甲赢的概率为1-5/12=7/12。相差了1/6。所以乙吃了亏。

405. 有四组答案：B-C-A，C-B-A。以及A为女儿的情况(这种情况容易被漏掉)，A-B-C，A-C-B。

406. $a(b-a)=(b+a)(b-a)$

$a=b+a$

这一步错了，因为$a=b$，所以$b-a=0$。两面同时除以0以后不再相等。

407. 如下图所示，答案有两个：2和4。其中虚线是形成环形的部分。

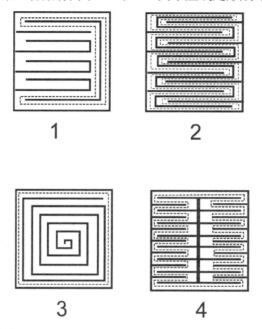

408. 如下图所示。

○	2			
	○		0	
2	2			1
	○		1	○
1				

409.

如上图所示，G 排在第四位，其余空位如图。

因为 B、C、D 三人中 B 最高，D 最低，但不是第八名，C 应该小于第七名。

F 的名次为 A、C 名次的平均数，且 B、C、D 中，C 在中间，所以 C 前面至少有 A、B、F 三个，也就是说，C 的位置只可能在第五或者第六。假设 C 在第六，D 只能在第七；F 比 E 高四个名次，只能 F 在第一，E 在第五；这与 F 为 A、C 平均数矛盾。所以 C 只能在第五位。F 是 A、C 的平均数，则 F 在第三位，A 在第一位；F 比 E 高四个名次，E 在第七位；D 不在最后，D 在第六位；B 在第二位，最后剩下 H 在最后。

所以名次顺序为：A、B、F、G、C、D、E、H。

410."丙没有获得第一名";"戊比丁高了两个名次",丁不是第一名;"甲不是第一名";"丙比乙高了一个名次",乙不是第一名。这样第一名就只能是戊,丁是第三名。

"丙比乙高了一个名次",两人名次连续,只能是第四名、第五名了。剩下甲就是第二名了。

因此,丁是明明。

411.小丽是第一名,小王是第二名,小刚是第三名,小明是第四名,小芳是第五名。

412.因为三个人都没有说真话,所以A不娶甲,甲不嫁C,所以甲只能嫁给B了。而C不娶丙,那么C只能娶乙了。剩下的A只能娶丙了。

413.甲、丙、乙、丁。

414.因为A的男朋友是乙的好朋友,那么A的男朋友就应该是甲或者丙。

但是丙的年龄比C的男朋友大,即丙不是最年轻的,所以A的男朋友是甲。丙不可能是C的男朋友,那丙就是B的男朋友。而乙是C的男朋友。

415.莉莉是法国人,娜娜是日本人,拉拉是美国人。

(1)莉莉不喜欢面条,那么喜欢面条的只有拉拉和娜娜。

(2)喜欢面条的不是法国人,那么拉拉和娜娜就只能从日本人和美国人中选了。

(3)因为娜娜不是美国人,所以娜娜只能是日本人,拉拉就是美国人了。

416.首先根据己没有排在最后,而且他和最后一个人之间还有两个人,可以确定己在倒数第四位;根据在甲的前面至少还有四个人,但他没有排在最后,可以确定甲在倒数第二;根据丁没有排在第一位,但他前后至少都有两个人,可以确定丁在第四位;根据丙没有排在最前面,也没有排在最后,可以确定丙在第二位;根据戊不是最后一个人,可以确定,戊在第一位;剩下一个乙在最后。

所以他们的顺序依次是:戊、丙、己、丁、甲、乙。

417.甲在一层上数学课,乙在三层上英语课,丙在二层上物理课,丁在四层上语文课。

418.选B。此题可用排除法。四人中只有一个人说对,若甲对,则乙、丙、丁都应不对,推知丁的说法也对,与假设矛盾,故A项排除;同理乙也不可能对;若丁对,则不能排除甲、乙,因此D项可排除;若丙对,则丁有可能不对;如果B项成立,则丙的说法一定成立,符合题意。因此可判断B为正确答案。

419.学文秘的甲买了果酒。可通过将已知条件列一个表格从而求出。

420.选C。由条件(1)可得,其余的四种颜色(黄、绿、蓝、白)为两组互为对面的颜色,又由(2)、(3)可得必定是白色与黄色为对面,蓝色与绿色为对面。所以,选C项。

421. 由题干"甲和推销员不同岁，推销员比乙年龄小"，可推知丙为推销员。由"丙比医生年龄大，推销员比乙年龄小"，可知乙为律师，甲为医生，故答案为 C。

422. 李老师教历史和体育，向老师教英语和生物，崔老师教数学和物理。

423. 三家人一共用了 8000 块砖，其中，老李出 5000 块，老乔 3000 块。每人用其中的 8/3。这么算的话，除去两人自己盖房的砖，大周用了老乔 1000/3 块砖，用了老李 7000/3 块砖。两人理应按 1 比 7 分配大周的钱。

424. C 盒子里有梨。因为 A 盒子上的话和 D 盒子是矛盾的，所以一定有一个是真的。那么 B 盒子和 C 盒子上的话都是假的，所以能断定 C 盒子里有梨。

425. 因为这两个小孩肯定一个哥哥、一个弟弟，而且至少有一个在说谎，那就说明两个小孩都在说谎。

所以，穿蓝衣服的是哥哥、穿红衣服的是弟弟。

426. 一共有 6 个酒徒。

427. 不管是大圆圈、中圆圈还是小圆圈，它们的距离都是一样的。

428. 一样大。

429.

	15	25	20
15		20	25
20	25		15
25	20	15	

430. 不是。

如下图所示，把圆锥的侧面展开，这样 A 点到 A_1 点的直线才是蚂蚁经过的最短距离。

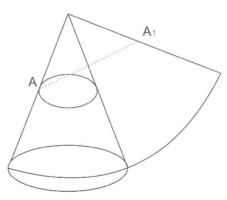

431. 如下图所示。

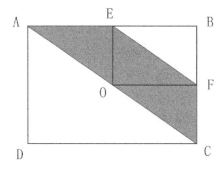

连接长方形的中心 O 与 E、F，可以很清楚地看出阴影部分的面积是整个长方形面积的 3/8。

432. 设圆的半径为 1，这样大正方形的边长则为 2，小正方形的对角线为 2，那么小正方形的边长为 $\sqrt{2}$，所以大小两个正方形的面积比为 4∶2 即 2∶1。

433. 不论三角形转到哪里，重叠的面积大小都不变。因为不论转到什么角度，图中 A、B 两部分永远是全等的，所以重叠部分的面积永远是正方形的四分之一。

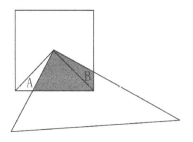

434. 选择 C。

根据各面图案及角度判断，如果还是无法判断，可以自己做个立方体折一下。

435. 不会挂上，绳子会与钉子脱离。

436. 第一个结会结死，第二个结会打开。

437. 八杯。

438. 有两种，如下图所示。左边的内接正方形面积最大。

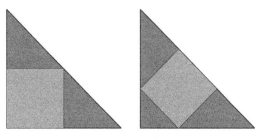

439. 如下图所示，将纸板的一个角对准圆边上的任意一点，然后两条直角边分别与圆相交成 A、B，这样 AB 即为圆的直径。同样可以找出另外一条直径。任意两条直径的交点处即为圆心。

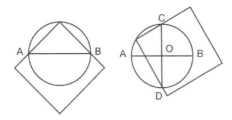

440. 把四个铁环的链子上的每个铁环都切开，然后用切开的铁环分别把剩下的五条链子连在一起即可。所以最少需要切开四个铁环。

441. A2 和 34 互换：34A25

4A 和 25 互换：3254A

32 和 54 互换：5432A

442. 首先考虑上下方向。如果黑桃、红桃的数目相同，则上升和下降的次数应该是相等的，占卜会在最上面的某张牌终止。但实际上最后是在最下面终止的，向下的次数比向上的次数多 4 次。也就是说黑桃比红桃多 4 张。

左右方向同理，梅花(黑)比方块(红)多 4 张。

因此，黑色牌比红色牌多 8 张。

443. 答案是老三用纸币。原因如下：

(1) 开始时

老大有 3 个 10 美分硬币，1 个 25 美分硬币，账单为 50 美分；

老二有 1 个 50 美分硬币，账单为 25 美分；

老三有 1 个 5 美分硬币，1 个 25 美分硬币，账单为 10 美分；

店主有 1 个 10 美分硬币。

(2) 交换过程

第一次调换：老大拿 3 个 10 美分硬币换老三的 1 个 5 美分和 1 个 25 美分硬币，此时老大手中有 1 个 5 美分硬币和 2 个 25 美分硬币，老三手中有 3 个 10 美分硬币；

第二次调换：老大拿 2 个 25 美分硬币换老二的 1 个 50 美分硬币，此时老大有 5 美分、50 美分硬币各一枚，老二有 2 个 25 美分硬币。

(3) 支付过程

老大有 5 美分、50 美分硬币各一个，可以支付其 50 美分的账单，不用找零。

老二有 2 个 25 美分硬币，可以支付其 25 美分的账单，不用找零。

老三有 3 个 10 美分硬币，可以支付其 10 美分的账单。

店主收到 1 个 10 美分硬币，以及 25、50 美分硬币各一枚。

(4) 老三买水果

付账后老三剩余 2 个 10 美分硬币，要买 5 美分的水果。而店主有 2 个 10 美分硬币，以及 25、50 美分硬币各一枚，无法找开 10 美分，但硬币和为 95 美分，能找开纸币 1 元。于是得出答案：老三用 1 美元的纸币付了水果钱。

444. 钟表匠把钟的时针和分针接反了，这样只有当时针和分针正好相对呈一条直线时，这只钟才"准"，所以钟表匠两次对表的时候都是正好时针和分针呈一条直线的时候。从第一次修完钟，调到六点钟时，时针和分针第一次呈直线状态，第二次是在七点多，第三次是八点多……第十次是三点四十多，第十一次是四点五十多，第十二次就是再次六点；十二个小时里共有十一次。

因为时针和分针都是匀速转动的，所以这十一次平均分布在十二小时里，每两次之间相距 12/11 小时，也就是 1 小时 5 又 5/11 分。所以钟表匠第一次对表是在：6 点+1 小时 5 又 5/11 分=7 点零 5 又 5/11 分；

第二次对表是在：7 点零 5 又 5/11 分+1 小时 5 又 5/11 分=8 点 10 又 6/11 分。

445. 根据(4)和(5)，第一位和第二位实习员工在星期四休假；根据(4)和(6)，第一位和第三位实习员工在星期日休假。因此，根据(3)，第二位实习员工在星期日值班，第三位实习员工在星期四值班。

根据(4)，第一位实习员工在星期二休假。再根据(3)，第二位和第三位实习员工在星期二值班。

上述信息可以列表如下("X"表示值班，"—"表示休假)：

星　期	日	一	二	三	四	五	六
第一位	—				—		
第二位	X		X		—		—
第三位	—		X		X		

根据(2)，第二位实习员工在星期一休假，第三位实习员工在星期三休假。

根据(5)，第二位实习员工在星期六休假。

因此，根据(1)，三位实习员工在星期五同时值班。

一星期中其余三天的安排，可以按下述推理来完成。根据(2)，第三位实习员工在星期六休假。根据(3)，第一位实习员工在星期一、星期三和星期六值班；第二位实习员工在星期三值班；第三位实习员工在星期一值班。

446. 首先可以确定的是：E 镇与 A 镇之间有电话线路，因为 A 镇同其他五个小镇都有电话线路，那当然包括 E 镇在内了。

其余的是哪两个小镇呢？我们从 B、C 两个小镇开始推理。

设：B、C 两个小镇之间没有电话线路。那么，B、C 两镇必然分别可以同 A、D、E、F 四个小镇通电话；如果 B、C 两镇分别同 A、D、E、F 四个小镇通电话，那么，只有三条电话线路的 D、E、F 三个镇就只能分别同 A、B、C 三个镇通电话。如果是这样，那么，在 D、E、F 之间是不能通电话的。但是，已知 D 镇与 F 镇之间有电话线路，因此，B、C 之间没有电话线路的假设是不能成立的。换句话说，B、C 两小镇之间有电话线路。

那么，有四条线路的 B 镇和 C 镇又可以同哪些小镇通电话呢？

从以上的推理中得知：B 镇、C 镇分别同 A 镇有电话线路，而它们相互之间又有电话线路。另外的两条线路是通向哪里的呢？假设：B 镇的另外两条线路一条通 D 镇，一条通 F 镇；C 镇的电话线路也是一条通 D 镇，一条通 F 镇。

如果这个假设成立，那么 D 镇、F 镇就将各有四条线路通往其他小镇。但是，我们知道，D、F 两镇都只同三个小镇有电话联系，所以，上述假设不能成立。

假设：B、C 两镇同 D、F 镇之间都没有电话线路。如果这个假设成立，那么，B、C 两镇就只有三条线路同其他小镇联系，这又不符合 B、C 各有四条电话线路的已知条件。所以，以上的假设也不成立。从以上的分析只能推出 B、C 两镇各有一条电话线路通向 E 镇。B 镇的另一条线路或者通向 D 镇，或者通向 F 镇，C 镇的另外一条线路或者通向 D 镇，或者通向 F 镇。

而对于 E 镇来说，它肯定可以同 A、B、C 三个小镇通电话。

447.

人 家	兔	猫	狗
李	2	4	3
王	1	5	2
罗	5	3	4
刘	4	1	5
曾	3	2	1

448. 首先可以确定的是丙是女的，己也是女的。因为乙有一个哥哥，所以甲是男的，也就是说女的应该有 3 个。由(3)可知，乙也是男的。因为丁有两个弟弟，所以戊、己、庚中只有己是女的。所以丁只能是女的。

因此，甲、乙、戊、庚为男性；丙、丁、己为女性。

449. 刘、吴在同一小组；

李、张在同一小组；

王、郑在同一小组；

钱、孙在同一小组；

赵、周在同一小组。

450. 答案是五架。

一般的解法可以分为如下两个部分。

(1) 直线飞行。

一架飞机载满油飞行距离为 1，在没有迎头接应的情况下，存在极值(不要重复飞行，比如两架飞机同时给一架飞机加油且同时飞回来即可认为是重复)。最后肯定是只有一架飞机全程飞行，注意"全程"这两个字，也就是不要重复的极值条件。如果是两架飞机的话，肯定是一架给另一架加满油，并使剩下的油刚好能回去，也就是说第二架飞机带的油耗在 3 倍于从出发到加油的路程上，第三架飞机带的油耗在 5 倍于从出发到其加油的路程上，所以 n 架飞机最远能飞行的距离为 $1+1/3+\cdots+1/(2n+1)$，这个级数是发散的，理论上只要飞机足够多就可以使一架飞机飞到无穷远，当然实际上不可能一架飞机在飞行 $1/(2n+1)$ 时间内同时给 n 个飞机加油。

(2) 可以迎头接应加油。

根据不要重复飞行的极值条件，得出最远处肯定是只有一架飞机飞行，这样得出最远处对称两边 1/4 的位置有一架飞机飞行，用上面的公式即可知道一边至少需要两架飞机支持，$(1/3+1/5)/2>1/4$(左边除以 2 是一架飞机飞行距离为 1/2)，但是有一点点剩余，所以加油地点可以在一定距离内变动(很容易算出来每架飞机的加油地点和加油数量)。

451. 很明显，想从陈婧回答宇华提的前三个问题去寻找答案是毫无用处的。起始点应该是宇华说的"如果我知道第二位数是不是 1，我就能讲出你那所房子的号码"那句话。

分析一下宇华是怎么想的会对题目的解答很有用，尽管他的数字和结论是错误的。宇华的想法是他认为他已将可供挑选的号码数减少到了两个，其中一个号码的第二位数是 1。

如果宇华认为这个号码是个平方数而不是个立方数，那么供挑选的号码就太多了(从 4 到 22 各数的平方数都在 13～500；而 23～36 各数的平方数在 500～1300)。看来他一定认为这是个立方数。

有关的立方数是 27、64、125、216、343、512、729、1000(它们分别是 3、4、5、6、7、8、9、10 的立方)；其中 64 和 729 也是平方数(分别为 8 和 27 的平方)。

如果宇华认为这个号码是小于 500 的平方数和立方数，那么他便没有其他可选择的号码，只能选 64。如果他认为这个号码是 500 以上的平方数和立方数，那一定是 729。如果他认为这个号码不是平方数而是 500 以下的立方数，那么就有四种可能性(27、125、216、343)；但如果他认为这个号码不是平方数而是 500 以上的立方数，那么只有两种可能性：512 和 1000，前一个号码的第二位数是 1。这个号码就是宇华所想到的。

但从某些方面来看他想得并不对。他认为这个号码不在 500 以内，而陈婧在答复这一点时骗了他，所以它是在 500 以内。宇华认为这个号码不是个平方数；关于这一点，陈婧又没有向他讲真话，所以它是个平方数。宇华认为这是个立方数；关于这一点陈婧向他讲了真话，所以它是个立方数。所以陈婧的门牌号是个 500 以下的平方数，也是个立方数(不是小于 13)；所以它只能是 64。

452. 7 个人的观点如下：小红：星期一；小华：星期三；小江：星期二；小波：星期四、五或者日；小明：星期五；小芳：星期三；小美：星期一、二、三、四、五或六。

综上所知，除了星期日外，都不止一个人说到，因此，今天是星期日，小波所说正确。

453. 老王、李平和美美是一家；老张、杜丽和丹丹是一家；老李、丁香和壮壮是一家。

因为老王的女儿不叫丹丹，那他的女儿一定是美美。又因为老张和李平家的孩子都参加了女子篮球队，说明老张和李平不是一家，而且两家都有女儿。所以老王和李平、美美一家；因为老李和杜丽不是一家的，那么老张和杜丽、丹丹一家，剩下的老李、丁香和壮壮就是一家了。

454.

	音 乐	体 育	美 术
甲	2	4	3
乙	1	5	2
丙	5	3	4
丁	4	1	5
戊	3	2	1

455. 答案 D。甲和丙的预测相矛盾，其中必有一真，这样，丁和乙都预测错误，也就是说，辽宁队前三名不只拿了一个、辽宁队和山东队都没拿到第一名，这样可知前三名顺序是：河北、辽宁、辽宁。答案为 D。

456.

	跳 远	跳 高	铅 球
一婧	及格	良好	及格
宇华	及格	优秀	良好
长江	优秀	优秀	优秀
雷雷	优秀	优秀	良好

457. 由"丙比体育委员年龄大"知道，丙不是体育委员，丙的年龄比体育委员大。

由"学习委员比乙年龄小"知道，乙不是学习委员，乙比学习委员年龄大。

由"甲和学习委员不同岁"知道，甲不是学习委员。

既然知道了甲和乙都不是学习委员，那么丙就一定是学习委员了。三个人的年龄顺序是：乙>学习委员，丙>体育委员。从这一顺序上看，乙不是体育委员，那他就是班长了，而体育委员一定是甲了。

458. A 先生住在亚洲印度的新德里；

B 先生住在南美洲巴西的巴西利亚；

C 先生住在欧洲法国的巴黎；

D 先生和 E 先生分别住在北美洲美国的纽约、芝加哥。

459. 4 个男孩。

因为每人拿的球中，红>蓝>绿，而每人一共拿了 12 个球，所以红球最少要拿 5 个，最多只能拿 9 个。

红球一共是 26 个，每人至少拿 5 个，所以最多能有 5 个人。

小强拿了 4 个蓝球，那么他最多只能拿 7 个红球了；就算小刚和小明都拿了 9 个红球，他们三个也只拿了 25 个红球，少于 26 个，所以至少是 4 个人。

假设是 5 个人，那就有 4 个人拿了 5 红球，1 个人拿了 6 个红球。

对于拿了 5 个红球的人来说，蓝球和绿球只有一种选择：4 蓝 3 绿，和只有小强拿了 4 个蓝球这个条件矛盾，所以是 4 个人。

拿球的组合情况如下表。

名字	红球数	蓝球数	绿球数
小强	5	4	3
小刚	6	5	1
小华	7	3	2
小明	8	3	1

460. "乙和丙的车是同一牌子的；丙和丁中只有一个人有车"，说明甲、乙、丙三个人有车，丁没有车。

因为"有一个人三种条件都具备"，而"只有一个人有了自己的别墅"，所以有别墅只能是有车的甲、乙、丙三人中的一个。

这样丁就没有车也没有别墅了，因为"每个人至少具备一样条件"，所以丁有喜欢的工作。

因为"甲和乙对自己的工作条件感觉一样"，而"只有两个人有自己喜欢的工作"，所以丙和丁一样，有喜欢的工作。

既有车又有喜欢的工作的只有丙，那么他就是三个条件都具备的人了。

461. 主人及狗的名字如下：

主人	黄黄	花花	黑黑	白白
狗	花花，黑黑，白白	黄黄，黑黑，白白	黄黄，花花，白白	黄黄，花花，黑黑

由(4)，白白的狗不叫花花，得：

主人	黄黄	花花	黑黑	白白
狗	花花，黑黑，白白	黄黄，黑黑，白白	黄黄，花花，白白	黄黄，黑黑

（1）若白白的狗叫黄黄，则：

主人	黄黄	花花	黑黑	白白
狗	花花，黑黑，白白	黑黑，白白	花花，白白	黄黄

如果黑黑的狗叫花花，由(3)知白白的主人是黄黄，这样花花的狗是黑黑，和条件(1)矛盾。

如果黑黑的狗叫白白，则花花的狗叫黑黑，黄黄的狗叫花花，和条件(2)矛盾。

（2）若白白的狗叫黑黑，则：

主人	黄黄	花花	黑黑	白白
狗	花花，白白	黄黄，白白	黄黄，花花，白白	黑黑

由黄黄的狗并不和叫黑黑的狗的主人用一个名字，得：

主人	黄黄	花花	黑黑	白白
狗	花花	黄黄，白白	黄黄，白白	黑黑

由黑黑的狗并不和白白的主人叫同一个名字，得：

主人	黄黄	花花	黑黑	白白
狗	花花	白白	黄黄	黑黑

所以，黄黄的狗叫花花，花花的狗叫白白，黑黑的狗叫黄黄，白白的狗叫黑黑。

462．甲和乙抽到的都是踢球，丙抽到的是骑马。

463．老大、老四和老五有钱，说假话；

老二和老三没钱，说真话。

推理过程：

从老五的话入手，老大承认过他有钱，这句话一定是假话。

因为如果老大有钱，他不会说自己有钱；

如果老大没钱，他也不会承认自己有钱。

所以老五说的是假话，老五有钱，老三没钱。

说实话的老三说："老四说过，我们兄弟五个都没钱。"

说明老四有钱。

老四说："老大和老二都有钱。"

说明老大和老二中至少有一个没钱的。

老大说："老三说过，我的四个兄弟中，只有一个有钱。"

现在已经确定老三说实话，而且老四、老五都有钱了，所以老大说的是假话，老大有钱，而老二没钱。

464．打开第二个箱子。

第一个箱子上的话是假的，如果它是真的，那么，第二个箱子的话也是真的，这是矛盾的。

第一个箱子上的假话有三种可能：第一个箱子上的话前半部分是假的；后半部分是假的；都是假的。如果前半部分是假的，珠宝在第一个箱子里，并且，第二个箱子上的话是假的，这时，根据第二个箱子的判断，珠宝在第二个箱子里，这与上面的判断冲突；如果后半部分是假的，那么，珠宝在另外一个箱子里，并且第二个箱子上的话是真的，可以判断珠宝在第一个箱子里，这也是矛盾的。所以，第一个箱子上的话都是假的，这时，珠宝在第二个箱子里，并且第二个箱子里的话是假的，这时根据第二个箱子的判断，珠宝在第二个箱子里。

465. 选 C。此题用假设法。假设甲"3 是太湖"的说法正确，那么 2 就不是巢湖。同时，2 也不是太湖，5 是巢湖(由戊所说推出)，再根据丙所说知道 1 是鄱阳湖，然后根据乙所说得出 2 是洪泽湖，最后根据丁的说法知道 4 是洞庭湖。答案为 C。

466. 先根据题意列出表格(×代表该天休息，√代表该天营业。)：

	第1天	第2天	第3天	第4天	第5天	第6天	第7天
百货	×				×		√
超市		×		×			√
银行			×			×	√

下面来判断第七天是星期几。

根据(3)，不会连续三天营业，根据(1)，每周工作四天。可以推出百货在第2、3、4 天中一定有一天休息；超市第 6 天休息；银行第 1、2 天一定有一天休息。其他时间都是营业的。可得下表：

	第1天	第2天	第3天	第4天	第5天	第6天	第7天
百货	×				×	√	√
超市	√	×	√	×	√	×	√
银行			×	√	√	×	√

第 1 天到第 6 天中，有一天是星期天。由上表可知，星期天只可能在第 2 天。所以第 7 天是星期五。也就是说星期五三家单位一起营业。

467. 儿子们所送的金鱼中，各色金鱼的数量如下：

	黄	粉	白	红
大儿子	5	1	1	1
二儿子	2	1	3	2
三儿子	1	1	3	3
四儿子	1	4	2	1
小儿子	1	3	1	3

468. 先针对其中一个孩子，比如牛牛，可以列出如下组合：

(1) 牛牛，医生的儿子，山东；

(2) 牛牛，教师的儿子，山东；

(3) 牛牛，教师的儿子，四川。

同样，也可以根据条件对毛毛和壮壮进行组合。

然后综合一下，就可得出正确结果：

牛牛是医生的儿子，从山东考来的；毛毛是教师的儿子，从广州考来的；壮壮是公务员的儿子，从四川考来的。

469. 答案为 C。

其实这道题中，只有第一个断定是有用的，另外两个断定都是干扰项。因为 C 的票数多于 D，但是 E 没有得到金奖。

根据第一个条件：如果 A>B，并且 C>D，那么 E 得金奖；现在 C>D 成立，但是 E 没有得金奖，那么显然 A>B 这个条件不能成立。也就是说，A 的票数不比 B 多，所以 C 是正确的。

其他的情况，要注意的是，有可能会有票数相同的情况出现，所以不能断定其他 3 个选项是不是正确的。

470. 这个问题没有准确的答案，除非知道商人买这辆自行车时用了多少钱。也就是说在不知道自行车的确切价值的时候是不能确定答案的。这 3 个答案分别是按照自行车的原始价格为 40 元、50 元、45 元来计算的，所以才不一样。

471. 丙去了玉渊潭。

472. 能。这四个数字是 2、5、6、8。

先列出四人猜的情况。甲猜对了两个数，可能是 2—3，2—4，2—5，3—4，3—5，4—5。

乙猜对了一个数，可能是(1、3、4、8)中的 1 个数，他未猜的四个数(2、5、6、7)中有 3 个数是纸条上的数。

丙猜对了两个数，可能的组合为 1—2，1—7，1—8，2—7，2—8，7—8。

丁猜对了一个数，可能是(1、4、6、7)中选取 1 个数，他未猜的四个数(2、3、5、8)有 3 个数是纸条中的数。

8 个数字中，甲与丙两人都猜了的数字是 2，两人都没有猜的数字是 6。

8 个数字中，乙与丁两人都猜了的数字是 1、4，两人都没有猜的数字是 2、5。

我们先假设 2 不是纸条上的数。那么从乙未猜的数字中可得出 5、6、7 是纸条上的数字；同时从丁未猜的数字中可得出 3、5、8 是纸条上的数字；这样纸条上的数字就会有 5 个，分别是 3、5、6、7、8。显然，推论与题干中纸条上只有 4 个数字相矛盾，因此假设是错的，也就是说 2 是纸条上的数字。用同样的方法可推出 5 也在纸条上。

再假设 1 在纸条上，那么从乙猜的数字中可得出 3、4、8 不在纸条上。同时，从丁猜的数字中可得出 4、6、7 不在纸条上。这样不在纸条上的数字有 5 个，分别是 3、4、6、7、8，纸条上只能有 3 个数字，显然也不正确，所以假设错误，1 不在纸条上。用同样的方法，可推出 4 不在纸条上。

我们知道了 2、5 在纸条上，从甲猜测对了两个数字可知 3、4 不在纸条上。这样，在纸条上的数字可能是 2、5、6、7、8 中的 4 个。

最后，我们来看丙猜的情况，从他猜测的 4 个数可知 7 与 8 只能有一个数在纸条上。如 7 在纸条上，纸条上的数为 2、5、6、7。我们发现丁猜对了 6、7，显然与题干矛盾。再来检验 8，发现刚好能符合条件。

所以，只有一种可能，纸条上的数字是 2、5、6、8。

473. 因为五个人都猜对了一瓶，并且每人猜对的颜色都不同。所以猜对第一瓶的只有丙，也就是说，第一瓶是红色。那么第五瓶就不是黄色的，所以第五瓶只能是蓝色。戊说的第二瓶是黑色的也就不对了。既然第二瓶不是黑色的，那就应该如第一个人所说，第三瓶是黑色的。所以第二瓶就不能是蓝色的，只有第二瓶是绿色的了。

所以说：第一瓶是红色，第二瓶是绿色，第三瓶是黑色，第四瓶是黄色，第五瓶是蓝色。

474. 答题 1：根据条件(2)，A、B 首先应予以排除；根据条件(3)，C、D 也应予以排除。因此，选 E。

答题 2：A 应予排除，因 S 和 T 是同性别的大人，违反已知条件(1)；B 和 E 也应予排除，因为 X 必须和 S 或 U 同一家庭。由条件(1)可知 S、T、V 肯定在第二家庭或第三家庭，但 C 中缺 V，故也应排除别的(当然用此法也可否定 E)。因此，选 D。

答题 3：A 违反已知条件(2)；E 违反已知条件(3)；U 和 V 是同性别的大人，不能是在一家，D 应予排除。B 也应该排除，因为 W、S、U 在一家，显然违反了已知条件(3)。因此，应该选 C。

答题 4：选 A。因为参加游戏有 2 男、3 女和 4 个孩子，根据规则(1)，2 男分别在两家里，3 女分别在三家里。还有 4 个孩子必须这样分配，在有男人又有女人的家里可搭上 1 个孩子，而没有男人只有 1 个女人的家里搭上 2 个孩子。因此，A 肯定是对的，其他答案 B、C、D 不一定对，E 则完全错误。

答题 5：应选 D。选 A 不行，因为 R 和 S 同一家庭，违反条件(1)。选 B 不行，因为 R 和 W 同一家庭，违反条件(2)。选 C 不行，因为 X 没有和 S 或 U 同一家庭，违反条件(3)。选 E 不行，因为 U 和 V 同一家庭，违反条件(1)。故选择 D。

475. 答题 1：选 C。根据题意与已知条件(4)，很明显 C 是肯定对的。既然 C 不能与 D 在同一个社团工作，那么，如果 C 在围棋社，D 必定在曲艺社。

答题 2：选 B。不是 C 在围棋社，就是 D 在围棋社(已知条件 4)。除此之外，还有一位是 A(已知在条件 3)。而在选择中，这三个人的名字只有 C 一人出现，因此只能选他了。

答题 3：选 C。根据题意可推出 F 与 D 在同一个社团。既然 F 与 D 在一起，那么 C 就不能跟他在一起，否则违反已知条件(4)。

答题 4：选 D。类似这种题目，我们只能用排除法来做，看哪个选择完全符合条件才能断定。下面我们一个一个来分析：

先看 A。如果 A 是正确的，那么根据选项所给条件和已知条件(3)和(4)，我们可以得出，肯定在围棋社的人是 C、B 和 E。但是 F 没有得到限制，他既可以在围棋社，又可以在曲艺社，这就不可能是唯一可能的分配方案。

再看 B。由题意和已知条件(3)可推出：E 和 B 在围棋社，F、G 和 A 在曲艺社。尽管我们可以从已知条件(4)知道 C 与 D 不在同一个社团，但是我们还是不能确定究竟谁分在哪个社团，因此，这也不是唯一的分配方案。

然后我们来看看 C。根据题意和已知条件(3)，我们可以知道，围棋社里有 B、G 和 E，曲艺社里有 A，而 C、D 和 F 的位置不能确定，这样就会有更多的选择，因此，C 肯定是错的。

现在我们来看看 D。根据题意我们可推出围棋社有 5 人，而曲艺社有 2 人。既然 C 在围棋社，那么 D 肯定在曲艺社(已知条件 4)。现在曲艺社只能再进一人，根据已知条件(3)，可推出这个人一定是 A，而其余人员只能到围棋社工作，这是唯一的分配方案，因此，D 肯定是正确的。

最后我们再看一看 E。根据题意和已知条件(4)，我们只能推出 D 和其他三人在曲艺社，C 和其他两人在围棋社，其余人员在哪个社团根本无法再推下去，故 E 也是错误的。

476. 答题 1：选 A 既违反已知条件(2)，又违反已知条件(5)。选 B 违反已知条件(5)。选 D，E 都违反已知条件(1)。因此，应选 C。

答题 2：你应该立即判定：选 B。因为 B 是违反已知条件(4)的。

答题 3：选 C。选 A 违反已知条件(2)和(5)。根据已知条件(5)，选 B 是不行的。如果该箱含有草莓果汁，必定含有苹果果汁，再加上葡萄果汁、橘子果汁，这一箱中便会有多于三种口味的三箱果汁。这就违反了题意和已知条件。选 D，E 都会产生类似于选 B 时出现的问题。像这样的类似题目，你可以根据已知条件(5)直接找苹果果汁，这样就可以提高做题速度。

答题 4：选 A，由橘子果汁、桃子果汁、葡萄果汁装成一箱符合所有的题设条件。选 B 和 D 违反已知条件(2)。选 C 违反已知条件(2)、(4)、(5)。选 E 违反条件(2)、(4)。

答题 5：选 D。根据已知条件(2)，只有 B 和 D 有可能对，而 B 违反已知条件(5)、(1)和题设条件，故只能选 D。

答题 6：选 A。因为根据已知条件(5)，含有草莓果汁必然含有苹果果汁，又根据已知条件(4)，苹果果汁与桃子果汁不能同时装在同一箱内。再根据已知条件(5)，草莓果汁和桃子果汁也不能装在同一箱内。

答题 7：选 E。理由是：两瓶桃子果汁或再加一瓶橘子果汁，或加上一瓶苹果果汁，或加上一瓶葡萄果汁，或加上一瓶草莓果汁，都会违反题设条件。若加上一瓶橘子果汁，就需加上一瓶葡萄果汁。若加上一瓶葡萄果汁，就需加上一瓶橘子果汁。若加上一瓶苹果果汁，显然违反已知条件(4)。若加上一瓶草莓果汁，就该再加上一瓶苹果果汁。因此，一箱内肯定不能含有两瓶桃子果汁。

477. 答题 1：应选 B。根据已知条件(4)、(5)可排出其中四人的数学成绩好到数学成绩差的顺序：F、G、H、D。由此可见，如果 G 比 H 数学成绩好，那么 F 肯定比 D 数学成绩好。

答题 2：应选 C。由已知条件(2)、(3)和本题附加条件可知，C、D、F 和 E 4 人中，C 的语文成绩最好，其次是 D 和 F，E 的语文成绩最差，而选择 C 中所示恰恰相反，即 E 的语文成绩好于 C 的语文成绩，所以错。

答题 3：应选 D。

答题 4：应选 C。根据已知条件(1)、(5)和本题附加条件可排出下列 5 人从数学成绩好到数学成绩差的顺序：B、A、X、H、D，这样我们就可以很明显地看出 B 数学成绩好于 D，因此 C 对。而选项 A，B，D 由于条件不充分，推出结果当然也是不可靠的。

478. 答题 1：选 B。根据已知条件(1)、(3)、(4)和本题的条件，N 只能选修博弈论课程和心理学课程，而不可能再选修经济学课程。

答题 2：选 A。此题须用排除法来完成。根据已知条件(4)和本题条件，N 不能再选修经济学课程，因此，选 B、C 和 E 都是错误的。另外，根据已知条件(6)，可推出如果 O 选修了经济学课程，则 L 也会选修经济学，再加上 K，就会有 5 人选修该课程，不符合本题题意，因此 D 也错。故只有选 A 才是正确的。

答题 3：选 E。根据已知条件和本题题意，这 7 个人当中，除了 N，其他人均不可既选修心理学又选修经济学课程。他们要么选修心理学和博弈论课程，要么选修经济学和博弈论课程。根据已知条件(2)，我们可以判断，I 是后一种人。因此选 E 必定正确。根据已知条件(5)，我们还可以看出选 B 是错误的。当然最明显的错误是 D，它明显违反已知条件(1)。而 A 也错，根据已知条件(6)，O 也必须选修，加上 N、I、M 共有 5 人选修经济学课程，这样就违反了题设条件"经济学课程必须有 3 至 4 人一起选修"的规定，因此错。至于 C 有可能对，但不一定对。

479. 答题 1：选 A。根据本题题意和已知条件(1)、(2)，可推出 V、P、Q 分别是第五名、第六名和第七名，既然 Q 是最后一名，那么 S 就一定是第一名(已知条件 3)，所以选 A 一定对。

答题 2：选 C。根据本题题意和已知条件(3)，可知道 R 是第一名，则 T 是最后一名。我们在第一题已经知道 V 肯定在 P 和 Q 之前(已知条件 1 和 2)。因此，至少有三人(P、Q、T)在 V 之后，因而他的最差名次不会超出第四名。

答题 3：选 E。既然 S 是第二名而不是第一名，那么第一名肯定是 R，最后一名肯定是 T(已知条件 3)。由此可见 A、B、D 肯定是错的，而 C 违反已知条件(1)，因此只有 E 有可能是对的。

答题 4：选 D。根据题意和已知条件(3)，可推出 R、Q、S、T 分别为第一名、第五名、第六名和第七名，而 A、B、C、E 都与所推结论相违背，因此，只有 D 是有可能对的。

答题 5：选 D。由题意和已知条件(3)，可推出 S、R、Q、U，分别是第一名、第二名、第五名和第七名；再由已知条件(1)和(2)可推出 V 和 P 必定分别是第三名和第四名。剩下的 T 只能在第六名。因此选 D 必定正确。

480. 回答这一组题群，只要掌握一个答题技巧：即根据题设条件，从总体上把握，便可以先确定：2 号和 3 号选手，已经有 3 个评委淘汰(H，O，N)；1 号选手已经有两个评委通过(O，N)，两个评委淘汰(H，J)。知道了这些后面就好回答了。

答题 1：选 E。根据条件(2)，每个评委至少通过一名选手。既然 O 淘汰 2 号和 3 号选手，因而他必然通过 1 号选手。

答题 2：选 C。因为 H、N、O 三位评委肯定淘汰。

答题 3：选 B。根据条件(3)、(4)，J 淘汰 1 号选手，O 淘汰 2 号和 3 号选手，同此他们两人不可能通过同一选手。

答题 4：选 B。若 1 号选手晋级，则 K、L、N 通过；若 2 号选手晋级，则 J、K、L、M 通过；若 3 号选手晋级，则 J、K、L、M 通过。综上所述，3 个选手中某一选手晋级，K 或 L 都通过，故选 B。

答题 5：选 D。因为如果 M 的态度跟 O 一样，那么 2 号和 3 号选手都必将被淘汰(条件 1、4、6)。同理选 C 和 E 都是明显错误的。选 A 和 B 也不一定对。因为肯定通过 1 号选手的只有 3 位评委，他们是 M、N、O。因此，1 号选手可能晋级，也可能被淘汰。

答题 6：选 B。因为 1 号选手已有两人淘汰(H 和 J)，再加上 K 和 L(根据条件 5)，共 4 人淘汰，因此被否定。同理选 A 是明显错误的。而 C、D、E 的结论可能是对的，也可能是错的，这要看 J 和 M 的立场如何，本题未表明他们的态度，所以我们也就无法确定 2 号选手或 3 选手是晋级还是被淘汰。

481. 做此题时，先根据已知条件(1)和(2)画出站人位置，这样可以更直观地解答题目。

从图中我们可以看出 5 个成人杂技演员分别站在最底层的四个位置和第二层中间那个位置上，其余的位置都供儿童杂技演员站立。

答题 1：应选 A。因为这是第二层的位置排列，所以除了中间一人是成人杂技演员外，旁边的两人应是儿童杂技演员。由此可先排除 B。由本题题意"X 站在 V 的肩膀上"可知，如果 X 站在第二层，那么 V 势必站在第一层，这样就违反了已知条件(4)，因此 C 也错。又由本题题意"M 和 W 肩并肩地站在同一层上"可知：M 就是站在第二层中间的那一位成人杂技演员，因此 D 和 E 都错。只有 V、M、N 的排列符合所有条件，有可能组成第二层的排列，故选 A。

答题 2：应选 A。由本题题意可知，Q 是站在第二层中间的那位成人杂技演员；N 不是站在第一层的第二个位置上，就是站在第一层的第三个位置上。但是不管 N 站在哪个位置上，根据答案中没有跌倒的所剩人数，可推出 M 站在第一层靠边的 1 个位置上。从答案分析的所列图形中可看出，如果 M 跌倒了，那么他上面的 3 个儿童杂技演员也同时跌倒，这样所剩人员将是 3 个大人和两个小孩。B、C、D、E 均违反这一条，即所剩小孩人数在 3 个或 3 个以上，因此错。

答题 3：应选 D。从答案分析中，我们已经知道，五位儿童杂技演员分别站在第二层(2 人)，第三层(2 人)和第四层(1 人)，因此如果 X 和 Z 站在第二层，那么 V 和 W 将分别站在第三层和第四层，这样第三层还有一位置可供 Y 站立；如果 X 和 Z 站在第三层，那么 V 和 W 将分别站在第二层和第四层，这样第二层有一位置可供 Y 站立，故选 D。

答题 4：应选 E。由题设条件和本题题意可推出 O 是站在第二层中间的那位成人杂技演员，N、M、P 站在第一层，由 M 将 N 和 P 隔开，因此不管 Q 站在第一层哪一边上，M 始终站在中间的位置。即第二或第三个位置上，而 N 和 P 则有可能站在中间，也有可能站在边上。下面我们来逐个分析排除：由 M 所站位置可看出，如果他跌倒，那么他上面的 1 个成人杂技演员和 4 个儿童杂技演员将同时跌倒，这个结果与 A 的结果不符，故 A 错。从上面分析可知，我们不能确定 N 和 P 是站在第一层中间还是旁边，因此 B 和 D 推断的结果也就无法成立。我们已知 O 是站在第二层中间的那个成人杂技演员。如果他跌倒，他肩上的 3 个儿童杂技演员也将同时跌倒，因此 C 也错。而 Q 是站在第一层边上的成人杂技演员，如果他跌倒，那么他上面的 3 个儿童杂技演员也将同时跌倒，E 的推断结果与这一结果相符，因此肯定正确。

答题 5：应选 C。假设 X 和 Y 肩并肩地站在同一层上，由于 X、Y 都是儿童演员，由条件(1)、(4)得知，他们只能站在第三层。又因为，W 和 V 均是儿童，他们可以站的位置只能是第二层和第四层，这就与 W 站在 V 的肩上这一条件不符，所以，X、Y 不能站在第三层。综上所述，X、Y 肩并肩地站在同一层是不可能的。

答题 6：应选 A。由本题"W 站在 N 和 P 的肩上"可推出 W 站在第二层，N 和 P 站在第一层，因为二层以上不可能有二个成人杂技演员站在同一层上；再由"X

站在 M 和 V 的肩上"可推出：X 站在第三层，M 和 V 站在第二层，因为 V 是儿童杂技演员，不可能站在第一层，否则违反已知条件(4)。本题中 V 和 M 站在同一层，那么一定是第二层，因为第二层有一个成人杂技演员，他就是 M，而第三层和第四层是不可能出现成人杂技演员的。现在我们已知站在第二层上的三位杂技演员是 W、M 和 V，其中 W 和 V 不管站在哪一边，M 肯定站在他们中间，因此，A 肯定正确，其他选择由于条件不充分而不能推出。

答题 7：应选 C。由题中"N 和 Y 站在 M 的肩膀上"可推出：M 站在第一层，N 和 Y 站在第二层，N 是站在第二层中间的成人杂技演员；由"Z 站在 P 和 O 的肩膀上"可推出：P 和 O 站在第一层，Z 站在第二层(详细分析见上题)。现在我们已知：站在第二层中间的成人杂技演员是 N，Y 和 Z 分别站在 N 的两旁。因此，C 肯定对，其他选择则不一定。

482. 答题 1：应选 D。A、B 和 E 明显违反已知条件(1)和(3)。C 的排列也是错的。如果这样，根据已知条件(3)，K 只能统统放在第四排，这样就违反了已知条件(2)。只有 D 符合所有已知条件。

答题 2：应选 A。因为 A 不能放在第四排，且 A 数目又最多，共 4 张，因此，这 4 张扑克牌必须放在前三排六个位置上。如果选 B、D、E，第三排就会出现 3 张 A，这样就违反了已知条件(2)，所以错；如果选 C，则明显违反了已知条件(3)，所以也错；只有 A 符合所有条件，而且也只有这种排法才可能避免排其他扑克牌(如 K)时违反已知条件，故选 A。

答题 3：应选 C。由上题我们已知，四张 A 应排在第二排(两张)和第三排(两张)，三张 K，分别排在第一排(1 张)和第四排(两张)。因此，我们可以直截了当地选出 2 张 A 与一张 J 或一张 Q 那个组合就行了。如果你想进一步分析其他选择的错误，你会看出：选 A 明显违反已知条件(3)；选 B、D、E 会违反已知条件(2)。

答题 4：应选 C。从前二题中我们已知：为了满足所有题设条件，四张 A 已经占去了第二排和第三排的四个位置，三张 K 占去了第一排和第四排的三个位置，余下可供 J 和 Q 放的位置只有第三排一个位置和第四排两个位置，本题要求两张 Q 放在一行内，那么只有第四排的两个空位可满足这一要求，因此选 C。

答题 5：应选 B。为了满足已知条件(2)和(3)，3 张 K 必须分别放在第一排(1 张)和第四排(两张)。其实，这一点我们在解答前几题时就已经讲得很清楚了，其他选项则不一定对。

答题 6：应选 C。如果第一排是一张 A，根据已知条件(3)，那么三张 K 就只好放在第四排，这样便违反了已知条件(2)，故一定错。其他选项中，A 和 D 肯定对，B 和 E 也有可能对，详细分析可参见前几题。

答题 7：应选 E。五个选择中，A 肯定错；B、C、D 陈述的情况不是每种排列中都会出现的，只有 E 陈述的这种情况在每种符合条件的排列中一定如此，故选 E，详细分析见答题 5。

483. 先拿 4 个，之后他拿 n 个，你就拿 $6-n$ 个，每一轮都是这样，保证你能得到第 100 个乒乓球($1 \leqslant n \leqslant 5$)。

策略如下。

① 我们不妨逆向推理，如果只剩 6 个乒乓球，让对方先拿球，你一定能拿到第 6 个乒乓球。

理由是：如果他拿 1 个，你拿 5 个；

如果他拿 2 个，你拿 4 个；

如果他拿 3 个，你拿 3 个；

如果他拿 4 个，你拿 2 个；

如果他拿 5 个，你拿 1 个。

② 我们再把 100 个乒乓球从后向前按组分开，6 个乒乓球一组。100 不能被 6 整除，这样就分成 17 组。第 1 组 4 个，后 16 组每组 6 个。

③ 自己先把第 1 组 4 个拿完，后 16 组每组都让对方先拿球，自己拿完剩下的。这样你就能拿到第 16 组的最后一个，即第 100 个乒乓球。

484. 答题 1：选 D。A 违反已知条件(5)和(6)；B 和 C 违反已知条件(1)和(3)；E 违反已知条件(3)和(6)；只有 D 符合所有条件，故选 D。

答题 2：选 A。由题设条件(1)和本题条件可知，B 在星期二打扫卫生；由已知条件(5)可知 E 在星期五打扫卫生；再由已知条件(3)可知 A 在星期三打扫卫生；最后由已知条件(2)可知，C 不在星期四打扫卫生，故选 A。

答题 3：选 C。由已知条件(2)和本题条件可知，C 在星期四打扫卫生，F 在星期五打扫卫生，故排除 B 和 E；由已知条件(3)可知 E 在星期三打扫卫生；余下还有星期二和星期六，根据已知条件(5)可推出 E 不在星期五打扫卫生，B 也不在星期二打扫卫生，因此，B 将分配在星期六打扫卫生；余下的星期二只能分配给 D，故选 C。

答题 4：选 E。由已知条件(5)与本题条件可知，E 在星期五打扫卫生；再由条件(3)可知，A 在星期三打扫卫生。除此之外，我们不知道其他人该在哪天打扫卫生，因此 F 有可能在星期一，也有可能在星期四或星期六打扫卫生。因此选 E。

485. 首先根据题设条件(4)可推出：X 卷照的是彩色照片，供这个候选人获胜时用；Y 卷是黑白照片，供这个候选人落选时用。

答题 1：应选 B。由以上答案分析，我们可以立即推出 B 的结果，当然这是根据已知条件(1)和(4)推出的。

答题 2：应选 A。因为尽管 Y 卷中的底片只有 X 卷的一半(已知条件 3)，然而 X 卷中大部分底片即超过二分之一以上的底片报废无用，因此 Y 卷中有用的底片肯定比 X 卷中有用的底片多。

答题 3：应选 D。

486. 答题 1：应选 C。此题可用排除法解：A 和 B 违反已知条件(6)；D 违反已知条件(4)；E 违反已知条件(5)。只有 C 符合所有题设条件，故选 C。此题还可用排列组合的方法来解答。根据排列组合原理，组合的种数为 18 种，除去条件限制不能组合的 13 种，能够组合的只剩下五种：

J，M，O，R，S；

K，M，N，P，R；

K，M，N，R，S；

K，N，O，R，S；

K，M，O，R，S。

这里只有 C 与其中的一种组合相符合，故选 C。

答题 2：选 E。根据已知条件(4)，三个学生中 P 和 S 是相排斥的，而三人中必须选出两名学生代表，因此，不管是 P 还是 S 入选，R 必定入选，因为 P 和 S 不可能同时入选。

答题 3：选 D。根据题设条件和本题条件可以推断，这个考察团的成员将由 P、R、M、N 和 K 五人组成。因为两名学生代表确定后，根据已知条件(5)，可推出两名老师代表是 M 和 N；再根据已知条件(6)，可推出一名校领导代表为 K。因此，只有 X 和 Y 的判断对。故选 D。

答题 4：选 D。根据题设条件及本题题意，两个校领导中 J 入选后，K 便不能入选，由此可推出老师中 N 不能入选(已知条件 6)。N 不能入选，O 就一定入选，这样学生代表中 P 不能入选(已知条件 5)。因此，入选的五位考察团成员肯定是：J、M、O、R、S，而名单中含有 K、N、P 中任何一个人的那份名单均不可能正确。

答题 5：选 E。根据本题题意和已知条件(6)，可知校领导代表为 K。而老师的两名代表既可以是 M 和 N，也可以是 N 和 O，因为不管哪种情况都符合所有条件。因此，E 肯定正确。

答题 6：选 C。因为 J 被选入考察团，K 就不能选入，否则违反已知条件(3)；而 K 不选入，N 也不能选入，否则违反已知条件(6)；N 不选入，O 必被选入，因为老师 3 人中必有两人选上；既然 O 被选入，P 便不能被选入，否则违反已知条件(5)。

487. 答题 1：应选 B。因这一组中，蓝旗子与白旗子毗邻，违反已知条件(3)，故错。

答题 2：应选 D。A 违反已知条件(4)；B 和 E 违反已知条件(1)；C 违反已知条件(3)；只有 D 符合所有条件，故选 D。

答题 3：应选 A。因为 B 违反已知条件(1)。C 违反已知条件(1)和(2)，而 D 和 E 都违反已知条件(1)。如果要符合所有的题设条件和本题题意，A 是唯一的选择。

488. 答题 1：选 A 是正确的。选 A，将会得到其中的一种组合：儿子、母亲、母亲；儿子、父亲、女儿；儿子、女儿、父亲。这种组合可以满足所有的题设条件。

答题 2：选 B。作为验证，我们将指出选 A、C、D、E 都是不行的。选 C，显然违反已知条件(2)。选 E，显然违反已知条件(3)。选 D，根据题意和 D 的选择将会产生如下组合：吉姆、珍妮、玛丽；受已知条件(2)的限制，罗伯特不能和埃伦、苏珊同坐一辆车，那么这辆车上将是埃伦、苏珊、威廉(或托米，或丹)；而第三辆车上坐的将是罗伯特和他的两个儿子，这就违反了已知条件(3)。选 A 类似于选 D。如果选 A，将会出现如下的情况：吉姆、珍妮同坐一辆出租车；埃伦、苏珊同坐一辆出租车；这样，第三辆出租车上肯定坐的是罗伯特一家人中的三个，这显然也违反了已知条件(3)。

答题 3：选 B。因为这样一来，四个父母辈的人分坐在两辆出租车上，第三辆出租车上坐的全是儿、女辈的人，这就违反了已知条件(2)。

答题 4：选 D。根据题意和条件(2)，P 和 R 的断定肯定是对的。因为，为了满足已知条件(2)和(3)，吉姆家的两个孩子不能坐在同一辆出租车上，罗伯特和玛丽也不能坐在同一辆出租车上。而 Q 的断定有可能对，也有可能错。可能性就不能保证每种组合的绝对正确。因此除 D 外，其他选择都是片面的或不一定正确。

答题 5：选 A。由题目我们已知罗伯特家的两个男孩已经跟着吉姆下车了，因此剩下的三个孩子只能是吉姆家的两个女儿和罗伯特家的一个儿子。只有 A 和这个结果相符，故选 A。

489. 答题 1：应选 C。根据已知条件(2)，L 病不会有喉咙痛的症状，因此，这个病人患的肯定不是 L 病。

答题 2：应选 B。根据已知条件(3)和(4)，患了 T 病的人不一定发皮疹，而患了 Z 病的病人肯定不会发皮疹，但他至少表现出头痛这种症状，我们无法判断这个病人究竟患的是哪一种病。但是有一点我们已经知道：患这种病的病人都会有头痛的症状。因此，B 肯定对。

答题 3：应选 E。下面，我们逐项地来分析：根据已知条件(2)，可推出米勒得的不是 L 病，因此，选 A 肯定错。根据已知条件(4)，可推出 Z 病病人可能会表现出喉咙痛，也可能不会表现出喉咙痛这种症状，我们无法断定米勒得的是不是 Z 病。因此，选 B 和 D 都不行。根据已知条件(1)，我们也可推出同样的结果，即米勒可能得的是 G 病，也可能患的不是 G 病，所以，C 也不对。根据已知条件(3)，可知患 T 病的病人肯定会表现出喉咙痛的症状，而米勒没有喉咙痛的症状，因此，他患的肯定不是 T 病，由此，选 E 肯定正确。

答题 4：应选 D。根据已知条件和本题题意可推出罗莎患的肯定不是 G 病、L 病和 T 病，那么她患的只能是 Z 病。而患 Z 病的病人必定会头痛而又决不会发皮疹，因此判断(1)和(2)都是正确的，而判断(3)是错误的。

答题 5：应选 A。根据已知条件(1)和(2)，可推断哈里斯患的肯定不是 G 病和 L 病，那么他患的可能是 T 病或 Z 病。根据已知条件(3)和(4)，哈里斯不管患的是 T 病还是 Z 病，他都会有头痛的症状，所以，判断(1)肯定正确，而判断(2)和(3)则不一定，故选 A。

答题 6：应选 D，根据已知条件(1)，患 G 病的人除了发烧和头痛两种症状外，他还会发皮疹，因此，A 错。根据已知条件(2)，患 L 病的人不会头痛，因此 B 也错。根据已知条件(3)，可知患 T 病的人有喉咙痛的症状，因此，C 和 E 都错。根据已知条件(4)，患 Z 病的人除了头痛，还伴有其他一种症状，因此这个病人患的肯定是 Z 病。

490. 答题 1：选 B。我们只要记住已知条件(3)，就可以立即选出正确答案。

答题 2：选 A。根据已知条件(2)、(4)、(5)可知，三个字母中 K 和 M 两个字母在这样的条件中是不可能有用场的。因此只有 L 一个字母可用；再根据已知条件(3)，可得知这样的密码文字只有 LL 一种，故选 A。

答题 3：选 C。选 A 违反条件(2)；选 B 违反条件(4)；选 D 违反条件(6)；选 E 违反条件(4)。故选 C。

答题 4：选 B。既然条件限制在三个字母内，那么根据已知条件(2)、(4)、(5)、(6)，可先排除 K、M、O 三个字母，因此剩下的只有 LLL 及 MN 两种。

答题 5：选 C。因为用 O 替代 N 后，原来的密码文字变为 MMLLOKO，这样就违反了已知条件(5)，故为错。

答题 6：选 D。遇到这种题目我们可先将这个错误的密码文字找出来，然后再看是否可根据题中所限制的条件将它改正。我们可以发现，D 组中的密码文字明显违反已知条件(4)，但只要将 M 与前三个字母 NKL 任一位置交换即可变成一个完全符合条件的密码文字，因此选 D。

答题 7：选 E。让我们逐个来排除：A 中的 X 一定要 L 替换才能符合已知条件(6)，但这组字母中没有 L，故不行。B 组中的密码文字本身就违反了已知条件(4)，因此也不行。C 与 A 同理。D 中的 X 必须由 N 代替才能符合已知条件(5)，而这个密码文字中没有 N 这个字母，因此同样不行。只有选 E，才能符合所有的已知条件，故选 E。

491. 从已知条件中，我们可先推出每对三胞胎都是由二男一女组成，N 和 Q 是兄弟关系，O 和 R 是同胞关系。明白这一点，我们在推理中可省去不少时间。

答题 1：应选 E。从题意分析中我们已经知道，N 和 Q 是兄弟关系，O 和 R 是同胞关系。M 或 P，可能居于 N 和 Q 这一对，也可能居于 O 和 R 这一对，但是 N、Q 绝不可能是 O、R 的同胞兄弟姐妹，由此可知：R 和 Q 不可能是同胞兄弟姐妹关系。而其他几对都有可能是同胞兄弟姐妹关系。故选 E。

答题 2：应选 E。此题可用排除法一个一个地分析：如果 M 和 Q 是同胞兄弟姐妹，那么我们可以假设 M 是女的，P 是男的，但我们仍不知道究竟 O 或者 R 是女的，因此 A 错。选 B 也错，因为 Q 和 R 不可能是同胞兄弟姐妹(分析见答题 1)，因此更不能知道 R 是否一定是女性。如果 P 和 Q 是同胞兄弟姐妹，由此我们可以假设 P 是女的，M 是男的，但我们还是不知道究竟 O 或者 R 是女的，因此选 C 也

错。如果 O 是 P 的小姑，那推断的结果必定是 R 是男性，故选 D 同样错。在 O 是
P 的小叔这一条件下，我们可以推断在 M、O、R 这对三胞胎中 M、O 都是男性，
R 必定是女性。因此选 E 正确。

答题 3：应选 B。

答题 4：应选 A。根据题意，我们已经知道，N 和 Q 是男性。如果 Q 和 R 结
为夫妇，我们可以推断 R 是女的；O 是男性，因此 B 和 D 肯定错，而 C 和 E 则不
一定对，只有 A 肯定正确。

答题 5：应选 D。根据已知条件与本题附加条件，可推断出 P、R、O 三人是
同胞兄弟姐妹，其中 O 是女的；N、Q、M 三人是同胞兄弟姐妹，其中 M 是女的。
由此我们可以看出，除 D 之外的其他选择都错。

492. 技巧：你最好能画出一幅平面图，只有依照平面图对题目的要求作出直
观的理解，才能在 10 分钟之内完成这道题。

平面图如下。

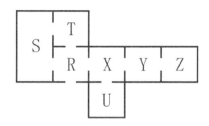

答题 1：从平面图上可以清楚地看出，Z 不可能是从 R 开始进入的第三个房间，
要到达 Z，需经过 R、X、Y 三间房间，也就是说，Z 只能是从 R 直接进入的第四
间房间。所以，应该选 E。

答题 2：选 A。关掉的或是 R、S 之间的通道，或是 R、T 之间的通道，或是 S、
T 之间的通道。

答题 3：选 E。Z 房间只有一条通道与 Y 相通，故进出都需经过 Y。也就是说，
进出 Z 都要经过 Y。

答题 4：选 C。对照平面图，你将清楚地看到只要在 T、U 之间开条通道，就
可满足题目的要求。参观者的路线将是 R-S-T-U-X-Y-Z。

493. 答题 1：选 D。

根据已知条件(2)，不能选 A。根据已知条件(4)，不能选 C。根据已知条件(3)
和(5)，不能选 B。根据已知条件(6)，不能选 E。因此，选 D。

答题 2：选 C。

因为根据条件(5)，T 必须买 4 号工艺品；根据条件(6)，W 必须买 6 号工艺品；
根据条件(3)、(4)和(6)，可以推断 V 将买 3 号工艺品，由此剩下的只能是 1、5、7
号三个工艺品。根据题意 T、V、W 三人每人两个工艺品。1、5、7 号三个工艺品
与 3、4、6 号三个工艺品配对，不可能出现 1 号工艺品与 7 号工艺品搭配的情况，

故选 C。

答题 3：选 E。

根据题意只能由 S、T、W 号三人来买七个工艺品，而其中有一人买 2 号工艺品后就不可再买其他工艺品，因此，不可能只有一人买三个工艺品。由此看来 A，B，C 都是错的。现在我们来看 D，E 两个选择：根据已知条件(6)，W 必须买 6 号工艺品，由此可以推断，他不可能买 2 号工艺品，他必须是买三个工艺品的两人中的其中之一；而且 T 也不可能买三个工艺品，因为如果 S 买了 2 号工艺品，则 4 号工艺品只能给 T，而 W 不能买 3 号工艺品，这个工艺品又得给 T，这就违反了已知条件(3)。因此，只有 E 是对的。

494. 首先确定：

房子颜色：红、黄、绿、白、蓝→Color1、2、3、4、5

国籍：英、瑞、丹、挪、德→Nationality1、2、3、4、5

饮料：茶、咖啡、牛奶、啤酒、开水→Drink1、2、3、4、5

烟：PM、DH、BM、PR、混合烟→Tobacco1、2、3、4、5

宠物：狗、鸟、马、猫、鱼→Pet1、2、3、4、5

然后有：

由(9)→N1=挪威

由(14)→C2=蓝

由(4)→如 C3=绿，C4=白，则(8)和(5)矛盾，所以 C4=绿，C5=白

剩下红黄只能为 C1，C3

由(1)→C3=红，N3=英国，C1=黄

由(8)→D3=牛奶

由(5)→D4=咖啡

由(7)→T1=DH

由(11)→P2=马

那么：

挪威	?	英国	?	?
黄	蓝	红	绿	白
?	?	牛奶	咖啡	?
DH	?	?	?	?
?	马	?	?	?

由(12)→啤酒只能为 D2 或 D5，BM 只能为 T2 或 T5→D1=开水

由(3)→茶只能为 D2 或 D5，丹麦只能为 N2 或 N5

由(15)→T2=混合烟→BM=T5

所以剩下啤酒=D5，茶=T2→丹麦=D2

然后：

挪威	丹麦	英国	?	?
黄	蓝	红	绿	白
开水	茶	牛奶	咖啡	啤酒
DH	混合烟	?	?	BM
?	马	?	?	?

由(13)→德国=N4，PR=T4

所以，瑞典=N5，PM=T3

由(2)→狗=P5

由(6)→鸟=P3

由(10)→猫=P1

得到：

挪威	丹麦	英国	德国	瑞典
黄	蓝	红	绿	白
开水	茶	牛奶	咖啡	啤酒
DH	混合烟	PM	PR	BM
猫	马	鸟	?	狗

所以，最后剩下的鱼只能由德国人养了。

495. 根据(1)，每个人的嗜好组合必是下列组合之一：

① 咖啡、狗、网球

② 咖啡、猫、篮球

③ 茶、狗、篮球

④ 茶、猫、网球

⑤ 咖啡、狗、篮球

⑥ 咖啡、猫、网球

⑦ 茶、狗、网球

⑧ 茶、猫、篮球

根据(5)，可以排除③和⑧。于是，根据(6)，可知②是某个人的三嗜好组合。接下来，根据(8)，⑤和⑥可以排除。再根据(8)，④和⑦不可能分别是某两人的三嗜好组合；因此，①必定是某个人的三嗜好组合。然后根据(8)，排除⑦；于是余下来的④必定是某个人的三嗜好组合。

根据(1)、(3)和(4)，住房居中的人符合下列情况之一：

(1) 打篮球而又养狗；

(2) 打篮球而又喝茶；

(3) 养狗而又喝茶。

既然这三人的三嗜好组合分别是①、②和④，那么住房居中者的三嗜好组合必定是①或者④，如下表所示：

(2)	(1)	(4)	(2)	(4)	(1)
咖啡	咖啡	茶	咖啡	茶	咖啡
猫	狗	猫	猫	猫	狗
篮球	网球	网球	篮球	网球	网球

根据(7)，④不可能是住房居中者的三嗜好组合，因此，根据(4)，陈小姐的住房居中。

496. 首先列一个表格，如下所示：

甲	1	2	3	4	5
乙					
丙					
丁					
戊					

根据(1)，甲最后读的书是乙读的第二本书。则在乙所在行的第二个空格处写上"5"。根据(3)，丙读的第二本书甲在一开始就读了。则在丙所在行的第二个空格处写上"1"。再根据(2)，丙最后读的书是乙读的第四本书；(4)，丁最后读的书是丙读的第三本书；(5)，乙读的第四本书是戊读的第三本书；(6)，丁第三次读的书是丙一开始读的那一本。得到如下结果：

甲	1	2	3	4	5
乙		5		a	
丙	c	1	b		a
丁			c		b
戊			a		

每个人都读完了5种书，说明每一行也是从1到5不重复。又因为每本书不可能有几个人同时在读，也就是说每一列都应该是从1到5不重复。观察字母a，它不能是4、5，也不能是1、3，所以它只能是2。就这样很容易得出结果。

乙：4、5、1、2、3；丙：5、1、4、3、2；

丁：2、3、5、1、4；戊：3、4、2、5、1。

497. 首先列出所有情况：

张三	李四	王五	赵二	孙六
板理医师职	板理医师职	板理医师职	板理医师职	板理医师职

由(1)，老板不是王五，也不是赵二。则：

张三	李四	王五	赵二	孙六
板理医师职	板理医师职	理医师职	理医师职	板理医师职

由(2)，教师不是赵二，也不是张三。则：

张三	李四	王五	赵二	孙六
板理医职	板理医师职	理医师职	理医职	板理医师职

由(3)，王五和孙六住在同一幢公寓，对面是公司职员的家。则：

张三	李四	王五	赵二	孙六
板理医职	板理医师职	理医师	理医职	板理医师

由(4)，李四、王五和理发师经常一起出去旅游。则：

张三	李四	王五	赵二	孙六
板理医职	板医师职	医师	理医职	板理医师

由(5)，张三和王五有空时，就和医生、老板打牌。则：王五→师。

张三	李四	王五	赵二	孙六
理职	板医职	师	理医职	板理医

由(6)，而且，每隔 10 天，赵二和孙六一定要到理发店修个脸。则：

张三	李四	王五	赵二	孙六
理职	板医职	师	医职	板医

由(7)，公司职员则一向自己刮胡子，从来不到理发店去；而赵二孙六去理发店。则：

张三	李四	王五	赵二	孙六
理职	板医职	师	医	板医

所以赵二→医，则：孙六是板。

张三	李四	王五	赵二	孙六
理职	职	师	医	板

所以李四→职，则：张三→理。

从而得出：

张三	李四	王五	赵二	孙六
理	职	师	医	板

498. 解法一：可用排除法求解。

由(1)、(2)、(4)、(5)可知，爸爸、妈妈没有在乘凉，姐姐也没有在乘凉，因此，乘凉的只能是弟弟；但这与(3)的结论相矛盾，所以(3)的前提肯定不成立，即爸爸应该是在打电话；在(4)中姐姐既没有在看书又没有在乘凉，由前面分析，姐姐不可能在打电话，所以姐姐在洗澡，而妈妈则是在看书。

解法二：我们可以画出 4×4 的矩阵，然后消元。

	爸爸	妈妈	姐姐	弟弟
乘凉	－	－	－	＋
洗澡	－	－	＋	－
打电话	＋	－	－	－
看书	－	＋	－	－

注意：每行每列只能取一个，一旦取定，同行同列都要涂掉。我们用"－"表示某人对应的此项被涂掉，"＋"表示某人在做这件事。

(1) 根据题目中的(1)、(2)、(4)、(5)我们可以在上述矩阵中涂掉相应项，用"－"表示(可知弟弟在乘凉，妈妈是在看书)。

(2) 题目中的解为爸爸≠"打电话"，则弟弟≠"乘凉"；那么其逆否命题为：若弟弟＝"乘凉"，则爸爸＝"打电话"。由(1)可知，爸爸应该是"打电话"，所以在"打电话"的对应项处画上"＋"。

(3) 现在观察 1、2 所得矩阵情况，考察爸爸、妈妈、姐姐、弟弟各列的纵向情况，可是在"洗澡"一项所对应的行中，只能在相应的姐姐处画"＋"，即姐姐在洗澡。

至此，此矩阵完成。我们可由此得出判断。

499. 正确答案为 D。本题的结论是喝酒的人将大大增加；小前提是喝酒与心脑血管疾病发病率无关，找另一个大前提。我们看选项，只有 D 说许多人不敢喝酒是完全相信喝酒会诱发心脑血管疾病，现在既然研究显示喝酒与心脑血管疾病无关，这样以前不敢喝酒的也会喝，从而带来销量的变化，所以 D 正是我们要找的大前提。其他选项均不是论述的前提假设，所以应排除掉。

500. A 是正确的。小王和小张对可能的理解是正确的，而小李对可能的理解是不正确的。可能下雨，就是既可能会下雨，也可能不下雨，而不是小李所说的，可能下雨就表明今天要下雨。